Coleção
FILOSOFIA
ATUAL

Copyright © *From Enlightenment to Revolution*, 1975 by Duke University Press.
Copyright © The Curators of the University of Missouri.
University of Missouri Press, Columbia, MO 65201. Todos os direitos reservados.
Copyright desta edição © 2012 É Realizações Editora
Título original: *The Collected Works of Eric Voegelin, Volume 20: History of Political Ideas, Volume II, The Middle Ages to Aquinas.*

Editor
Edson Manoel de Oliveira Filho
Produção editorial, capa e projeto gráfico
É Realizações Editora
Preparação de texto
William Campos da Cruz
Revisão de texto
Geisa Mathias de Oliveira
Diagramação
Nine Design Gráfico | Mauricio Nisi Gonçalves

DADOS INTERNACIONAIS DE CATALOGAÇÃO NA PUBLICAÇÃO (CIP)
(CÂMARA BRASILEIRA DO LIVRO, SP, BRASIL)

Voegelin, Eric, 1901-1985
 A Idade Média até Tomás de Aquino : história das ideias políticas
– Volume II / Eric Voegelin; introdução à edição americana Peter Von Sivers; tradução Mendo Castro Henriques. – São Paulo : É Realizações, 2012. – (Coleção filosofia atual)

 Título original: History of Political Ideas, Volume II, The Middle Ages to Aquinas
 ISBN 978-85-8033-111-0
 1. Ciência política - Filosofia - História 2. Ciência política - História 3. Idade Média
 I. Sivers, Peter Von. II. Título. III. Série.

12-11466   CDD-320.09

Índices para catálogo sistemático:
1. Ideias políticas : História   320.09

Reservados todos os direitos desta obra. Proibida toda e qualquer reprodução desta edição por qualquer meio ou forma, seja ela eletrônica ou mecânica, fotocópia, gravação ou qualquer outro meio de reprodução, sem permissão expressa do editor.

É Realizações Editora, Livraria e Distribuidora Ltda.
Rua França Pinto, 498 · São Paulo SP · 04016-002
Telefone: (5511) 5572 5363
atendimento@erealizacoes.com.br · www.erealizacoes.com.br

Este livro foi impresso pela Pancrom Indústria Gráfica em maio de 2021.
Os tipos são da família Minion Condensed e Adobe Garamond Regular. O papel do miolo é o Pólen Soft 80 g, e o da capa Cartão Supremo 300g.

Coleção
FILOSOFIA ATUAL

HISTÓRIA DAS IDEIAS POLÍTICAS
VOLUME II

IDADE MÉDIA ATÉ TOMÁS DE AQUINO

ERIC VOEGELIN

INTRODUÇÃO À EDIÇÃO AMERICANA
PETER VON SIVERS

TRADUÇÃO
MENDO CASTRO HENRIQUES

4ª impressão

É Realizações Editora

Sumário

IDADE MÉDIA ATÉ TOMÁS DE AQUINO

Introdução do editor
  I. "A Alta Idade Média" e os estudos medievais atuais 11
  II. Esboço do enquadramento teórico 15
  III. Esboço do conteúdo 22
  IV. "A Alta Idade Média" e as obras posteriores de Voegelin 27
  Nota do editor 31
  Nota bibliográfica 32

TERCEIRA PARTE - *SACRUM IMPERIUM*

1. Introdução 35
   § 1. A estrutura geral da Idade Média 35
   § 2. As migrações 36
   § 3. O isolamento do Ocidente 40
   § 4. Política espiritual 43
   § 5. Consequências para a apresentação das ideias 45

A - A ASCENSÃO DO IMPÉRIO

2. As tribos germânicas da migração 49
   § 1. A estrutura geral do mito germânico 49
   § 2. O mito franco 50
   § 3. O mito ostrogodo 52
   § 4. O mito de Borgonha – O mito da derrota 53
   § 5. O mito da derrota na história tardia das ideias germânicas 54
   § 6. Reino e existência nacional 55
   § 7. Teoria do reino na história tardia das ideias francesas 58

3. O novo império 61
   § 1. A transferência do império 61
   § 2. Gelásio – A separação entre poder espiritual e poder temporal 62

§ 3. A reação ocidental à política de Constantinopla 63
§ 4. A quebra do poder bizantino no Ocidente 64
§ 5. A construção jurídica do Império Romano no período da migração . 65
§ 6. A aproximação entre o papado e o poder franco 66
§ 7. A coroação de Carlos Magno 68
§ 8. A doação de Constantino 69
§ 9. A igreja territorial – A capitular de 802 71
§ 10. A diferença entre a dinâmica imperial no Ocidente e em Bizâncio . . 72
§ 11. A integração da Persona Regalis *no corpo místico* 72
§ 12. Os mosteiros – A regra de São Bento 74

4. A primeira reforma 77
§ 1. Crescimento de uma evocação 77
§ 2. As ondas de reforma monástica 81
§ 3. O espírito militante 85
§ 4. A Controvérsia das Investiduras 95
§ 5. O Cardeal Humberto 106
§ 6. Tractatus Eboracenses 109

B - A ESTRUTURA DO *SAECULUM*

5. Introdução 121
§ 1. As novas forças 121
§ 2. *O* saeculum renascens 123
§ 3. O problema da ordem intramundana 126
§ 4. As questões primordiais 128

6. João de Salisbúria 131
§ 1. A nova caracteriologia 131
§ 2. Feudalismo 136
§ 3. A comunidade 140
§ 4. Tiranicídio 141

7. Joaquim de Fiore (Flora) 145
§ 1. A estrutura da história cristã 145
§ 2. Os três reinos 148
§ 3. Os elementos constantes da nova especulação política 149
§ 4. A irmandade das pessoas autônomas 152

8. São Francisco 157
    § 1. O Elogio das Virtudes 157
    § 2. A vida de pobreza 159
    § 3. A submissão à Igreja 161
    § 4. A Ecclesia dos leigos 162
    § 5. A conformidade com Cristo – A natureza 163
    § 6. O Cristo intramundano 165

9. Frederico II 167
    § 1. O deslocamento (peripeteia) *do império* 167
    § 2. *As* Constituições de Melfi 174
    § 3. Cristandade cesareana 182

10. O direito 187
    § 1. O direito ocidental e o direito romano 188
    § 2. O mito do direito romano 190
    § 3. A revitalização bolonhesa 196
    § 4. Efeitos da revitalização 200
    § 5. A Deliberatio Papae *de Inocêncio III* 203

11. Sigério de Brabante 209
    § 1. Aristotelismo 209
    § 2. A Faylasūf 214
    § 3. O intelectual 219
    § 4. Pobreza 231
    § 5. Conclusão – As bases do renascimento político 237

C - O CLÍMAX

12. Santo Tomás de Aquino 241
    § 1. História 241
    § 2. Política 250
    § 3. Direito 259
    § 4. Conclusão 268

Índice remissivo 271

IDADE MÉDIA ATÉ TOMÁS DE AQUINO

Introdução do editor

O que se convencionou chamar de "Idade Média" é o período durante o qual os europeus ocidentais se inseriram no primeiro plano das civilizações mundiais. Fizeram-no a partir de uma posição periférica e sofrendo reveses, mas todo o processo de inserção foi extremamente curto. Os povos na Antiguidade precisaram de milênios para construir as civilizações ecumênicas típicas do Mediterrâneo, Pérsia, Judeia e China. Por outro lado, os europeus ocidentais medievais, fundamentados em realizações anteriores, alcançaram este posto em poucos séculos. O aspecto intelectual desse processo de integração é o tema do presente volume.

I. "A Alta Idade Média" e os estudos medievais atuais

Eric Voegelin concluiu o manuscrito deste volume em 1944, quando a Idade Média ainda era encarada por europeus e norte-americanos basicamente pelas lentes das ideologias dos séculos XIX e XX: nacionalismo, progresso e eurocentrismo (para não mencionar marxismo, fascismo e nazismo). A Idade Média era encarada como um período durante o qual a Europa Ocidental decaiu da cultura grega e romana para a barbárie – um lapso felizmente há muito superado pela marcha inexorável da humanidade a caminho do progresso. A infame declaração de James Bryce sobre o caráter essencialmente "apolítico" da Idade Média, quando as ideias da Antiguidade sobre a política tinham se tornado "incompreensíveis" para a mente medieval, ainda tinha apelo popular suficiente para incitar Voegelin à sarcástica observação de que, de uma perspectiva medieval, talvez os problemas políticos modernos "não fossem tão importantes quanto parecem a nós".[1]

No final deste século [XX], com o colapso das ideologias e das políticas por elas alimentadas, tais opiniões perderam a estridência, ainda que sobrevivam resíduos ideológicos. Os medievalistas já não estão em dívida com o nacionalismo, mas ainda permanece certo compromisso irrefletido com a noção de progresso que vai de uma "perspectiva da totalidade medieval" até ao constitucionalismo ilustrado moderno e aos direitos individuais.[2] O mais recente compêndio do pensamento político medieval, por exemplo, começa assim: "A natureza do 'pensamento político medieval' é problemática", embora, algumas páginas adiante, admita que há diversas maneiras "em que se pode determinar o caráter genuinamente político do 'pensamento político medieval'". Em contrapartida, o compêndio mais recente sobre a história da Alta Idade Média começa com uma visão crítica da disciplina a partir das suas origens romântico-nacionalistas e confessionais no início do século XIX até "ao colapso do modelo de história nacional"

---

[1] James Bryce, *The Holy Roman Empire*. 4. ed. Nova York, Macmillan, 1904; reedição: Nova York, Schocken, 1961, p. 91; adiante, p. 43.

[2] Ver Walter Ullmann, *A History of Political Thought: The Middle Ages*. Harmondsworth, Pelikan, 1965. Estou citando a partir da edição revista, *Medieval Political Thought*. Harmondsworth, Penguin, 1979, p. 16. Ullmann vê a Idade Média como um processo que vai de uma concepção de autoridade "descendente" a uma "ascendente", sendo que esta última acabou por dissolver a totalidade medieval e inaugurou a "atomização" e "departamentalização" modernas. O que está ausente desta visão é um acerto de contas com os pontos de vista modernos sobre a totalidade, como o nacionalismo, o comunismo, o fascismo e o nazismo, que decerto não representam progresso. Ullmann parece antecipar essa objeção, falando de formas medievais e modernas de totalitarismo sem, no entanto, clarificar a distinção.

após a Segunda Guerra Mundial e a adoção de abordagens interdisciplinares na segunda metade do século XX.[3] O autor deste livro defende a análise estrutural, dedicando-se a uma discussão da economia, da sociedade e da mentalidade dos europeus ocidentais medievais, ramificando o debate para a antropologia e a religião comparada e, como resultado, oferecendo um reanimador panorama não ideológico.

O eurocentrismo, no entanto, ainda é visível, mesmo nos trabalhos de investigação interdisciplinar. De fato, ainda existem reverências obrigatórias a autores islâmicos e seus textos que foram traduzidos para o latim nos séculos XII e XIII.[4] Todavia, a importante revisão da chamada tese de Pirenne, de Richard Hodges e David Whitehouse – segundo a qual os carolíngios não romperam relações com o Mediterrâneo oriental, mas desfrutavam de um vívido comércio com os muçulmanos através dos nórdicos no Volga – ainda tem de passar por mais avaliações até ser aceita na academia.[5] Da mesma forma, até agora, é só entre historiadores globais que surgiu a consciência de uma Eurásia maior, na qual as civilizações muçulmana, bizantina, indiana e chinesa, bem como a civilização cristã ocidental, entre cerca de 500 e 1500 d.C., são vistas como exibindo características comuns, distinguindo-as da antiguidade anterior.[6] Um exemplo é a diferenciação entre religião e governo, partilhada em diferentes graus pelo cristianismo ocidental e oriental, bem como o islã. Essa diferenciação encontra um paralelo na Índia, com o surgimento, em cerca de 650 d.C., de cultos populares hindus centrados nos

---

[3] John H. Burns (ed.), *The Cambridge History of Medieval Political Thought, c. 350-c. 1450*. Cambridge, Cambridge University Press, 1988, vol. 1, p. 3; Arnold Angenendt, *Das Frühmittelalter: Die abendländische Christenheit von 400-900*. Stuttgart, Kohlhammer, 1990, p. 22-52.

[4] D. E. Luscombe e G. R. Evans, "The Twelfth-Century Renaissance". In: *Cambridge History of Medieval Political Thought*, p. 329-34.

[5] Richard Hodges e David Whitehouse, *Mohammed, Charlemagne and the Origins of Europe: Archeology and the Pirenne Thesis*. Londres, Duckworth, 1993.

[6] Em particular, William H. McNeill, *A History of the Human Community: Prehistory to the Present*. 5. ed. Englewood Cliffs, N.J., Prentice Hall, 1996; e Leften S. Stavrianos, *A Global History: From Prehistory to the Present*. 6. ed. Englewood Cliffs, N.J., Prentice Hall, 1995.

templos autônomos durante o período dos reinos regionais. Na China, a diferenciação surgiu em cerca de 950 com a dinastia Sung, com o autocultivo pessoal neoconfuciano que surge ao longo do cumprimento de obrigações sociais.[7] Apesar de uma feliz desideologização, a Europa Ocidental ainda é amplamente vista sem seus paralelos com os mundos islâmico, hindu e chinês.

Neste volume sobre as ideias políticas do início da Alta Idade Média, bem como na sua *História das Ideias Políticas* como um todo, Voegelin rejeita diretamente a ideologia nacionalista-progressista e, assim, antecipa a direção tomada pela historiografia posterior. Em contrapartida, não se afasta de modo significativo das convenções eurocêntricas da academia de meados do século XX. A seu favor, deve-se acrescentar que no início dos anos 1960, ele desenvolveu um intenso interesse pelas civilizações pré-históricas e não europeias, abandonando assim muitas das suas visões eurocêntricas anteriores e antecipando a disciplina contemporânea emergente – a história mundial.[8]

Em geral, o material deste volume tem resistido bem ao teste do tempo. O que ainda o torna muito atraente é sua abordagem completamente inovadora, afastando-se de clichês e generalizações convenientes e buscando estabelecer as bases experienciais que caracterizam o período medieval. De fato, há uma série de detalhes factuais que à luz de estudos mais recentes necessitam de correção, e alguns pensadores deixados de fora talvez merecessem inclusão, mas no seu todo o manuscrito merece plenamente esta publicação tardia.

---

[7] Para uma discussão recente sobre os paralelos entre as três primeiras civilizações, ver Garth Fowden, *Empire to Commonwealth: Consequences of Monotheism in Late Antiquity*. Princeton, Princeton University Press, 1993, p. 20. Não tenho conhecimento de bibliografia que estenda o paralelismo para a Índia e China. Sobre sincronismos possíveis entre as civilizações, veja adiante, p. 42.

[8] Essa mudança se reflete, por exemplo, em *Order and History*, vol. IV, *The Ecumenic Age*. Baton Rouge, Louisiana State University Press, 1974. [Edição brasileira: *Ordem e História*, vol. IV, *A Era Ecumênica*. Trad. Edson Bini. São Paulo, Loyola, 2010.]

II. Esboço do enquadramento teórico

O que é central para Voegelin neste volume é sua "convicção" de que,

> na evocação política, em princípio, o homem está comprometido com "toda" a sua personalidade, e todas as criações civilizacionais de uma comunidade devem ter a marca do "todo" abrangente. A "totalidade" do *cosmion*, entretanto, raramente surge, se é que surge, como uma unidade compacta estática; é antes um fluxo de integração e desintegração, e não há uma fórmula simples que conecte qualquer instituição política específica com um fenômeno civilizacional contemporâneo de contexto diverso.[9]

Como se pode deduzir a partir desta citação, a convicção de Voegelin engendra uma teoria completa da totalidade; consequentemente, ele estuda as comunidades organizadas como "*cosmions*" – isto é, "cristalizações cósmicas" ou versões do cosmos em pequena escala, abrangentes no *design*, mas limitadas e "fluidas" na sua história.[10]

Vamos examinar essa teoria da totalidade em maior detalhe. Segundo Voegelin, é na "esfera da política" que se apresentam as nossas "atitudes" ou "sentimentos" fundamentais, com os quais moldamos as nossas "evocações" civilizacionais no sentido mais amplo. Por "esfera política", ele quer dizer o contexto em que somos alimentados desde crianças, dentro do qual conduzimos nossas atividades diárias, bem como planejamos as nossas vidas como um todo, e que podem nos destruir, se não as mantivermos bem ordenadas. É neste contexto, portanto, que adquirimos a nossa sensibilidade para o que é certo ou errado e, deste modo, nos sentimos motivados

---

[9] Ver adiante, p. 124.

[10] Voegelin tomou o termo *cosmion* de Adolf Stöhr, um filósofo da Universidade de Viena. Por sua vez, Alfred Schütz tomou o termo de Voegelin. Ver Ilja Srubar, *Kosmion: Die Genese der pragmatischen Lebenswelttheorie von Alfred Schütz und ihr anthropologischer Hintergrund*. Frankfurt, Suhrkamp, 1988.

a fazer mudanças ou a resistir a elas.[11] De forma um tanto simplificada, pode-se dizer que em muitos lugares deste volume, onde Voegelin fala sobre "sentimentos" responsáveis pela formulação de "evocações", ele se refere à aceitação ou rejeição pessoal de um determinado arranjo particular ou situação como justo ou injusto e o vocabulário correspondente para expressar essa aceitação ou rejeição.

"Sentimento" e "evocação" devem corresponder um ao outro, de acordo com Voegelin, a fim de desempenhar papéis significativos em cada situação. No entanto, embora ao longo dos anos ou séculos os "sentimentos" de situações específicas se enfraqueçam ou desapareçam, as "evocações" engendradas podem permanecer, especialmente se forem escritas em textos. Neste caso, as "evocações" podem causar incompreensão ou trazer à mente como num passe de mágica sentimentos falsos, não fazendo nenhum sentido em novas situações. Voegelin chama "ideias" às "evocações" misturadas com sentimentos falsos. Essas "ideias" literais tomadas de textos anteriores, enfatiza ele, podem dominar os "sentimentos" reais de justiça ou injustiça em situações posteriores e assim sugerir soluções falsas. Inversamente, se as "evocações" modernas forem retiradas dos "sentimentos" correspondentes e aplicadas à Idade Média, tornam-se "ideias" que sugerem "sentimentos" medievais que, em primeiro lugar, nunca existiram. Em suma, as "evocações" são "ideias" vivas e as "ideias" são "evocações" mortas; portanto, os dois conceitos devem ser cuidadosamente distinguidos.

---

[11] Nas conferências e seminários de que participei como estudante, assistente de ensino (1960-1967) e professor assistente (1967-1968) de Voegelin, muitas vezes o ouvi evidenciar a necessidade de cultivar a virtude da justa indignação contra a injustiça como manancial de pensamento e ação na pessoa madura. Sua insistência sobre a importância desta virtude precisa ser tida em conta para uma correta interpretação de sua declaração, na p. 124: "o campo da política é aquele em que ocorrem as alterações essenciais de sentimentos e atitudes, e é do reino da política que irradiam novas forças para outros campos da atividade humana – como a filosofia, as artes e a literatura". Em outras palavras, é a sensibilidade aos efeitos degradantes da injustiça que mexe no pensamento e na ação humanas, bem como na criatividade. Da mesma forma, é essa mesma virtude que torna uma pessoa um adversário ou um defensor do processo político em cada sociedade, conforme as circunstâncias.

"Evocações", continua a teoria de Voegelin, são formulações da totalidade. Não é fácil apreender seu conceito de totalidade, em parte porque ainda está situada no quadro kantiano, cujo impacto era inevitável para os europeus continentais na primeira metade do século XX.[12] Somente durante os últimos anos de sua vida Voegelin abriu caminho para sua própria teoria da totalidade, assunto sumariamente debatido mais adiante.

Basta aqui dizer que os "todos" ou *cosmions* possuem tanto o aspecto composto quanto o unitário: um reino medieval antigo era um compósito de camponeses, vassalos e um rei, mas também uma unidade singular simbolizada pela coroa.[13] Os todos, como compósitos, são investigados com a ajuda de métodos analíticos e sintéticos, como é o caso nas modernas ciências sociais e físicas. Quanto aos todos como unidades, apenas se pode, supostamente, especular e, portanto, são invenções imaginativas, míticas ou metafísicas – como dizem os modernos reducionistas dessas ciências. Após melhor inspeção, no entanto, verifica-se que os reducionistas também têm as suas próprias especulações. Partículas, genes, corpos, natureza e universo são tão unitários quanto reinos, tribos, mentes e Deus. Assim, as teorias sobre a evolução das espécies, o *big bang* ou o universo com muitos mundos são tão especulativas quanto as teorias da criação divina, o apocalipse ou a escatologia, apesar de, aparentemente, estarem mais em sintonia com a nossa era "científica".[14] Em última análise, não há maneira de eliminar a

---

[12] Ver Voegelin, *Autobiographical Reflections*. Ed. Ellis Sandoz. Baton Rouge, Louisiana State University Press, 1989, p. 96. [Edição brasileira: *Reflexões Autobiográficas*. Trad. Maria Inês de Carvalho. São Paulo, Editora É, 2008, p. 142.]

[13] Sou responsável pelo exemplo do reino, mas as noções de um aspecto "composto" e "unitário" do "todo" são de Voegelin. Ele não discorre sobre eles neste volume, mas estão claramente implícitos na forma que ele desenvolveu em um livro anterior, uma crítica das ideologias racistas do direito, cujo título é *Rasse und Staat*. Tübingen, Mohr [Paul Siebeck], 1933, p. 18-19. Edição em inglês: *Race and State*. Trad. Ruth Hein. Ed. Klaus Vondung. Baton Rouge, Louisiana State University Press, 1997 (CW, vol. 2).

[14] A respeito de uma acusação recente de ingenuidade especulativa dos reducionistas, ver Joe Rosen, *The Capricious Cosmos: Universe beyond Law*. Nova York, Macmillan, 1991.

especulação, o mito ou a metafísica, seja do pensamento em geral, seja, mais especificamente, das ciências "duras".

Dada a legitimidade de investigar os todos como unidades, e não apenas como compósitos, o método correspondente de interpretação simbólica é tão válido como o são a análise e a síntese. É este o método que Voegelin usa para a investigação do pensamento político medieval, e é bem ilustrado ao considerarmos os três símbolos centrais da totalidade no início da Idade Média: o Sacro Império Romano (*sacrum imperium*), o corpo místico (*corpus mysticum*) da igreja e o reino de Cristo (*regnum Christi*).

Um pensador antigo que cristianizou o império romano pagão, e desse modo o santificou, foi o bispo Eusébio († 339), um contemporâneo do primeiro imperador cristão, Constantino (306-337). Ele expandiu o significado universal do império pagão, ao incluir a atividade missionária: "O Império Romano (...), a fim de fundir toda a raça numa unidade a abranger todos os que ainda não estão unidos, até aos limites do mundo habitado (*oikumene*)".[15] Um escritor posterior, Cosmas Indicopleustes (fl. meados do século VI), aboliu a noção pagã do "império sem fim" (*imperium sine fine*) e substituiu-a pela consumação do império através do apocalipse e pela posterior transfiguração escatológica no reino eterno de Cristo.[16] O sacro império é, portanto, um todo composto (nos termos de Eusébio: a maioria dos povos do mundo estão unidos imperialmente, mas alguns ainda têm de ser adicionados) e um todo unitário (humanidade). No entanto, esta

---

[15] Eusebius, "Triakontaeterikos". In: *Über das Leben Constantins, Constantins Rede an die heilige Versammlung, Tricennatsrede an Constantin*. Ed. Ivar A. Heikel. *Die griechischen christlichen Schriftsteller der ersten Jahrhunderte*, vol. I, 1902; reedição: Berlim, Akademie-Verlag, 1975, XVI.6. Edição em inglês: *In Praise of Constantine: A Historical Study and New Translation of Eusebius' Tricennial Orations*. Trad. Harold Drake. Berkeley e Los Angeles, University of California Press, 1975, p. 120. Sigo a tradução de Drake, exceto por juntar duas frases.

[16] A respeito da conclusão escatológica do Império Romano no reino de Cristo, ver Cosmas Indicopleustes, *Topographie Chrétienne*. Ed. Wanda Wolska-Canus. Sources chrétiennes, volumes 141, 159, 197. Paris, Editions du Cerf, 1968-1973, 2, p. 74-75; Edição em inglês: *The Christian Topography of Cosmas, an Egyptian Monk*. Trad. John W. McCrindle. Hakluyt Society, série 1, n. 98, 1897; reedição: Nova York, Franklin, 1979, p. 70-71.

totalidade é relativizada (o sacro império será transfigurado no reino de Cristo) e por isso o símbolo do império como um todo combinado – unitário e composto – é subordinado ao todo puramente unitário do reino de Cristo.[17]

O símbolo da Igreja como corpo místico de Cristo nasceu no pensamento de São Paulo (Romanos 12,3-8, 1 Coríntios 12,12-31, Efésios 4,15-16). Em 1 Coríntios, onde ele aparece na sua forma mais elaborada, a igreja (literalmente *ecclesia* ou comunidade) é descrita como o corpo de Cristo composto pelos seres humanos imperfeitos que são os cristãos em vida, dispostos em uma ordem orgânica hierárquica. Cooperam com os seus respectivos dons, em ordem decrescente: apóstolos, profetas, doutores, operadores de milagres, de curas, de assistência, de orientação, ou porta-vozes em línguas estranhas.[18] Paulo, é claro, deixa de fora os governantes pagãos (que reconhece, no entanto, em Romanos 13,1-7, como algozes ordenados por Deus para punição dos malfeitores), bem como bispos e sacerdotes (que ainda não existiam na igreja nascente). A legislação do império carolíngio, oito séculos mais tarde, incorpora devidamente na Igreja os governantes,

---

[17] A fim de sermos abrangentes, é preciso adicionar outro símbolo relativizador – o "reino nacional". O simbolismo deste reino deriva das instituições régias e mitos tribais do período migratório germânico e assim define a completude (totalidade) não em termos de humanidade universal, mas de identidades nacionais singulares. Voegelin aborda o tema das migrações germânicas e dos reinos nacionais emergentes no capítulo 2, mas adia a discussão sobre a sua crescente atratividade como alternativas ao império. O termo *sacro império* (*sacrum imperium*) apareceu como tal somente durante o reinado de Frederico I Barba-Ruiva (1152-1190). Carlos Magno, em 800, via-se como o governante do império romano com o título de "Sereníssimo Augusto, coroado por Deus, grande e pacífico imperador, governante do Império Romano". Nos séculos seguintes, o império foi habitualmente referido como "romano" ou "cristão". Os termos *Sacro Império Romano* e *Sacro Império Romano da Nação Alemã* apareceram no fim da dinastia Hohenstaufen (1254) e sob os Habsburgos (Frederico III [1452-1493]), respectivamente. Ver Harold J. Berman, *Law and Revolution: The Formation of the Western Legal Tradition*. Cambridge, Harvard University Press, 1983, p. 603.

[18] E aqueles que Deus estabeleceu na igreja são, em primeiro lugar, apóstolos; em segundo lugar, profetas; em terceiro lugar, doutores... Vêm, a seguir, os dons de milagres, das curas, da assistência, do governo e o de falar diversas línguas. Porventura, são todos apóstolos? Todos profetas? Todos doutores? Todos realizam milagres? Todos têm o dom de curar? Todos falam línguas? Todos as interpretam? 1 Coríntios 12,28-29. (N. T.)

bispos e sacerdotes, com a autoridade (*auctoritas*) de bispos e sacerdotes considerada acima do poder (*potestas*) de reis e imperadores, dado que os primeiros ministram a salvação a estes últimos. Por outro lado, os governantes já não são meras autoridades ordenadas por Deus para a punição, mas figuras majestosas que irradiam a mesma glória que enche o reino de Cristo. Como um corpo que engloba o conjunto de congregações, sob a autoridade dos sacerdotes e bispos, a Igreja é um todo composto. Como corpo idêntico ao império, é também um todo unitário que representa a universalidade. Como tal, é classificada como superior ao império em significado simbólico, uma vez que é sustentada pela autoridade espiritual, e não pela força bruta. No entanto, assim como no caso do império, a totalidade unitária da igreja é relativizada em favor da verdadeira unidade no símbolo do reino de Cristo.

O símbolo do reino de Cristo, não composto e inteiramente unitário em seu significado, é o elemento escatológico que o cristianismo partilha com o zoroastrismo, o judaísmo tardio e o islamismo, as quatro religiões reveladas da Antiguidade. Como tal, é um símbolo do fim (*eschaton*) que descreve em linguagem figurativa as características da nossa existência além daquelas da vida entre o nascimento e a morte. Acima de tudo, reflete uma existência bem ordenada que compensa as injustiças da vida. Na escatologia, a existência tem instituições simbólicas (por exemplo, a realeza de Cristo) que, com seu equilíbrio bem ordenado, são a medida para todas as instituições da vida, relegando-as a um patamar de significação simbólica diminuída. Instituições reais, como são inextrincavelmente compostas e unitárias, não podem ser aperfeiçoadas até ao nível de totalidade representada pelo simbolismo escatológico.

Após os símbolos de "todos" puramente unitários terem entrado na história do pensamento, como sucedeu na Antiguidade tardia, os impérios políticos ficaram comprometidos para sempre, e nem a unidade da Igreja, simbolicamente mais poderosa, conseguiu manter-se a longo prazo. As civilizações antiga e medieval distinguiam-se claramente uma da outra no processo histórico através da inserção da totalidade escatológica no processo político. A Antiguidade teve, é claro, tantas revoltas e sublevações quanto a Idade Média, mas só a partir do período medieval foi possível legitimar a contestação dos próprios símbolos da organização política e religiosa imperial, em razão da sua incompatibilidade com o padrão escatológico.

Voegelin afirma que a Idade Média começou com certo equilíbrio entre os três símbolos, semelhante ao indicado acima, e que ele chama de "compromisso com o mundo". Sua tese principal é que durante os cinco séculos entre a fundação carolíngia do sacro império (800) até à morte de Santo Tomás de Aquino (1274), o símbolo escatológico do reino de Cristo gradualmente foi perdendo seu poder de atração. Embora fizesse sentido para os primeiros cristãos ansiar pelo estabelecimento iminente do reino de Cristo, a razão para tal anseio diminuiu, uma vez que o império foi santificado.[19] No entanto, apesar dos ganhos a curto prazo, nem o império nem a igreja foram capazes de tirar proveito: eles dependiam demais da medida escatológica para se sustentarem. O que ocorreu foi uma nova busca de totalidades compostas-unitárias, na qual ora a necessidade de símbolos unitários foi diminuída, ora, ao contrário, o papel desses símbolos foi exagerado muito além do considerado admissível para o império ou para a igreja sob as restrições da escatologia. Na opinião de Voegelin, apenas um pensador, Tomás de Aquino, era capaz ou estava disposto a estabelecer um novo equilíbrio entre os novos símbolos compostos e unitários da sua época e um símbolo remodelado do reino de Cristo ressuscitado do passado.

---

[19] Voegelin não comenta a falha inerente à má interpretação da escatologia como apenas um acontecimento do futuro, no cristianismo primitivo e na Idade Média. Como configuração imaginativa de uma totalidade puramente unitária, a escatologia não pode ser reduzida ao futuro, mas tem de incluir o passado e o presente. É a plenitude do tempo presente a qualquer momento e acessível como tal. Neste sentido, integra os símbolos da criação, o reino, e a medida presente de toda justiça completada em um todo unitário.

O "sentimento" dirigido à manutenção de um equilíbrio entre os três símbolos – sacro império, igreja e fim escatológico – é chamado por Voegelin de "espiritualidade". O sentimento oposto, visando desvalorizar ou exagerar a simbolização unitária de comunidades políticas compostas, é designado como pensamento "intramundano", "intracósmico" ou "imanente". A transição crítica de um "sentimento" a outro, preparando novas "evocações", ocorreu na segunda metade do século XI, quando a Controvérsia das Investiduras (1075-1122) levantou questões fundamentais de justiça político-religiosa.

Voegelin formula o referido par de sentimentos, em conformidade com a tradicional distinção cristã entre este mundo e o outro ou, na linguagem kantiana mais técnica anteriormente mencionada, entre "transcendência" e "imanência". Ocasionalmente, o pensamento político "imanente" que apareceu no mundo medieval do século XII em diante também é chamado de "moderno", de modo a indicar a genealogia da modernidade na Idade Média. Esta evolução de simbolismos espirituais para simbolismos intramundanos e para os modernos simbolismos políticos é, para Voegelin, a história de um declínio: é um processo duplo – de empobrecimento simbólico com o secularismo; e inflação simbólica com a especulação. A Idade Média é, para ele, um "compromisso" medieval, desintegrando-se gradualmente nas duas faces modernas: o secularismo empobrecido e a especulação ideológica inflada.

III. Esboço do conteúdo

De acordo com Voegelin, um traço característico da Idade Média é a "enorme extensão da fase preparatória" necessária para a "evocação focal" do *sacrum imperium* se tornar realidade institucional, ainda que fraca, como veio a suceder no seu auge sob o imperador Henrique VI (1190-1197). Ele atribui essa lentidão do período de crescimento às migrações germânicas e asiáticas que se estenderam ao longo de um período de quase seis séculos (cerca de 400-950). Essas migrações perturbaram e isolaram a civilização romana ocidental que, aliás, tinha, um nível de urbanização, conhecimento e comércio inferior ao do Oriente.

Os migrantes germânicos formaram grandes grupos, com os seus próprios reis e mitos fundacionais, alegando descender dos troianos (francos) ou comemorando os trágicos acontecimentos dos nibelungos (borgonheses). Oportunamente, realeza e mito combinaram-se para criar as "evocações" dos "reinos nacionais", os últimos rivais medievais do sacro império como simbolizações da totalidade.

A criação do sacro império por Carlos Magno (768-814) impôs a construção de novos simbolismos distintos dos anteriores, romanos ou bizantinos. Voegelin examina as etapas do processo de construção: a teoria da separação entre os poderes temporal (inferior) e o espiritual (superior) do império, formulada pelo papa Gelásio I (492-496); a nomeação pontifícia de líderes germânicos para cargos imperiais; a coroação de Carlos Magno como imperador (800); a alegada doação do território de Roma ao papa pelo Imperador Constantino; e a incorporação dos governantes no corpo místico de Cristo. O resultado deste processo foi o governo do império por dois líderes, o imperador e o papa, cada um teocrata em sua própria região geográfica e ambos desobrigados de lidar seriamente com as respectivas e sobrepostas pretensões ao "todo" pela grande distância que os separava.

A única instituição que não se encaixava bem na construção teocrática do sacro império inicial era o convento: ou seja, a concepção mais restrita de corpo de Cristo, que reunia pessoas que juraram pobreza, castidade e obediência rigorosas. Os mosteiros foram cruciais para a cristianização da população rural, mas, para que essa missão não se dissolvesse nas funções menos rigorosas da teocracia carolíngia, teriam de se tornar organizacionalmente autônomos. Assim, Voegelin discute o surgimento das ordens monásticas autônomas (cluniacense, cisterciense, franciscana); a cristianização da população, particularmente a classe de cavaleiros, que se reflete nas cruzadas e na criação de ordens militares, e a reforma do papado.

No decurso da sua reforma, o papado conseguiu abolir as teocracias ao norte dos Alpes. Durante a Controvérsia das Investiduras, o papado obteve dos governantes o direito de escolher os seus próprios candidatos para os cargos eclesiásticos. Enquanto essa reforma estava em andamento, surgiu a difícil questão de saber se os bispos empossados de modo não canônico e, portanto, "indignos" (na linguagem medieval, os bispos que cometeram "simonia") poderiam ministrar os sacramentos (administração reservada aos apóstolos e seus sucessores no *corpus* de Paulo). Voegelin discute três respostas, formuladas por Pedro Damião (†1072), Humberto da Silva Cândida († 1062) e pelo anônimo normando (fl. ca. 1100). Damião introduziu uma distinção entre portadores de cargos dignos e indignos, enquanto Humberto, preocupado com o problema geral da corrupção simoníaca, esperava que a ação reformadora da igreja eliminasse completamente a corrupção da política. O anônimo tomou o caminho oposto: Cristo adotou a forma humana de um sacerdote para redimir a humanidade, mas a sua função real no reino por vir é régia, pelo que os sacerdotes se encontram abaixo dos governantes.

Como mencionado acima, no decurso da Controvérsia das Investiduras, ficou claro que com um sacro império e uma igreja universal, o fim escatológico deixara de ser uma preocupação premente. Desconsiderando seu engajamento, os pensadores também podiam ser afastados pelos argumentos em disputa e pela busca de novos "todos" compostos-unitários, diferentes do império e da igreja. No século XII, surgiu uma série de teóricos que propôs o que Voegelin chama de novos tipos "imanentes" de instituições.

Voegelin começa o exame deste processo com uma discussão de três teóricos. João de Salisbúria († 1180) apresenta o símbolo de uma comunidade (*res publica*) que não é nem o império, nem um reino específico. Além disso, esta comunidade já não é construída com todo o espectro de tipos humanos paulinos unidos na igreja. Ele se concentra unicamente no homem político, que pensa que é livre, como Deus, e, portanto, domina "até onde o seu poder se estende". Como consequência, há um tirano em cada governante, e este pode ser deposto com justiça. Joaquim de Fiore († 1202) especula sobre um terceiro reino que completa o progresso do homem da lei natural para a lei mosaica e evangélica e em direção à lei totalmente espiritual onde a vida é caracterizada por espírito, contemplação e liberdade. Joaquim considerou-se o precursor de um líder sem nome que, em 1260, iria inaugurar este reino final na terra. São Francisco de Assis († 1226), tal como João, estreita o espectro paulino a um só tipo humano, no seu caso, o leigo comum que abdicou radicalmente de todos os vícios do mundo. Esta pessoa não se purifica na expectativa do Reino por vir, mas em conformidade com a condição básica deste mundo, no qual Cristo foi sacrificado para nossa salvação.

Além dos pensadores, havia também os homens práticos. Voegelin estuda as *Constituições* da Sicília, do imperador Frederico II de Hohenstaufen (1220-1250), que forneceram a base legal para o primeiro reino, dentro do império, não feudal e centralizado. Nessas *Constituições*, Frederico aparece como o guardião da "unidade indivisível da fé", autorizado a erradicar as heresias. A crítica do instrumento divinamente escolhido seria um sacrilégio; não há recurso ao papa.

Cerca de um século antes, na Universidade de Bolonha, Irnério († cerca de 1130) começara a lecionar sobre o *corpus* do direito romano justiniano. Como enfatiza Voegelin, elementos do direito romano foram praticados sem interrupção na Lombardia e o chamado renascimento de Irnério foi, na verdade, um retorno ao *corpus* completo do direito romano que, na Idade Média, tornou-se imutável e "sacratíssimo". Após Irnério, o direito foi glosado de acordo com a prática legal, e no tempo de Acúrsio († 1263) os comentários tornaram-se mais importantes do que o *corpus* justiniano inicial. Os glosadores, por sua vez, segundo Voegelin, abriram o caminho para a legislação de um modo casuístico, racional, sistemático e, em suma, "intramundano". Os exemplos característicos estudados são as *Constituições* de Frederico II e a promulgação da lei canônica no *Decretum Gratianum*.

Mais ou menos ao mesmo tempo (aproximadamente entre 1160-1260), o *corpus* de escritos de Aristóteles, até então desconhecido, ficou disponível para os cristãos ocidentais, primeiro através de traduções do árabe e, depois, diretamente do original grego. Para alguns muçulmanos, sobretudo Averróis († 1198), Aristóteles era a perfeição da humanidade e o fundador de uma religião do intelecto igual, se não superior, à que se vê como a imagética religião do homem comum contida no Corão. A visão averroísta encontrou um sucessor cristão em Sigério de Brabante († cerca de 1286), a quem Voegelin estudou como um pensador de uma estrutura de mundo "imanente", concluída com a negação da imortalidade individual, da criação do mundo e da interferência direta de Deus na natureza.

Em contrapartida, Voegelin descreve Tomás de Aquino († 1274) como um "intelectual cristão", para quem a verdade de Deus se manifesta igualmente de três formas: na criação, na encarnação e no princípio do ser. A filosofia é digna de ser exercida, embora a religião do homem comum não seja, de modo algum, desprezível. O cristianismo ainda precisa expandir-se a todas as nações da terra, mas a unidade religiosa já não exige unidade imperial: é compatível com uma multiplicidade de unidades políticas estruturadas de modo "imanente". Santo Tomás aceita a noção aristotélica da pólis como a comunidade perfeita que conduz à felicidade, mas também não deixa dúvida de que – em qualquer que seja a comunidade política: uma *civitas*, um *regnum* ou uma *provincia* – os seus habitantes apenas terão a plena bem-aventurança no reino de Cristo. A pólis, claramente, deixou de ser uma "evocação" viva e tornou-se uma ideia morta, embora as novas comunidades políticas ainda não se tenham tornado "todos" com poder simbólico.

Voegelin considera que a teoria do direito de Tomás é mais específica que sua teoria política. A regra (*ratio*) da criação divina é a lei eterna, impressa na mente como lei natural, que, no entanto, só pode se aproximar do direito positivo. Além disso, Deus revelou a sua lei divina no Antigo e no Novo Testamentos, a fim de orientar o homem para além da sua realização natural – para a beatitude escatológica. A lei natural só existe sob a forma de princípios gerais, entre os quais Voegelin enumera "autopreservação, conservação da espécie através da procriação e educação, preservação (...) através do conhecimento de Deus e (...) da vida civilizada em comunidade", por isso a dificuldade de promulgar, a partir dela, o direito positivo detalhado. A noção tomista de uma lei eterna como a raiz da lei natural é engenhosa porque transcende as armadilhas de uma lei natural autossuficiente e limitada a princípios imanentes como, nas palavras de Voegelin, "instintos, desejos, carências, razão secular, vontade de poder, sobrevivência dos mais aptos, etc.".

Voegelin conclui afirmando que Tomás de Aquino foi o único pensador capaz de absorver a "irrupção das forças intramundanas, desde a Controvérsia das Investiduras" e de equilibrá-las com o legado espiritual original com que a Idade Média começara. Depois dele, o equilíbrio rompeu-se e, desta vez, para sempre.

IV. "A Alta Idade Média" e as obras posteriores de Voegelin

Na sua "História", Voegelin empreendeu uma grande narrativa desde a história antiga até ao presente. Continuou a fazê-lo de forma mais expandida nos três primeiros volumes de *Ordem e História*, que foram publicados nos anos 1950. No entanto, no quarto dos seis volumes previstos de *Ordem e História*, publicado em 1974, Voegelin abandonou esta narrativa.

Ele deu duas justificativas principais: primeiro, a massa de novos materiais (em parte descobertos depois de ele ter abarcado civilizações não ocidentais) aumentaria o manuscrito para proporções "incomportáveis"; e, segundo, "a impossibilidade de alinhar os tipos empíricos [de ordem e simbolização] em qualquer sequência de tempo que permitisse que as estruturas efetivamente descobertas emergissem de uma história concebida como um 'curso'". Em outras palavras, embora talvez fosse possível dominar a massa de materiais, era impossível estender eurocentricamente ao resto do mundo a história europeia ocidental da crescente polarização entre simbolizações seculares e especulativas iniciada na Idade Média. Em vez disso, argumentou Voegelin, era preciso ter em conta que "as importantes linhas de significado na história não fluíam ao longo das linhas de tempo". Assim, substituiu a narrativa cronológica por ensaios de exemplos históricos, movendo-se "para trás, para a frente e para o lado".[20]

No entanto, enquanto esses argumentos contra a "história concebida como um 'curso'" eram impressos, Voegelin não pôde resistir à tentação de esboçar uma grande narrativa histórica nas suas *Reflexões Autobiográficas* de 1973. Aí, relata como nos anos 1960 percebeu que "praticamente todos os símbolos que aparecem no Antigo Próximo Oriente têm uma pré-história" que, passando pelo neolítico, atinge o paleolítico e permitem uma distinção entre os períodos de simbolizações pré-histórica, cosmológica e ecumênica.[21] Da mesma forma, afirma que ficou consciente de que:

> Aos impérios ecumênicos e sua grande convulsão, seguiram-se os impérios ortodoxos – seja na China confucionista, na Índia hinduísta, no império islâmico, seja nos impérios ortodoxos grego oriental ou romano ocidental. Essas novas civilizações imperiais [baseadas em doutrinas como suas teologias políticas], que, como sociedades civilizacionais, não são

---

[20] *The Ecumenic Age*, 2, p. 57. [Edição brasileira: *A Era Ecumênica*, p. 54.]
[21] *Autobiographical Reflections*, p. 82. [Edição brasileira: *Reflexões Autobiográficas*, p. 126.]

de forma alguma idênticas às sociedades governadas pelos impérios ecumênicos, sobreviveram, de modo geral, até a nova onda de convulsão e ruptura no chamado período moderno.[22]

Se esta lógica for seguida até ao seu desfecho, a história emerge como um processo em que as simbolizações secular moderna e especulativa, identificadas no final da seção anterior, podem ser vistas como começando com a dissolução do "império latino ortodoxo ocidental" por volta de 1600-1700, que foi seguido por rupturas semelhantes, embora graduais, no resto do mundo, durante os séculos subsequentes e pelo triunfo da modernidade em todo o mundo, no século XX.

Este esboço de um "curso" da história, desde a pré-história até ao presente, é muito semelhante às estruturas das primeiras grandes narrativas publicadas por historiadores do mundo durante os anos 1960 e 1970.[23] Hoje, essas estruturas são comuns a praticamente todos os compêndios de história mundial. Além disso, Voegelin delineia um curso de história que vai desde a sua origem pré-histórica até ao nosso presente moderno em que coexistem continuamente simbolizações equilibradas e doutrinações extremas. Não há nenhum período da história sem "ortodoxias estabelecidas" em que os símbolos são "deformados" em "doutrina". No pensamento de Voegelin, na década de 1970, qualquer "progresso" ocorrido no mundo sob a forma de símbolos mais "diferenciados" do "todo" era desfeito pela inevitável "doutrinação" dessas diferenciações. A história do mundo aparece, assim, como um processo aberto de inegável progresso, mas neutralizado por desastres igualmente inegáveis, de tipo secular e especulativo.

O que se pode observar no pensamento de Voegelin, entre este volume e as *Reflexões Autobiográficas*, é uma mudança sutil de ênfase, de um princípio "espiritual" do período medieval para uma "ortodoxia" "doutrinária" medieval. O que neste volume é incisivamente chamado de "imanentização" de

---

[22] Ibidem, p. 105-06. [Edição brasileira: *Reflexões Autobiográficas*, p. 155.]

[23] Ver as obras citadas na nota 6, acima.

símbolos "transcendentes" no decorrer dos séculos medievais, nas *Reflexões Autobiográficas* é apresentado, de modo mais neutro, como "a redescoberta ocidental da Antiguidade pagã e, paralelamente, a expansão das ciências naturais", as quais abriram "a consciência do homem para esferas da realidade que as ortodoxias dos impérios haviam obscurecido até então".[24] Em suma, quanto maior se tornou o horizonte histórico de Voegelin, menos ele foi capaz de dissociar os movimentos de imanentização e transcendentalização no processo histórico.

De fato, em seu livro *Em Busca da Ordem*, postumamente publicado, o par "imanência" e "transcendência" já nem sequer aparece. Os arreios kantianos de dois mundos irreconciliáveis – experiencial e conceitual – finalmente cederam em favor de uma única "realidade" com dois aspectos, chamados "realidade-Isso" e "realidade-coisa".[25] Como esta introdução não é o lugar para discutir os meandros das últimas simbolizações de Voegelin, basta dizer que o símbolo de Voegelin de realidade única, claro, é mais uma variação do que pode ser considerado, constantemente, o poderoso núcleo da obra de Voegelin, a sua teoria do "todo" composto-unitário.[26] É esta teoria, e não as polêmicas sobre transcendência e imanentização em que ele se deixou enredar nas obras do seu período intermediário,[27] que lhe assegurará um lugar proeminente na história do pensamento do século XX.

---

[24] *Autobiographical Reflections*, p. 106. [Edição brasileira: *Reflexões Autobiográficas*, p. 155.]

[25] *Order and History*, vol. V, *In Search of Order*. Baton Rouge, Louisiana State University Press, 1987, p. 16. O termo *transcendência* é mencionado uma vez (p. 35), num contexto em que é criticado como "ideológico". [Edição brasileira: *Ordem e História*, vol. 5, *Em Busca da Ordem*. Trad. Luciana Pudenzi. São Paulo, Loyola, 2010, p. 57.]

[26] Inexplicavelmente, o aspecto "isso" ainda é chamado "não experienciável" em *In Search of Order*, 72-73. [Edição brasileira: *Em Busca da Ordem*, p. 91.] Explorei possíveis explicações num escrito de 1995 inédito intitulado "The 'Not-Experientiable' Ordering Force: Reflections on the Kantian Baggage of *In Search of Order*".

[27] Particularmente, *The New Science of Politics: An Introduction*. Chicago, Universidade de Chicago Press, 1952, que, ironicamente, é de longe seu trabalho mais conhecido e mais reimpresso. [Edição brasileira: *A Nova Ciência da Política*. 2. ed. Trad. José Viegas Filho. Brasília, Editora Universidade de Brasília, 1982.]

O trabalho científico nos anos 1980 proporcionou um impulso para a reflexão sobre a natureza unitária da totalidade e acabou com o reinado da cisão kantiana entre os dois reinos separados da realidade – imanente e transcendente. As experiências de Alain Aspect, em 1982, refutaram as últimas objeções à mecânica quântica, para a qual Georg Cantor († 1918), com seus símbolos matemáticos da totalidade como conjunto de múltiplos infinitos, criara as novas ferramentas conceituais: a infinidade real de potencialidades se manifesta por meio de probabilidades estatísticas na infinidade potencial de fatos.[28] Os leitores que desanimarem com a teoria do "todo" de Voegelin ou com o meu resumo nesta introdução podem tomar coragem: sua teoria é positivamente fácil em comparação com o emergente pensamento quântico, onde atualmente se está reconstruindo a *philosophia perennis*.

Nota do editor

Nesta edição, tentei seguir um caminho intermediário entre abster-me de qualquer intervenção editorial e tornar o inglês de Voegelin totalmente vernacular. Assim, reestruturei apenas as frases que de outra forma teriam sido muito difíceis de entender. Em todos os outros casos, desde que o significado não estivesse obscuro, deixei intacta a lição do autor. Aqueles que conhecem Voegelin reconhecerão as idiossincrasias que distinguem o seu estilo e uso da linguagem. Aqui e ali, quebrei parágrafos que se estendiam por mais de uma página do manuscrito. Em geral, Voegelin mantinha curtas e básicas as suas

---

[28] Adaptei esta formulação de Carl Friedrich von Weizsäcker, *Aufbau der Physik*. Munique, Hanser, 1985, p. 375 e 584-85. A respeito da obra de Cantor sobre os infinitos, ver seu "Beiträge zur Begründung der transfiniten Mengenlehre". *Mathematische Annalen*, n. 46, 1895, p. 481-512 e n. 49, 1897, p. 206-46; Edição em inglês: *Contributions to the Founding of the Theory of Transfinite Numbers*. Trad. Philip E. B. Jourdain. Nova York, Dover, 1955. Uma ampla discussão sobre as consequências filosóficas do novo conceito de múltiplos infinitos reais pode ser encontrada em Jean E. Charon, *Les Lumières de l'Invisible*. Paris, Albin Michel, 1985.

notas de rodapé, indicando as fontes primárias e, geralmente, abstendo-se de discutir a bibliografia secundária. Portanto, não incluí notas de rodapé, exceto onde considerei oportuno remeter o leitor a reimpressões ou reedições das fontes citadas pelo autor. Todos os detalhes bibliográficos são dados apenas na primeira menção. Nos casos em que as conclusões de Voegelin foram superadas pelas pesquisas mais recentes ou quando, na ausência de materiais adequados nos anos 1940, as suas conclusões se revelaram prematuras, acrescentei notas do editor, que vêm indicadas entre colchetes.

Nota bibliográfica

Nesta obra, Voegelin utiliza alguns volumes da *Monumenta Germaniae Historica* (*MGH*), originalmente editada por Georg Heinrich Pertz. Apresentamos a seguir um panorama dos volumes relevantes da série *MGH* e suas abreviações. Os detalhes bibliográficos sobre cada texto são fornecidos nas notas de rodapé.

AA	*Auctores antiquissimi*
Cap.	*Capitularia regum francorum* (in *Legum*, II)
Const.	*Constitutiones et acta publica imperatorum et regum* (in *Legum*, IV)
Epp.	*Epistolae*
Leg.	*Legum*, 1
Libelli	*Libelli de lite imperatorum et pontificum saeculis XI et XII conscripti* (in *Legum*, V)
SS	*Scriptorum*

Peter Von Sivers

TERCEIRA PARTE

SACRUM IMPERIUM

1. Introdução

§ 1. A estrutura geral da Idade Média

As ideias políticas da Idade Média orientam-se para a evocação do *sacrum imperium*, do Santo Império, da mesma maneira que a teoria helênica se orientou para a pólis e a teoria cristã-romana para o reino do céu e o Império Romano. Entretanto, a evocação do *sacrum imperium* difere de modo decisivo da mesopotâmica, helênica e romana porque o Império Medieval jamais alcançou coerência interna e eficácia como organização de poder que se compare com a de Babilônia, da Pérsia, de Atenas, de Esparta e de Roma. O império alcançou um clímax espiritual e territorial no fim da Terceira Cruzada, durante o breve reino de Henrique VI (1190-1197). Então, a organização imperial abrangia os territórios italianos e alemães e a Sicília. Ricardo Coração de Leão reinava na Inglaterra como feudo do imperador, e o matrimônio do irmão do imperador com uma princesa bizantina estabeleceu direito ao Império Bizantino. Mas mesmo neste breve momento histórico de dois ou três anos (1194-1197), o império era só a Alemanha e a Itália; o resto eram reivindicações contestadas e irrealizáveis.

A organização da história medieval segundo divisões cronológicas definitivas nunca será completamente satisfatória.

Os dois séculos entre 1070 e 1270, com a Controvérsia das Investiduras e as Cruzadas, florescimento do simbolismo alemão e italiano, São Francisco e Santo Tomás, são o cume espiritual da Idade Média. Mas o longo período preparatório da evocação imperial do século V ao XII prolonga-se até ao período de culminação, sobrepondo-se ao começo da desintegração do império em unidades nacionais. Assim, a história da Idade Média consiste em dois longos processos de integração e desintegração da ideia imperial, com um clímax efêmero em torno de 1200.

§ 2. As migrações

A enorme extensão da fase preparatória e a complexidade de sua estrutura interna resultam de eventos do período precedente à migração. A Grande Migração costuma ser datada desde a entrada dos visigodos no Império Romano, em 376, até a irrupção dos lombardos na Itália, em 568. Mas essas datas, embora reflitam a eficácia do mito de Roma na construção da história, têm pouca relação com o real alcance dos movimentos, pois apenas indicam as primeiras e as últimas grandes fixações de tribos germânicas dentro das fronteiras do Império Romano. Para uma compreensão mais adequada do processo, temos que examinar os movimentos na sua totalidade e distingui-los entre movimentos tribais germânicos devidos a causas internas – tais como o aumento da população e os eventos políticos domésticos que obrigam à emigração de frações de um povo – e os movimentos causados externamente pela pressão das migrações asiáticas.

a. O processo da migração germânica

Por razões internas, a expansão germânica começou em torno de 700 d.C. Da Escandinávia e da Alemanha do norte, entre o Elba e o Oder, as tribos germânicas moveram-se para oeste, para sul e sudeste. Um primeiro choque com os romanos ocorreu nas guerras entre Roma e os cimbros e os teutões no fim do século II a.C.; outros seguiram no meio do primeiro século a.C. nas guerras de César com as tribos germânicas que tentaram invadir a Gália. Uma série de campanhas menores contra os germânicos começa no reino de Augusto e culmina com Marco Aurélio nas guerras dos marcomanos em 166-175 d.C., criando o precedente de estabelecer grupos germânicos dentro do Império. A onda seguinte foi a Grande Migração de 376 a 568; não será a última, sendo seguida nos séculos IX e X pelas ondas de nórdicos, terminando na conquista da Inglaterra no século XI. Os períodos entre as grandes ondas não deixaram de ser marcados por migrações, mas os deslocamentos ocorreram em regiões mais distantes ao norte e foram, portanto, menos registradas pelos historiadores romanos do que os contatos com a civilização mediterrânica.

b. O processo da migração asiática

As migrações germânicas e os contatos com o Império Romano têm um paralelo no Oriente com os movimentos das tribos da Ásia central e seus contatos com a China. Os movimentos ocorridos no Oriente distante não são relevantes para o nosso problema.[1] No século IV, entretanto, a primeira onda asiática dos hunos alcançou a região do Mar Negro, onde cem anos antes as tribos germânicas orientais tinham chegado no decorrer de sua expansão. A destruição do império ostrogodo e a derrota dos visigodos, após o choque em 372, desencadeou um movimento das tribos germânicas orientais

---

[1] Para uma excelente pesquisa dos movimentos asiáticos, ver Louis Halphen, "The Barbarian Background". In: *The Cambridge Ancient History*. Ed. John B. Bury, Stanley A. Cook e Frank E. Adcock. Cambridge, Cambridge University Press, 1939, vol. 12, cap. 3. Sobre as relações dos movimentos asiáticos com os europeus, ver a ótima pesquisa de William M. McGovern, *The Early Empires of Central Asia: A Study of the Scythians and the Huns and the Part They Played in World History, with Specific References to Chinese Sources*. Chapel Hill, University of North Carolina Press, 1939, p. 11-17.

em direção ao Ocidente e iniciou a Grande Migração. No século V, os hunos avançaram até à Europa ocidental, mas foram derrotados na batalha de Châlons (451). À derrota seguiu-se uma revolta das tribos germânicas conquistadas e incorporadas no Império Huno. No século VI, começou o avanço da tribo asiática seguinte, os avaros, e os lombardos, após breve aliança, partiram para a Itália. Os avaros ainda assediavam Carlos Magno no fim do século VIII. Os séculos IX e X trouxeram a onda dos magiares para a Europa central, detida definitivamente em 955 na batalha de Lechfeld. As ondas asiáticas posteriores de seljúcidas, mongóis de Gengis Khan, turcos otomanos, e mongóis e turcos de Tamerlão, alcançaram as fronteiras do Império Romano ocidental e constituíram temporariamente uma ameaça, mas não romperam a estrutura do mundo ocidental.

Os dois processos de migração, o germânico e o asiático, e a sua interação após o século IV d.C., determinaram a estrutura geral da história das instituições e das ideias medievais. O estabelecimento germânico na Europa não foi um evento ocorrido num dado momento. Não foi uma conquista concluída num período curto, seguida pelo crescimento sereno de instituições políticas. A migração foi um processo que se estendeu durante séculos, conduzindo à fundação e à destruição de impérios por grupos tribais comparativamente pequenos e em condições terríveis. Temos de imaginar que os visigodos, ostrogodos, vândalos, hérulos e lombardos não são grandes poderes guerreiros, lançados à conquista vitoriosa do mundo como Alexandre e os seus macedônios; são tribos derrotadas, dizimadas, assustadas, "espremidas" entre os hunos e os romanos, na busca desesperada de um lugar onde encontrassem descanso e segurança. A desintegração psicológica e espiritual que acompanhou esta expansão resultante de razões internas agravou-se ainda mais após as derrotas perante as tribos asiáticas. A prontidão surpreendente das tribos germânicas para adotar a cristandade, e o seu respeito pela tradição romana, devem ser atribuídos a esse estado de desintegração.

c. Os reinos germânicos da migração

A maior parte das conquistas imperiais das tribos germânicas revelou-se precária por várias razões. O reino vândalo na África (429-534) teve que enfrentar não só a resistência da população e do clero católicos aos conquistadores arianos heréticos, mas também as revoltas berberes; foi esmagado finalmente pelo poder bizantino. O reino visigótico de Toulouse (419-507) foi destruído pelos francos. Os reinos ibéricos remanescentes continuaram uma existência insignificante durante dois séculos até sucumbirem perante a conquista muçulmana. O reino dos hérulos de Odoacro durou menos de duas décadas (476-493) antes de se desmoronar perante o assalto dos ostrogodos. O império dos ostrogodos na Itália foi liquidado e a população praticamente aniquilada por Belisário e Narses na reconquista bizantina de 552. O reino lombardo na Itália durou dois séculos (568-774), até ser incorporado no reino franco por Carlos Magno. Mas, neste caso, o povo lombardo continuou a existir na Itália e, se não fossem demasiado fracos numericamente, poderiam ter sido o núcleo de um reino ítalo-germânico do mesmo tipo da França, Alemanha e Inglaterra. Mesmo assim, os séculos IX e X foram a idade heroica da nobreza lombarda, embora os imperadores e os reis da Lombardia não fossem capazes de manter a própria Itália e não fossem reconhecidos fora dela. O reino lombardo acabou por ser destruído pelas expedições italianas de Otão, o Grande, que tiveram início em 951.

d. Peculiaridades da fundação dos francos

O reino mais duradouro foi o dos francos. Pormenores à parte, podemos indicar os três fatores que contribuíram para o sucesso dos francos. Eles foram a única tribo germânica do período da migração que não migrou sob pressão asiática. Moveram-se primeiramente da Europa central para o Reno e, encontrando a fronteira indefesa, expandiram-se para a Gália romana. A situação interna dos francos no século IV pode comparar-se à do império ostrogodo do Mar Negro de

Ermanarico antes da chegada dos hunos. A causa principal da eficácia política superior dos francos resulta de terem sido poupados às influências desestabilizadoras da Grande Migração. O segundo fator importante é o fato de estarem a grande distância do poder bizantino. O Império Romano oriental não tinha poder para lançar expedições contra os francos, como as que aniquilaram os vândalos e os ostrogodos. E, finalmente, a conversão de Clóvis ao catolicismo, em 496, criou um apoio papal e episcopal à Gália que permitiu aos francos enfrentar o poder rival dos visigodos heréticos em 507. Mesmo a fundação franca, entretanto, não sobreviveu a Carlos Magno por mais de três anos. Em 817 começaram as divisões do império e, por meados do século IX, as migrações alcançaram um novo clímax de expansão com os nórdicos na Rússia, Constantinopla, ilhas britânicas, na Europa ocidental e do norte através dos rios e, finalmente, até o Mediterrâneo. Ao mesmo tempo, as ondas asiáticas trouxeram a invasão magiar do Ocidente, sendo atingida a Borgonha na primeira metade do século X. Um novo poder cristalizador, os duques da Saxônia, emergiu da anarquia do século X, conduzindo à fundação imperial da Alta Idade Média por Otão, o Grande, cuja coroação como imperador ocorreu em 962.

§ 3. O isolamento do Ocidente

Essas migrações estabeleceram a base étnica das instituições ocidentais, mas quebraram a unidade civilizacional do mundo antigo. Na altura da expansão imperial da Macedônia e de Roma, e apesar da diferenciação interna, o mundo antigo era uma vasta unidade civilizacional que se estendia da Mesopotâmia ao Atlântico e que irradiava para a Ásia central. No século VII, foram quase simultaneamente criadas duas barreiras nesta área, dividindo-a em três seções. Em meados do século VII, a expansão árabe alcançou a Pérsia e interrompeu os contatos diretos entre a área mediterrânica-asiática e o Oriente distante.

Pérsia, Síria, Palestina e Mesopotâmia afastaram-se desde então do mundo mediterrânico e tornaram-se "asiáticas". Na segunda metade do século VII, a invasão dos búlgaros asiáticos, acarretando a grande expansão dos eslavos do sul, penetrou as províncias do nordeste do Império Bizantino entre o Danúbio e os Balcãs, interrompendo a ligação terrestre entre o império oriental e o Ocidente. As relações culturais diretas entre o Oriente grego e o Ocidente latino diluíram-se; as influências remanescentes passavam pela Sicília, ou através da África do Norte e da Hispânia islâmica. Desde o século VII, podemos falar do "Ocidente" como uma região civilizacional com base étnica germânica, situada na periferia das grandes civilizações antigas, e delas separada pelas barreiras turco-eslava e islâmica.

Este quadro de isolamento fica mais completo se recordarmos os principais eventos que circunscreveram ainda mais a área ocidental. A conquista árabe não só introduziu uma barreira na Ásia, isolando o Antigo Oriente, mas, através da expansão na África e na Espanha, criou também uma barreira a sul que confinou o Ocidente à costa norte do Mediterrâneo. A expansão eslava preencheu os espaços europeus esvaziados pelo movimento das tribos germânicas em direção ao Ocidente, fechando o cerco a oriente do Elba. A invasão seljúcida no século XI separou a Ásia Menor da velha área civilizacional doravante limitada à geografia da Europa. A invasão otomana, finalmente, terminou a civilização bizantina independente e restringiu a área da velha civilização à Europa ocidental e central, e às penínsulas ibérica e itálica. Em consequência deste isolamento e circunscrição, os períodos da Alta Idade Média e do início do Renascimento revelam uma estrutura de ideias muito complexa. Do século XI em diante, temos que distinguir entre os seguintes fatores: o crescimento interno da mente ocidental até a culminação espiritual, particularmente nas cidades ocidentais; a tradição greco-romana preservada sobretudo pela ordem de São Bento, juntamente com os elementos da literatura clássica preservados por Cassiodoro, e por Boécio e Símaco durante o reino de Teodorico (493-526); a assimilação do pensamento grego através da transmissão islâmica; o "verdadeiro" Renascimento italiano, como um despertar do italianismo autóctone na Itália central; a importação da tradição clássica, preservada no Império Bizantino por acadêmicos refugiados de Constantinopla; as influências das civilizações islâmicas, mongol e turca. É tecnicamente impossível dentro do âmbito destes estudos tratar esses fatores em detalhe; mas devemos ter presente esta rede complicada como o pano de fundo de uma seleção que permite que os problemas pareçam mais simples do que são.[2]

---

[2] [Estes parágrafos não são fáceis de seguir. A migração dos povos asiáticos conduziu à destruição do Império Romano do Ocidente e do Império Persa e contribuiu para a criação da cristandade ocidental e oriental; o mesmo se verificou em relação ao Império islâmico-árabe e suas transformações ulteriores. Mas é pouco claro o que significa para Voegelin uma prévia indivisão "de uma unidade civilizacional que se estendia da Mesopotâmia até o Atlântico e que irradiava para a Ásia central", desintegrada pelas tribos asiáticas. Em termos de instituições políticas e religiosas, o mundo eurasiático nunca foi unificado: os Impérios Romano e Persa estavam tão separados – institucional e religiosamente – quanto os seus sucessores carolíngios e abássidas. A intervenção das migrações tribais não alterou nada. Em termos tecnológicos e comerciais, a Eurásia (incluindo a Índia e a China) permaneceu una: a migração asiática, longe de revelar um efeito de cisão, representa hodiernamente um testemunho vivo da intensificação das relações Oriente-Ocidente, no período d.C.

Nessa perspectiva da unidade eurasiana, foi o relativo atraso civilizacional, mais do que as cisões tribais externas, que por um longo período contribuiu para o "isolamento" da Europa ocidental. Antes de ca. 1050, havia pouca procura de especiarias e produtos de luxo oferecidos pelos mercadores árabes e judeus (que nunca tinham feito qualquer tipo de transação pelo Volga e Báltico ou Marselha com os carolíngios, como demonstrado por Richard Hodges e David Whitehouse, *Mohammed, Charlemagne and the Origins of Europe: Archeology and the Pirenne Thesis*. Londres, Duckworth, 1993; e também Moshe Gil, "The Rhadanite Merchants and the Land of Rhadan". *Journal of the Economic and Social History of the Orient*, n. 17, 1974, p. 299-328). Os árabes não romperam com a Europa ocidental, como Henri Pirenne tinha concluído; eles simplesmente a deixaram por si mesma. Ver *Charlemagne et Mahomet*. 2. ed. Presses Universitaires de France, 1992; Edição em inglês: *Mohammed and Charlemagne*. Trad. Bernard Miall. Nova York, Barnes and Noble, 1992. Curiosamente, uma vez que a Europa ocidental adquiriu um semblante de força política, o seu isolacionismo contribuiu para evitar mais imigrantes. Leften S. Stavrianos (em *A Global History: From Prehistory* to *the Present*. 6. ed. Englewood Cliffs, N.J., Prentice Hall, 1995, p. 147-55) salientou que depois dos magiares (955) nenhum asiático permaneceu; ao contrário, no Oriente Médio e na Índia, os mongóis e os turcos ficaram até 1258 e 1516. Os governantes europeus tiveram uma vantagem de aproximadamente três séculos para criar uma monarquia nacional (etnicamente unificada, como se diria hoje), apesar de seu atraso civilizacional inicial.]

§ 4. Política espiritual

A tal ponto as ideias políticas medievais diferem das do período moderno do estado-nação que, segundo alguns estudiosos do século XIX, as ideias medievais nem sequer se deveriam chamar políticas. Embora esta opinião tenha desaparecido da bibliografia acadêmica, ainda tem eco, não sendo supérfluas algumas observações sobre o problema. Em seu tratado *The Holy Roman Empire* [O Santo Império Romano], Sir James Bryce escreveu em 1873:

> A Idade Média é essencialmente apolítica. As ideias correntes nas cidades da Antiguidade e hoje em dia, como o bem comum enquanto objetivo do Estado, os direitos do povo, os méritos comparativos das diferentes formas de governo, eram desconhecidas e talvez incompreensíveis na sua formulação especulativa – embora por vezes realizadas de fato.[3]

Podemos deixar a parte descritiva da afirmação ir, embora convide a qualificação. A conclusão de que a Idade Média foi apolítica só é possível com base na suposição gratuita de que as ideias do estado nacional moderno detêm o monopólio do termo *política*. Também podemos voltar o feitiço contra o feiticeiro: podemos considerar a política da Idade Média como o padrão e chegar à conclusão de que os nossos problemas políticos não são talvez tão importantes como nos parecem, considerando que a humanidade os conseguiu evitar durante quase mil anos.

Truques terminológicos desse tipo não fazem progredir a compreensão do assunto. O que desconcerta o estudioso do século XIX é o fato de que as evocações políticas medievais tratam da personalidade espiritual do homem, enquanto o sistema constitucional moderno ocidental deixa a personalidade espiritual livre para se institucionalizar, ou não, nas igrejas.

---

[3] James Bryce, *The Holy Roman Empire*. 4. ed. Nova York, Macmillan, 1904; Reedição: Nova York, Schocken, 1961, cap. 7.

O sistema político de Platão é semelhante à evocação medieval. Por isso, é preciso corrigir a indicação de Bryce segundo a qual as teorias helênica e moderna se opõem à medieval. Observamos o deslocamento da reflexão política dos níveis do faraó para o papa, e chamamos a atenção para a dinâmica temporal do trabalho platônico, indicando que a evolução da alma platônica é equivalente às evoluções no período cristão que duram séculos. Consequentemente, a teoria política espiritual medieval não é um fenômeno isolado. Só parece única se ignorarmos a fundação espiritual de Platão e nos concentrarmos em fragmentos da sua teoria após a transformação aristotélica.

Se desejamos uma compreensão preliminar da teoria política medieval, temos que imaginar o que aconteceria se o modelo da pólis de Platão tivesse sucesso, se ele se transformasse no filósofo-rei, ou se tivesse encontrado um, e se tivesse surgido um corpo da teoria política durante séculos focado no seu modelo espiritual. A cristandade não produziu uma teoria deste tipo durante o Império Romano porque muitos fatores impediram que a nova evocação penetrasse a comunidade política. Primeiramente, a concepção apocalíptica do reino do céu superou muito lentamente a tensão escatológica; em segundo lugar, o reino do céu não destruiu completamente o paganismo, e a sociedade cristã permaneceu um fragmento dentro do Império Romano; em terceiro lugar, as *gentes* foram um fator perturbador. A teoria de Santo Agostinho no século V reflete o caráter incompleto da evocação. Além disso, o pensamento cristão não poderia facilmente evoluir para um sistema completo de política espiritual nos primeiros séculos após as migrações porque a clivagem pagã-cristã da sociedade estava agravada com o arianismo dos conquistadores germânicos. Somente o império franco teve condições para uma evocação cristã. A teocracia de Carlos Magno é o primeiro exemplo de um império com uma população cristianizada e um núcleo étnico uniforme.

Durante o período da culminação do império em cerca de 1100, a história das ideias políticas começou a mostrar as características de um sistema de política espiritual. Os problemas do espírito são complexos, e consequentemente encontramos uma massa enorme de literatura política, que ultrapassa em quantidade qualquer outro período da história antes da invenção da imprensa. A quantidade, além disso, é aumentada pelo caráter controverso dos problemas medievais. As relações entre os dirigentes espiritual e temporal do *sacrum imperium* deram origem a inúmeras obras literárias sobre a Controvérsia das Investiduras. E às vezes é difícil distinguir nesta literatura entre as ideias políticas propriamente ditas e as ideias metafísicas e teológicas. Como a evocação política do Império se baseia na evocação da comunidade cristã espiritual, são poucas as questões sobre a personalidade espiritual do homem e das relações com os seus conterrâneos e com Deus que não tenham um impacto direto ou indireto na evocação política.

§ 5. Consequências para a apresentação das ideias

A organização da história medieval em divisões cronológicas claras nunca será satisfatória por causa da sobreposição das várias fases. A forma de apresentação do material a seguir está, inevitavelmente, sujeita a críticas; pode encontrar a sua justificação somente como a melhor entre outras formas possíveis. A divisão em quatro seções principais não resulta da cronologia estrita, mas, antes, da estrutura interna da evolução espiritual e intelectual medieval. A primeira seção, intitulada "A ascensão do império", trata das origens dos reinos de migração, da dinastia carolíngia e da maturação espiritual do império até o século XIII. A seção "A estrutura do *Saeculum*" analisa a transformação da espiritualidade medieval sob o impacto de novas forças intramundanas. A terceira seção, "O Clímax", apresenta o esforço de Santo Tomás para harmonizar a cristandade imperial com as novas forças. A quarta seção, "A Igreja e as Nações" [no volume III], trata da crise do império causada pela ascensão das monarquias nacionais. Cronologicamente, existe sobreposição das seções.

A estruturação do sentimento medieval nos séculos XII e XIII, o tópico da segunda seção, corre em paralelo com as últimas fases da maturação. A quarta seção, sobre a ascensão de monarquias nacionais, cobre principalmente os séculos XIV e XV, mas localiza a gênese das novas entidades políticas nos séculos XII e XIII. Finalmente, nesta parte não se tratou do papel importante dos movimentos heréticos; por razões técnicas, pareceu aconselhável tratá-las no contexto dos problemas da Reforma numa parte subsequente sob o título "Transição".[4]

---

[4] Ver "The People of God". In: *History of Political Ideas*, vol. IV, *Renaissance and Reformation*, cap. 3. Ed. David L. Morse e William M. Thompson. Columbia, University of Missouri Press, 1998, p. 4 (*CW*, vol. 22). [Edição brasileira: "O Povo de Deus". In: *HIP*, vol. 4, *Renascença e Reforma*]

A - A ascensão do império

2. As tribos germânicas da migração

§ 1. A estrutura geral do mito germânico

Os princípios de seleção que adotamos neste capítulo não permitem tratar as ideias políticas germânicas como um todo, mas somente as ideias das tribos que entraram na órbita mediterrânica e serviram como instrumentos para a formação dos impérios da migração. Isso exclui de nosso olhar muitos materiais sobre as tribos germânicas do norte e nos limita ao cinturão de estados tribais do Reno ao Mar Negro, dos francos aos godos.[1]

Nos séculos em que essas tribos se transformaram em forças ativas na história do mundo, suas ideias políticas assumiram um padrão muito complexo devido aos efeitos desintegradores dos eventos da migração a que já nos referimos. As migrações e as guerras com os hunos e romanos perturbaram o equilíbrio interno em vários graus, alguns a ponto de falarmos de uma perda de identidade étnica e de tentativas de desenvolver uma identidade nova com o apoio dos

---

[1] Para uma apresentação das ideias germânicas, com base sobretudo nos materiais sobre o norte, ver Vilhelm P. Grønbech, *The Culture of the Teutons*. Trad. William J. A. Worster. Londres, Oxford University Press, 1931. Reeditado em 1971.

simbolismos greco-romano e cristão. As tribos germânicas vivem uma situação muito diferente da helênica e da romana. O mito homérico foi o grande fundo mítico da política helênica porque era a história de um esforço coletivo vitorioso que forjou e manteve a identidade helênica durante séculos. O mito de Virgílio foi baseado no fato do *imperium sine fine* de Roma; na hora da vitória real, o poder ascendente assumiu as vestes do mito homérico que os gregos tinham deixado cair e proclamou a vitória mítica de Troia.

No caso das tribos germânicas, a migração não constituiu uma vitória, mas sim um desastre de que só os francos escaparam, ao menos fisicamente. Em nenhum caso, o mito das origens étnicas germânicas é preservado em sua forma original no período da Grande Migração ou depois. Encontramos várias estruturas evocativas que indicam a maior ou menor transformação dos sentimentos e ideias originais sob o impacto da derrota ou da submissão necessária a uma civilização superior. No caso dos francos, favorecidos por circunstâncias históricas, encontramos as sucessivas camadas de ideias em que o mito greco-romano foi incorporado em mitos germânicos anteriores, transformando-o, mas sem o destruir completamente. A transição dos francos para os franceses é um processo contínuo. A leste, na área que se transformou na Alemanha, as experiências da migração produziram um mito grandioso da derrota, refletindo a ansiedade causada pela perda da identidade nacional e pela ameaça da aniquilação, fato que perdura na estrutura de sentimentos políticos alemães até hoje.

§ 2. O mito franco

Mencionamos o mito franco no volume precedente, no capítulo sobre a Idade de Ouro, a propósito da recepção do mito helênico, através de Virgílio, no reino das ideias romanas. Apontamos brevemente que o mito da ascendência troiana se difundiu entre gauleses e francos. O mito da ascendência troiana, agora, era para os francos o último estágio do desenvolvimento precedido por outros que refletiam situações políticas anteriores. No período de contato com os gauleses, os francos desenvolveram um contramito à já existente reivindicação gaulesa da ascendência troiana. Esse estrato do mito é preservado no relato de Tácito (*Germania* 3) sobre Asciburgium, lugar do culto fundado por Ulisses, filho de Laerte. Os francos assumem o papel dos gregos, rivais dos gauleses troianos. Sob este estrato, pode-se identificar um culto de Odin, o deus vagabundo, com detalhes que têm de ser adivinhados pela reconstrução das fontes normandas. O culto de um herói tribal de ascendência divina, compelido a deixar Asgard, o lar dos deuses, e a vaguear sobre a terra, era o núcleo de um mito que podia integrar os eventos da migração e, simultaneamente, utilizar os simbolismos grego e troiano em sua expressão. Após a conquista da Gália pelos francos, o mito da ascendência grega mesclou-se com o da descendêndia de Troia e foi definitivamente superado.[2]

Nesta sequência franca observamos a evolução contínua do mito etnogônico da experiência de independência germânica, através de uma rivalidade com a avançada civilização vizinha, até uma identificação com a nação imperial da alta civilização. O mito permaneceu vivo na França por uns mil anos. Encontramo-lo na obra de Gaguin, *Origins of the Franks* [A Origem dos Francos], no final do século XV, e o mito da ascendência troiana é usado como argumento para fundamentar a independência do rei franco do imperador em 1545.[3]

---

[2] Para uma bibliografia, ver *História das Ideias Políticas*, vol. I, *Helenismo, Roma e Cristianismo Primitivo*. Trad. Mendo Castro Henriques. São Paulo, Editora É, 2012, p. 195, n. 8.

[3] Cf. Robert Gaguin, *Compendium de Origine et Gestis Francorum*. Paris, Andreas Bocard, 1947, livro I, cap. 3. Edição francesa: *Les Croniques de France*... Paris, Michele Le Noir, 1516. A passagem sobre a independência francesa está em Charles de Grassaile, *Regalium Franciae Libri Duo, Iura Omnia et Dignitates Christianis: Gallie Regum Continentes*. Lyons, Heredes Simonis Vincentii, 1538, II.

§ 3. O mito ostrogodo

Um padrão diferente de evolução mítica é perceptível no caso dos ostrogodos. Eles preservaram a sua identidade nacional intacta durante o período do Império do Mar Negro e não deslizaram gradualmente para o mito romano, mas foram aparentemente forçados a aceitá-lo devido a uma convulsão de sentimentos provocada pelo choque com os hunos. A *History of Goths* [História dos Godos] de Jordanes (que é uma simplificação da *History of Goths* [História dos Godos] de Cassiodoro, que se perdeu) permite certas conclusões judiciosas relativas ao processo dos sentimentos.[4] A *History* de Jordanes relata o primeiro êxodo dos godos de Scandza, "a Mãe das Nações", e a sua expansão para o Mar Negro. Nessa primeira parte, as evocações originais ainda podem ser sentidas, de modo notório, no papel atribuído aos reis heroicos e o relato de um culto a "Marte", que recebeu honras divinas "como se fosse o antepassado da tribo".

Surge então uma ruptura repentina e somos confrontados por uma história artificial dos godos a relatar uma série de encontros gloriosos com as nações de civilização superior que é atraiçoada pela preocupação de equiparar os godos às demais nações mediterrânicas.[5] Os godos, de acordo com essa história fictícia, envolveram-se numa guerra com os egípcios (VI). Uma parte separou-se e formou o povo mais militar da Ásia, os partos (VI). Durante as campanhas militares, as mulheres foram deixadas sozinhas; defenderam-se com sucesso quando atacadas e, como as amazonas, detiveram por um século o domínio da Ásia (VII). A rainha amazônica Pentesileia participou na guerra de Troia (VIII). Um rei dos godos, Télefo, o filho de Hércules

---

[4] Jordanes, *De Origine Actibusque Getarum*. Ed. Alfred Holder, Germanischer Bücherschatz. Friburgo e Leipzig, J. C. B. Mohr, 1882 (Vol. 5). Nova edição: *In Fonti per la Storia d'Italia pubblicate dall'Istituto*, 1991. Edição em inglês: *The Gothic History of Jordanes*. Abreviado e traduzido por Charles C. Mierow. 2. ed. Princeton, Princeton University Press, 1915. Reedição: Cambridge, Speculum Historiale; Nova York, Barnes and Noble, 1985.

[5] Cf. a frase patética: "Portanto os godos eram sempre mais civilizados do que os outros bárbaros e eram muito semelhantes aos gregos", v. 40.

e de Auge, foi casado com uma irmã de Príamo de Troia (IX). Télefo e seu filho Eurípilo, amantes de Cassandra, participaram na guerra de Troia (IX). O xá persa Ciro teve que lutar contra Tamires, rainha dos godos (X). Os sucessores, Dário e Xerxes, conduziram campanhas contra os godos (citas) (X). Por fim, Filipe de Macedônia casou-se com uma princesa visigótica para fortalecer o domínio em casa (X). O novo mito coexistiu com o velho; não era uma reinterpretação do mito tribal original num novo conjunto de símbolos, mas uma criação independente. Podemos dizer que se trata de um caso de personalidade dividida. A velha identidade dos godos não se perdeu, mas foi criada uma nova, numa tentativa de autoafirmação após o choque com os hunos e no período de incorporação no seu império.[6]

§ 4. O mito de Borgonha – O mito da derrota

As tribos germânicas acabaram por ser fundadoras do império ocidental, mas com um custo terrível. Todo o horror da migração é descrito nas evocações míticas sobre a ansiedade da iminente extinção étnica. O destino dos borgonheses, quase aniquilados pelos hunos em 437, produziu o ciclo de sagas que, no começo do século XIII na Alemanha do sul, se cristalizaram na grande épica germânica, o *Nibelungenlied*. A saga de Borgonha forneceu o "enredo" dos *Nibelungenlied*, mas a épica representou mais que o destino de uma tribo particular.

---

[6] Os visigodos foram derrotados pelos hunos, mas não absorvidos por seu império. As vitórias dos visigodos sobre os romanos, seus avanços pela Itália, a conquista de Roma, e o avanço adicional bem-sucedido ao sul da França e da Espanha refletiram-se num sentimento diferente da construção mítica. No parágrafo de abertura da *History of Visigoths* [História dos Visigodos] de Santo Isidoro, a origem escandinava é encoberta apenas por uma fina camada de simbolismo bíblico, que faz remontar a origem dos godos até Magogue, filho de Jafé. O livro contém o famoso "Elogio dos Godos", que se gloriam nas vitórias sobre Roma, a "vencedora das nações". Ver S. Isidore of Seville, *Historia de Regibus Gothorum, Wandalorum et Suevorum*. In: Migne, *PL*, vol. 83, coluna 1057-82. Também editado por Theodor Mommsen em *MGH*, AA, vol. II, pt. 2. Berlim, Weidmann, 1894, p. 241-303. Edição em inglês: *History of the Kings of the Goths, Vandals, and Suevi*. 2. ed. Trad. Guido Donini e Gordon B. Ford Jr. Leiden, Brill, 1970.

Absorveu o sentimento trágico de seis séculos de luta germânica desde a invasão dos hunos até a dos magiares, em que foram dizimados os vândalos, os suevos, os visigodos e os ostrogodos, os hérulos e os borgonheses, e em que os francos se misturaram à civilização galo-romana, e só as tribos remanescentes do leste dos francos preservaram suficientemente a identidade para fundar o império germânico-romano.

O *Nibelungenlied* é um caso único de mito nacional em que um povo experimenta não o triunfo, mas a angústia de sua morte. O único fenômeno comparável surge na experiência israelita da derrota que conduziu à espiritualização do sentimento escatológico na figura do Servo Sofredor. Mas o paralelo não é completo. No exemplo israelita, a vitória foi arrancada às garras da derrota mediante a sobrevivência espiritual da identidade tribal depois de a existência política ter sido destruída. No caso dos alemães, o mito da derrota não foi espiritualizado, mas permaneceu em sua realidade dura como uma cicatriz que poderia reabrir-se na história alemã pós-migração.[7] É significativo que, precisamente no ponto de culminação da ideia espiritual imperial cristã romana, a saga da derrota se tenha cristalizado na grande épica.

§ 5. O mito da derrota na história tardia das ideias germânicas

No sentimento político alemão permaneceu viva a consciência de um passado perdido, a memória de uma identidade tribal

---

[7] A afinidade entre alemães e judeus não passou despercebida. Ver, por exemplo, os versos de Stefan George: Blond oder schwarz demselben schoos entsprungne / Verkannte brüder suchend euch und hassend / Ihr immer schweifend und drum nie erfüllt!
Ver "Der Stern des Bundes". In: *Gesamt-Ausgabe der Werke: Endgültige Fassung.* Berlim, Georg Bondi, 1927, vol. 8, p. 41. Também em *Werke,* Ausgabe in *zwei Bänden.* Düsseldorf e Munique, Helmut Kupper, vormals Georg Bondi, 1968, vol. I, p. 345-94. Nova edição: *Sämtliche Werke in 18 Bänden.* Stuttgart: Klett-Cotta, 1982. Edição em inglês: *Star of the Convenant.* In: *The Works.* Trad. Olga Marx e Ernst Marwitz. Chapel Hill, University of North Carolina Press, 1974, p. 244-78.

pré-imperial, pré-cristã, que sofreu uma derrota e que um dia poderia regressar vitoriosa, de uma personalidade nacional que poderia ressurgir depois de a embalagem civilizacional mediterrânica ser quebrada. Na França, as tentativas de integrar o passado germânico na consciência nacional, como por exemplo em Montesquieu e Gobineau, tiveram pouco sucesso; a mistura com a civilização mediterrânica foi perfeita. No sentimento político alemão, a tensão germânico-mediterrânica é uma força viva, determinando a tendência das ideias e o curso da história.

Seria simplista explicar o romantismo alemão do século XIX e suas ramificações para o nacional-socialismo apenas como um produto desta fonte. Entretanto, os sentimentos fixados na migração permanecem ativos na agitação de fundo que produz ondas na superfície, como o sucesso do drama germânico wagneriano; a reinterpretação da guerra da Saxônia de Carlos Magno como o grande crime contra a raça germânica; o retorno aos cultos germânicos, como a Mathilde de Ludendorff; o romantismo camponês germânico de Ricardo Walter Darré; o mito da origem nórdica da civilização; a movimentação contra a cristandade em geral, e o catolicismo em particular; o movimento contra o direito romano "estrangeiro"; a crença de Fichte no *Urvolk* alemão; a crença na "originalidade" da língua alemã em contraste com o caráter derivado do francês e do inglês; a crença de que a nação alemã foi sacrificada pela ideia imperial e, assim, traiu o seu próprio destino; o medo de uma repetição da derrota da migração, expressando-se no mito recorrente do "cerco"; e, finalmente, "a revolta contra o Ocidente" em geral.

§ 6. *Reino e existência nacional*

Utilizamos com frequência os termos *identidade nacional* e *perda da identidade nacional* nas páginas precedentes. A descrição dos eventos da migração nestes termos não é um adendo moderno, mas transmite corretamente a interpretação dos eventos pelos historiadores do período. A identidade de uma nação (*gens*) está inexoravelmente relacionada com a submissão a um "rei". As fases críticas da aquisição ou perda da identidade eram a eleição ou a morte de um rei. Das várias fontes, selecionei para comentar a *History of Lombards* [História dos Lombardos] de Paulo, o diácono (ca. 720 – ca. 800), porque contém referências numerosas aos vários aspectos do problema.[8]

A história ativa dos lombardos começa quando, após a morte de dois duques, os povos decidiram que não queriam mais viver em pequenos grupos federados sob duques e "instituíram um rei, como as outras nações" (I.14). A fraseologia é influenciada pela passagem de 1 Samuel 8,5, que expressa o desejo israelita de ter um rei "como as outras nações". Quando no curso da migração a federação tribal se revelou demasiado fragilizada, um rei foi eleito para a condução eficaz dos assuntos militares e administrativos. O rei foi selecionado de uma família "considerada particularmente nobre". Após a eleição do rei, começaram as guerras vitoriosas. Os hérulos foram derrotados e seu poder quebrado até o ponto em que "já não tinham um rei" (I.20). Seguiu-se a guerra com os gépidos, cujo evento decisivo foi a morte do filho do rei gépido "que desencadeara a guerra" (I.23). Após a morte do novo príncipe, os gépidos fugiram e "decaíram tanto que não mais tiveram um rei". Após a morte de Clef (575), o reino lombardo sofreu uma interrupção. Seguiram-se dez anos de independência ducal até que a situação política se tornou tão perigosa que, em 584, mais uma vez um rei teve de ser eleito, a quem os duques cederam metade das suas propriedades para cobrir as despesas da casa e dos oficiais do rei.

Outros historiadores dão interpretações semelhantes do reino. Isidoro relata como os alanos e os suevos perderam a independência dos seus reinos para os godos, sendo curioso que preservassem o reino na Espanha por tanto tempo, "pois

---

[8] Paul the Deacon, *Historia Langobardorum*. In: *MGH, Scriptores rerum Langobardicarum et Italicarum Saeculi VI-IX*. Ed. Ludwig Bethmann e Georg Waitz. Hanover, Hahn, 1878, p. 12-187 (reimpressão em 1988).

não tinham necessidade dele na sua impassibilidade". A identidade nacional, o reino e a ação militar surgem claramente associadas. Há mais passagens noutros historiadores sobre alanos, ostrogodos, suevos e borgonheses. Jordanes, por outro lado, refere-se ao *proprius regulus* dos ostrogodos durante a sua incorporação no império dos hunos como a prova de sua existência nacional contínua. Alfred Dove resumiu o problema: "Em inúmeras passagens dos relatos latinos dos séculos V ao IX, encontramos os conceitos de *rex* e *gens* em inter--relações variadas. A conexão é tão forte que a renúncia ao reino por parte das tribos é considerada equivalente à perda da existência autônoma e à degenerescência da identidade nacional (*Wesen*)".[9]

A relação estreita entre a existência nacional e o reino é um fenômeno germânico autóctone; não deriva das instituições romana ou cristã. Com os reis, as nações germânicas da migração alcançaram a consciência de sua personalidade política. A fundação deste reino é uma fusão peculiar do carisma pessoal, que tem de ser demonstrado mediante o sucesso militar e administrativo, com a ascendência de uma família nobre. O reino não passa simplesmente de pai para filho, embora seja habitual que o filho legítimo mais velho suceda ao pai no trono se suas qualificações pessoais forem evidentes. Se o reino se tornará nessas circunstâncias uma série de querelas permanentes entre sucessores rivais ou uma monarquia hereditária depende do prestígio da família real e do acaso de, durante um período de tempo considerável, um filho capacitado seguir o seu pai.

A história infeliz dos lombardos é em parte devida ao fato de a maioria dos reis terem morrido sem filhos. Já a evolução da monarquia francesa foi abençoada por uma sucessão ininterrupta de doze reis capetíngios; o filho sucede ao pai desde Hugo Capeto, em 987, até Luís X, que morreu em 1316. A situação sob os reis merovíngios dos francos é particularmente

---

[9] Cf. Alfred Dove, "Der Wiedereintritt des nacionalen Prinzips in die Weltgeschichte". In: *Ausgewählte Schriftchen Vornehmlich Historischen Inhalts*. Leipzig, Duncker and Humblot, 1898, p. 9.

reveladora. A casa merovíngia apreciou o prestígio da linha sagrada, e a sucessão era incontestada. O único remédio contra um rei indesejável era o assassinato, aliás amplamente praticado, ao ponto de, por vezes, serem mortos quase todos os membros da casa real. O rei Gontram (567-593) teve de se dirigir ao povo de Paris, reunido numa igreja para essa finalidade, com estas palavras tocantes: "Conjuro-vos, homens e mulheres aqui presentes, a que permaneçais fiéis a mim; não me matem, como matastes os meus irmãos. Deixai-me viver três anos para que eu possa educar convenientemente a meus sobrinhos. Se eu morrer, vós também perecereis porque não tereis um rei forte para vos defender".[10]

§ 7. Teoria do reino na história tardia das ideias francesas

O rei germânico é a figura central dos impérios da migração. A evocação do rei como símbolo da existência e da ação nacionais é o núcleo ao qual se agregaram diversos simbolismos mediterrânicos – do governante ungido de Israel ao imperador romano. A unidade do rei, como senhor da guerra e protetor de seu povo, com o povo a ele unido pela lealdade (*fides*), é a premissa para a evolução de formas constitucionais de governo – o que às vezes se esquece. A evolução de ideias constitucionais é secundária relativamente à evocação da unidade política historicamente ativa, e a evocação de unidades políticas ocidentais é, sobretudo, o trabalho dos reis. No Ocidente, a função e o prestígio do reino permanece ininteligível se não recordarmos o seu papel decisivo na formação das nações ocidentais.

---

[10] Citado por Christian Pfister, "Gaul under the Merovingian Franks". In: *Cambridge Medieval History*, vol. 2, 1913, p. 134 ss. Levemente abreviado de Gregory of Tours, *Histoire des Francs: Textes des Manuscrits de Corbie et de Bruxelles*. Ed. Rene Poupardin. Paris, A. Picard, 1913. Reeditado em: *Colection de Textes pour Servir a l'Etude et a l'Enseignement de l'Histoire*. Paris, A. Picard, 1980-1986, vols. 2 e 16. Edição em inglês: *The History of the Franks*. Trad. Lewis G. M. Thorpe. Harmondsworth e Baltimore, Penguin, 1986.

Na fase crítica final dos reinos ocidentais, quando a função régia corre o risco de ser submergida por ondas de constitucionalismo popular, normalmente tem lugar um renascimento das teorias políticas que sublinham a função "representativa" do rei perante o corpo político. Na revolução inglesa, Hobbes desenvolveu a teoria do rei representativo. Nas longas lutas revolucionárias da França, a teoria do reino é reconsiderada, precisamente no momento em que estava institucionalmente em declínio, no fim do governo de Napoleão III (1852-1870). A teoria de Hobbes será tratada no capítulo do filósofo inglês, mas o exemplo francês merece ser considerado neste contexto, pois os teóricos franceses basearam as suas ideias explicitamente no papel dos primeiros reis franceses para uma evocação da França.

Em 1869, Ernest Renan publicou suas ideias para uma reforma da constituição francesa e considerou a restauração da monarquia e da nobreza de importância fulcral.[11] A França era a obra de seus reis, da nobreza, do clero e do terceiro estado. O que veio mais tarde, o "povo", entrava numa casa que não construíra e não poderia preservar. "A alma de uma nação não pode ser conservada sem uma assembleia encarregada oficialmente de sua proteção." Ouve-se aqui o eco dos historiadores da migração a prantear o suicídio que a nação cometeu quando decepou a cabeça do rei. A tradição de Renan foi continuada pelo trabalho de Maurice Hauriou e tornou-se uma teoria detalhada das instituições políticas.[12] Uma comunidade, de acordo com Hauriou, nasce de poderes imaginativos e evocativos de uma personalidade fundadora. O fundador transforma-se no criador do corpo político nacional se conseguir imprimir as suas ideias na realidade histórica, conduzindo as forças políticas a seu elemento formativo.

---

[11] Ernest Renan, "La monarchie constitutionelle en France". In: *Revue des Deux Mondes*, n. 84, novembro, 1869, p. 71-104. Citado da reedição: *La Reforme Intellectuelle et Morale*. Paris, Michel Levy Frères, 1871; Reedição: Nova York, Greenwood Press, 1968; Bruxelas, Editions Complexes, 1990, p. 144-46.

[12] Maurice Hauriou, *Précis de Droit Constitutionel*. 2. ed. Paris, Librairie du Recueil Sirey, 1929; Paris, Centre National de la Recherche Scientifique, 1965.

O núcleo de uma instituição é a *idée directrice* do fundador e de seus sucessores que continuam a realização da ideia. Com as funções de fundar, fortalecer e preservar, os governantes transformam-se nos "representantes" da instituição. A "autoridade" de um governante depende intimamente de seu sucesso em transformar seu poder real numa relação convincente com a *idée directrice* de uma instituição.

O modelo que Hauriou usou na elaboração de sua teoria foi, como o no caso de Renan, a função criativa dos reis franceses. O resultado teoricamente relevante destas concepções, sobre representação e autoridade, é a compreensão das relações entre a liderança e a lei. Hauriou critica a teoria de que a legitimidade de um governante, ou de um governo em geral, depende da "legalidade" de sua posição. Contra esta suposição, Hauriou afirma que a ordem jurídica constitucional é um fenômeno secundário, dependendo da fundação e preservação das funções do "representante". Onde quer que haja uma instituição política bem-sucedida na história, fora da imaginação de um governante, encontramos aí subsequentemente "uma ordem constitucional", um conjunto de regras jurídicas que governam a instituição. A "legalidade" enquanto tal não legitima um arranjo político. A teoria de Hauriou do momento fundacional pré-jurídico e da *idée directrice*, orientada para o reino migratório franco-francês, ajudará a compreender as ideias que governam a fundação carolíngia.

3. O NOVO IMPÉRIO

§ 1. *A transferência do império*

As ideias sobre a *translatio imperii Romani* para o reino dos francos, assim como as ideias que governam a estrutura interna do novo império cristão, não foram criadas de forma sistemática; cresceram durante um período de três séculos, começando com a invasão germânica da Itália e o correspondente enfraquecimento do poder imperial romano. O lento amadurecimento da situação que culminou com a coroação de Carlos Magno como imperador romano, em 800, é essencial à estrutura das ideias, uma vez que estas não se originam na esfera secundária da argumentação jurídica, mas na experiência imediata das decisões históricas que, segundo o simbolismo da época, eram decisões de Deus. Para os contemporâneos da coroação, a transferência do império não foi um ato do papa, nem do rei franco, nem do povo de Roma, mas um ato de Deus. A providência divina mostrou suas intenções por meio do curso que a história tomou; e os homens nada puderam fazer senão aceitar a decisão divina.

§ 2. Gelásio – A separação entre poder espiritual e poder temporal

A situação, como dissemos, foi amadurecendo lentamente. Aos poucos, o papado e o reino franco retiraram-se da órbita do Império Romano e evoluíram para a nova unidade do Império Carolíngio. O distanciamento do papado em relação a Roma começou pouco depois da invasão germânica da Itália por Odorico (ca. 435-493) e, mais tarde, pelos ostrogodos. Embora a ocasião da divergência nada tivesse que ver com a invasão, parece estar fora de dúvida que a repentina decisão firme dos bispos romanos foi influenciada pela ineficácia do poder imperial na Itália na época. A ocasião surgiu com os eventos que precedem e se seguem ao Concílio da Calcedônia, em 451. A decisão do Concílio contra a cristologia monofisista baseou-se na doutrina ortodoxa escrita no *Tomo* do papa Leão I (440-461). A subsequente revolta monofisista induziu o imperador Zenão (474-491) a sancionar o *Henoticon*, de 481, que pretendia reunir por uma fórmula de acordo os partidos ortodoxo e monofisista no oriente.

É difícil dizer o que mais enfureceu o papado: o golpe contra o prestígio espiritual causado pela rejeição da declaração doutrinária de Leão ou o fato de o imperador ter exercido sua prerrogativa em matéria doutrinal. O resultado foi a interrupção da comunhão entre Roma e Constantinopla e uma série de cartas dos papas Félix III (483-492) e Gelásio I (492-496) sobre a jurisdição espiritual, série que culmina no *Tractatus IV* e na *Epistula XII* de Gelásio I, a magna carta da liberdade medieval da Igreja.[1] O imperador renunciara ao título de *pontifex maximus*, mas a ideia pagã do reino sagrado ainda não estava morta, e a prerrogativa de interferência em matérias espirituais não tinha cessado. Gelásio, agora, desenvolvera o

---

[1] Gelasius, *Tractatus IV*, particularmente § II, p. 568; e *Epistula XII*, particularmente § 2, p. 350-52; ambos em *Epistolae romanorum pontificum*. Ed. Andreas Thiel. Braunsberg, E. Peter, 1868. Reedição: Hildesheim e Nova York, Olms, 1974.

princípio da separação entre poder espiritual e poder temporal, distinguindo entre a *auctoritas sacrata pontificum* e a *regalis potestas*. Cristo conhecia a fragilidade da natureza humana e ordenou a separação dos dois poderes entre duas autoridades. Entre ambos os poderes existe um sistema de medidas e de contrapesos segundo o qual os imperadores cristãos necessitam dos sacerdotes para a vida eterna, enquanto os sacerdotes necessitam das ordens imperiais para os assuntos temporais. Esta declaração introduziu um princípio incompatível com a prática dos imperadores bizantinos, se não com sua teoria.[2]

§ 3. A reação ocidental à política de Constantinopla

Estavam declarados o princípio e o modelo que determinariam a estrutura do império ocidental. Mas nos três séculos de papado entre Gelásio I e Leão III (795-816) houve muitas experiências perigosas e humilhantes que alargaram o fosso entre Roma e Constantinopla. As principais fases desta luta foram determinadas, por um lado, pela política egípcia-monofisista dos imperadores e, por outro, pelas vicissitudes da posição imperial na Itália. No século VI, após a abolição do reino dos ostrogodos, Justiniano tentou de novo estabilizar a questão monofisista mediante a condenação, no *Tría Kephálaia* (os três capítulos), de três eclesiásticos avessos aos egípcios; e, no Quinto Concílio Ecumênico de 553, obrigou o papa Virgílio (537-555) a consentir na resolução mediante violência física. O resultado imediato foi um cisma no Ocidente; as comunidades cristãs da Ilíria e Ístria romperam as relações com Roma por mais de uma geração.

---

[2] Justiniano reconheceu o princípio no édito de 535 (*Novellae VI*), embora não o respeite ao lidar com a igreja. Para uma edição das *Novellae*, ver Paul Krüger, Theodor Mommsen, Rudolf Scholl e Wilhelm Kroll (eds.), *Novellae*. 7. ed. Berlim, Weidmann, 1973. (*Corpus juris civilis*, vol. 3)

No século VII, surgiu uma situação similar com as tentativas de apaziguar o Oriente mediante a *Ekthesis* (exposição da fé) de Heráclio (545-641) em 638, e o *Typos* (modelo da fé) de Constante II (641-668) em 648. Martinho I (649-655) opôs-se ao *Typos* e foi exilado de Constantinopla pelo exarca, aprisionado, deposto e banido para a Crimeia, onde morreu. No século VIII, a pressão do puritanismo não helênico no Oriente, passando pelos nestorianos e monofisistas, bem como pelo islã e pelos judeus, tornara-se tão forte que Leão, o Isáurio (680-741), emitiu o *Édito* de 726 contra as imagens. As revoltas contra o decreto começaram imediatamente na Grécia e na Itália, e o poder imperial tornara-se tão fraco que não poderia resistir por muito tempo ao assalto combinado da populaça italiana e dos lombardos. Em 751, o poder bizantino na Itália estava praticamente derrotado.

§ 4. A quebra do poder bizantino no Ocidente

O acúmulo dessas experiências, durante três séculos, clarificou as diferenças entre a cristandade grega e ocidental, mas não quebrou ainda a ideia do Império Romano-Cristão. É supreendente que por tanto tempo o papado continuasse a respeitar o imperador, apesar das humilhações a que diversos papas foram expostos. A interferência em matérias espirituais provocou separações provisórias de comunhão na época de Gelásio, mas mesmo o édito iconoclasta herético não provocou uma ruptura formal.

A situação poderia ter continuado estagnada indefinidamente se, entretanto, não ocorressem mudanças importantes na esfera do poder temporal. O primeiro evento decisivo foi a quebra da administração bizantina na Itália, no final do século VI; a sobrevivência da cidade de Roma ficou dependente da organização papal, em particular, das importações de alimentos dos domínios da Igreja, sob o pontificado de Gregório I, o Grande (590-604). Gregório não apenas reivindicou a supremacia papal sobre as outras igrejas e sobre o patriarca de Constantinopla, mas de fato desempenhou as funções de um príncipe temporal no Ocidente, dirigindo campanhas contra os lombardos. O segundo evento foi o declínio gradual do domínio político e militar bizantino na Itália, antes do avanço dos lombardos; estes atacaram o exarcado bizantino como representante de um poder iconoclasta herético. O papa foi colocado "entre um herético e um salteador" (como escreveu Bryce de modo sucinto) e teve que procurar apoio temporal noutra parte, a menos que quisesse tornar-se mais um bispo da corte lombarda, uma posição ainda menos atraente do que a interferência imperial em matérias espirituais.

§ 5. A construção jurídica do Império Romano no período da migração

A desintegração da estrutura espiritual e temporal do império preparou a aliança entre a Roma papal e o reino franco. As aproximações foram cautelosas e graduais, porque estava em causa nada menos que uma reviravolta completa da estrutura jurídica do mundo romano-cristão. Para compreender o problema, é preciso saber que as categorias de descrição histórica a que nos acostumamos na interpretação dos eventos da migração não coincidem com a interpretação dos contemporâneos sobre os mesmos eventos. Deve ficar claro, sobretudo, que o famoso ano de 476, data da deposição de Rômulo Augusto por Odoacro, não assinala o "fim do Império Ocidental" simplesmente porque, do ponto de vista legal, o Império Romano era um só, e diversos augustos e césares, desde a reforma de Diocleciano, eram dignitários do *único* Império Romano. Se depois de 476 nenhum imperador ocidental foi nomeado, isso apenas significava que as províncias ocidentais estavam reunidas sob o mando de Constantinopla, como sucedera após Diocleciano (284-305) sob Constantino, o Grande (306-337), Constâncio II (317-361) e Juliano, o Apóstata (361-663), e, brevemente, sob Teodósio, o Grande (379-395).

Pode-se dizer que a transição para uma nova estrutura imperial após a infiltração dos bárbaros começou após a morte de Teodósio, em 395. Típico das novas relações foi o reino de Honório (384-423), que teve de desposar a filha do seu *magister militum*, o vândalo Estilicão, e ficou completamente sob sua influência; bem como a deposição do imperador Avito (455-456) pelo general suevo Ricimer, em 456, e a sequência dos quatro imperadores seguintes nomeados por Ricimer, com o consentimento de Constantinopla. Há várias fases de transição entre situações deste tipo e a ruptura completa com o Império Romano em 800: Odoacro foi um comandante bárbaro com o título de *patricius*, mas, tal como Ricimer, não se importava de nomear imperadores-fantoches. Teodorico, o *patricius* e *magister militum*, expulsou o *patricius* Odoacro. O imperador Honório concedeu a Aquitania Secunda ao visigodo Wallia, em 419, e a concessão conduziu à fundação do reino de Toulouse. Clóvis foi nomeado patrício e cônsul honorário depois da conquista das províncias da Gália. Começara um sistema de construção imperial que foi continuado pelo Império Bizantino quando de seu relacionamento com os governantes eslavos no período da Idade Média. A soberania do império sobre as províncias exteriores mantinha-se numa forma jurídica pouco definida, em troca de presentes apreciados pelos bárbaros, tais como um título, uma coroa, um manto de púrpura e uma princesa bizantina bem asseada.[3]

§ 6. A aproximação entre o papado e o poder franco

Neste contexto, a carta de Gregório III (731-741) a Carlos Martel (714-741), em 739, pedindo ajuda ao "*subregulus Carolus*", expressa uma etapa que encerra consequências

---

[3] Sobre as relações construídas entre o Império Bizantino e as províncias unidas, ver Michel de Taube, *Études sur le Développement Historique du Droit International dans l'Europe Orientale*. Paris, Hachette, 1927.

imensuráveis. Não exigiu ajuda nos termos de semelhantes petições anteriores a um *foederatus*, um aliado do império e um cristão, mas pediu "proteção"; e pediu não para o império ou a cristandade, mas para "a Igreja de São Pedro" e o seu povo. A carta é a primeira tentativa de encontrar a expressão formal para a nova situação do poder. Carlos Martel respondeu cortesmente, mas não interveio na Itália exceto mediante pressão diplomática sobre os lombardos. A próxima ocasião para uma etapa mais aberta veio com a eleição de Pepino, o Breve (751-768), como rei dos francos, em 751; a sanção da Igreja era necessária para conferir autoridade à nova dinastia; o papa Zacarias (741-752) consentiu em depor Childerico, o último merovíngio, e ungir Pepino como o novo Davi escolhido pelos francos. Estava criado o precedente para a arbitragem papal em questões internacionais.

Poucos anos depois, com o perigo crescente dos lombardos, houve um acordo pelo qual o próprio papa Estevão II (752-757) ungiu Pepino, em São Dinis, e lhe deu o título de *patricius Romanorum* (754), quando Pepino veio ajudar Roma e fez a doação à Santa Sé dos territórios da península italiana, desde Parma até à Apúlia. O título *patricius Romanorum* requer algum comentário. Seu significado fica obscuro quando comparado ao título de *patricius* frequentemente dado pelos imperadores aos comandantes bárbaros. O título dado por Estevão II a Pepino foi uma criação nova; nunca tinha havido um *patricius Romanorum* antes. O título imperial de *patricius*, embora não indique as funções que detém, é claro quanto ao fato de o consignatário aceitar um cargo subordinado na estrutura imperial. O título de *patricius Romanorum* abrange com igual clareza uma função de defensor e protetor de "Roma" como o novo poder que emergia em torno do centro administrativo papal, embora a ruptura final com o império ainda fosse evitada mediante a ambiguidade do termo *patricius*. Mas era, sem dúvida, a evocação de uma nova entidade política, porque o papa, segundo a lei imperial, não tinha o direito de conferir o título de *patricius Romanorum* (nem o de *patricius*), nem o rei franco podia fazer "doações" de províncias imperiais.

§ 7. A coroação de Carlos Magno

No Natal de 800 ocorreu a etapa final no aperfeiçoamento da nova evocação. O significado da coroação de Carlos Magno como imperador romano era claro para os contemporâneos. A questão foi obscurecida mais tarde pela literatura sobre a *translatio imperii*, depois do renascimento do pensamento jurídico antigo, quando a transferência foi interpretada como um pensamento legal. No *Gestis Caroli*, o monge de São Gall refere o moderador onipotente de reis e reinos que quebrara os pés de ferro e argila da estátua romana e erigira a cabeça de ouro da nova estátua entre os francos.[4] Os quatro impérios do livro de Daniel estavam consumados e Deus criou uma nova estátua. A translação do império é entendida no sentido de Daniel, como a obra de Deus.

A mesma interpretação emerge dos relatórios da coroação. Os *Anais de Lauresheim* e a *Crônica de Moissac* referem os eventos em Constantinopla, onde governava a imperatriz Irene (797-802), e interpretam-nos como o fim do império entre os gregos. A cessação do Império como consequência da usurpação por uma mulher, combinada com a posse, pelo rei dos francos, de Roma, "mãe do Império", além da Itália, Gália e Alemanha ("Deus lhe deu todas estas terras em suas mãos"), parecia exigir que a situação fosse reconhecida; "Pareceu correto que, com a ajuda de Deus e a oração de todo o povo cristão, ele [Carlos Magno] também tivesse o nome do imperador". E Carlos Magno, "submetendo-se com humildade a Deus", permitiu-se ser consagrado. As fórmulas legais em torno da posse de um novo imperador incluía a coroação e a unção pelo papa, o consentimento dos bispos e sacerdotes, o consentimento do "senado" dos francos e dos romanos, e a aclamação do povo de Roma. Mas todo esse aparato de formas não teria

---

[4] Monk of Saint Gall, *Gesta Karoli*. Ed. Georg Heimich Pertz. In: *MGH, SS*. Hanover, Hahn, 1879, vol. 2. Reedição: Stuttgart, Hiersemann; Nova York, Kraus, 1963, p. 726-63. Edição em inglês: Einhard e Notker the Stammerer, *Two Lives of Charlemagne*. Trad. Lewis G. M. Thorpe. Londres e Nova York, Penguin, 1969.

sido considerado suficiente, sendo o elemento decisivo o fato de que tudo "era feito também pela vontade de Deus".[5]

Com a coroação de Carlos Magno, surgiu a ideia do império que iria dominar séculos da história política medieval. A Igreja reencontrara um poder cristão ortodoxo que poderia alegar ser a organização temporal universal do povo cristão; com a conquista da Itália, o reino dos francos era mais que um reino cristão nacional e tinha o estatuto de um império multinacional. A comunidade cristã com suas duas cabeças, espiritual e temporal – com a ressalva que logo apontaremos –, incorporava a declaração gelasiana dos poderes separados. O princípio da independência espiritual de Roma exprimia-se com a distância física do poder temporal transalpino. O princípio imperial exprimia-se com o poder temporal sobre Roma. O padrão geográfico ítalo-transalpino reaparece na renovação imperial de Otão I, o Grande (936-973), e permaneceu o padrão da política para a região ítalo-transalpina no século XIX, até ser dissolvida, após 1866, pelos novos estados nacionais, a norte e a sul dos Alpes.

§ 8. A doação de Constantino

Abaixo do nível evocativo delineado há pouco, o novo império mostrou profundas diferenças do velho Império Romano-Cristão. As ideias constitutivas neste nível mais baixo – por exemplo, as relacionadas com a emergência das relações feudais – não alcançaram expressão sistemática, exceto em raros casos; permaneceram difusas nas instituições do tempo e em alguns atos políticos isolados. Sobre detalhes dessas instituições, o leitor deverá consultar os tratados de história política do período carolíngio. Aqui apenas sugerimos algumas questões importantes para a história das ideias.

---

[5] *Annales Laureshamenses*. Ed. Georg Heimich Pertz. In: *MGH, SS*. Hanover, Hahn, 1876, vol. 1. Reedição: Stuttgart, Hiersemann; Nova York, Kraus, 1963, p. 38; *Chronicon Moissiacense*, p. 305, (in ibidem): "*nam et hoc natu Dei factum est*".

Tanto o papado como a monarquia franca desenvolveram-se segundo dinâmicas que, ao menos na superfície, parecem contradizer a declaração de Gelásio sobre a separação dos poderes. Já antes de Gregório I, o Grande, o papado crescera até se tornar uma enorme administração senhorial; desde Gregório, adquirira as características de um principado temporal, sancionado na doação de Pepino; a cabeça espiritual da cristandade transformara-se em monarca temporal. A nova estrutura institucional foi expressa teoricamente na famosa falsificação da "Doação de Constantino".[6] O propósito da falsificação era legitimar as possessões temporais da Igreja, conferir ao papa um grau superior ao do imperador e equipá-lo como a um príncipe temporal, com a parafernália imperial do palácio de Latrão e da igreja palatina de São Pedro, incluindo um senado, patrícios, cônsules e uma hierarquia imperial de oficiais, bem como uma coroa imperial, a qual, entretanto, não era usada. (Isso parece indicar que a Doação deve datar de depois do ano 800.) Para definir brevemente a evocação da Doação, teríamos que cunhar um termo que invertesse a união

---

[6] O debate sobre a data da Doação prossegue. A opinião inicial de Heinrich Grauert (1882-1884), que a inseria no século IX, teve que ser revista, sendo substituída pelas opiniões de Paul Scheffer-Boichorst (1889-1890) e outros que a situam no período do acordo entre Pepino e Estêvão II. Mais recentemente (Maximilian Büchner, *Das Vizepapsttum des Abtes von St. Denis*. Paderborn, Schöningh, 1928) a data é de novo transposta para o início do século IX. Alois Dempf, *Sacrum imperium: Geschichts-und Staatsphilosophie des Mittelalters und der politischen Renaissance* (Munique e Viena, Oldenbourg, 1929; 4. ed., 1973), concorda com a última opinião, apresentando uma evidência interna convincente. Dempf deve ser consultado sobre o problema da construção análoga da Doação no sentido da sua evolução na esfera temporal, problema que é demasiado vasto para ser tratado aqui.
[Atualmente, em termos acadêmicos, a Doação é aceita como um exercício hagiográfico escrito por um clérigo romano em ca. 760. Este exercício teve lugar na suposta homenagem do imperador Constantino ao papa Silvestre I (314-335) e chegou até nós por ter sido inserido na coleção de uma lei canônica francesa do século IX. Ele voltou a Roma antes do século XI para apoiar a Reforma da Igreja. Ver Horst Fuhrmann, "Konstantinische Schenkung und Sylvesterlegende in neuer Sicht". *Deutsches Archiv*, n. 15, p. 523-40, (1959); Fuhrmann, "Konstantinische Schenkung und abendländisches Kaisertum". *Deutsches Archiv*, n. 22, 1966, p. 63-178; e Fuhrmann, *Einfluss und Verbreitung der pseudoisidorischen Fälschungen*. Schriften der *MGH*. Hanover, Hiersemann, 1972-1974, vol. 24.]

do poder temporal e espiritual; em vez de césaro-papismo oriental dever-se-ia falar de um "papo-cesarismo".

§ 9. A igreja territorial – A capitular de 802

A monarquia franca evoluiu num sentido teocrático, mesmo antes da coroação de Carlos Magno, na medida em que a organização da Igreja se integrou à hierarquia administrativa da monarquia, e o rei presidia a assembleias eclesiásticas, interferindo em matérias de disciplina, como por exemplo no sínodo de Frankfurt, em 794. A organização eclesiástica assumira a forma de igreja territorial (*Landeskirche*). Uma capitular, na assembleia de Aix-la-Chapelle, em 802, mostra esse caráter teocrático do reino.[7] Todas as pessoas do reino, incluindo os clérigos, até aos doze anos de idade, tiveram que fazer juramento de lealdade ao novo imperador, muito similar na estrutura e função ao juramento da clientela dos imperadores romanos, embora fosse uma evolução das instituições germânicas correspondentes. O juramento implicava mais do que obediência temporal às ordens imperiais e lealdade à pessoa do monarca. Os juramentados obrigavam-se a viver "ao serviço santo de Deus". Requeria ainda a observância de uma série de deveres sociais (a conduta para com as viúvas, órfãos, estrangeiros, regras de hospitalidade, conduta dos eclesiásticos, etc.) misturando a tal grau o que nós hoje chamaríamos obrigações jurídicas e morais que os limites entre ambas desaparecem na prática.[8]

---

[7] *Capitulare missorum generale*. Ed. Alfred Boretius. In: *MGH, Cap*. Hanover, Hahn, 1883, vol. 1. Para o que segue, ver *Missi cuiusdam admonitio*, in ibidem, p. 239.

[8] Sobre o juramento de 802, ver Heinrich Mitteis, *Lehnrecht und Staatsgewalt: Untersuchungen zur mittelalterlichen Verfassung*. Weimar, H. Böhlaus Nachfolger, 1939. Reedição: Darmstadt, Wissenschaftliche Buchgesellschaft, 1974, p. 50-52. Um estudo a respeito da coexistência do juramento geral de lealdade relativamente a todos os assuntos com os juramentos especiais do cargo (como no *Principate*) é fornecido por Carlos E. Odegaard, "Carolingian Oaths of Fidelity". *Speculum*, n. 16, 1941, p. 284 ss.

§ 10. A diferença entre a dinâmica imperial no Ocidente e em Bizâncio

A evolução para o papo-cesarismo, de um lado, e para o césaro-papismo, do outro, parece contradizer os princípios de Gelásio; e temos que reconhecer nessas tendências a raiz mais importante da Controvérsia das Investiduras sobre a separação jurisdicional entre poderes entrosados. Mas seria precipitado supor que as tendências teocráticas no Império Ocidental reproduzem o césaro-papismo do Império Bizantino. Embora a relação estática seja semelhante, as dinâmicas são completamente diferentes. No Oriente, a administração imperial representava as velhas forças civilizacionais, e a igreja cristã teve que integrar-se num sistema estabelecido de qualidade civilizacional superior. No Ocidente, a Igreja representava as forças civilizacionais superiores, e o poder temporal teve que adquirir estatura política e histórica por meio do auxílio eclesiástico. A ascendência institucional do poder temporal no reino franco foi equilibrado pelo fato de a administração carolíngia depender da organização da Igreja, cujo pessoal dependia da introdução na esfera governamental e civilizacional do reino, particularmente onde a população germânica era numerosa. A missa obrigatória de domingo e a influência exercida do púlpito foram o principal instrumento do poder temporal para unir os povos e transmitir as intenções da administração central até aos povoados mais remotos.

§ 11. A integração da Persona Regalis no corpo místico

As formulações teóricas da nova comunidade temporal e espiritual, especificamente ocidental, aparecem em documentos oficiais e nos escritos de eruditos educados na escola de Alcuíno de York († 804). Algumas referências bastarão para indicar a tendência de teorização. Uma capitular de Luís, o Pio (814-840), e os sínodos de Worms e Paris, em 829, evocam a ideia do corpo de Cristo, cujos membros têm funções diferentes, conforme a teoria paulina. Sob Cristo, o rei-sacerdote, as funções superiores são a pessoa sacerdotal (*persona sacerdotalis*) e a pessoa régia (*persona regalis*); o grau sacerdotal é mais elevado por causa da superioridade dos valores espirituais sobre os temporais. A teoria gelasiana foi transformada, porquanto o vocabulário da *res publica romana* (*auctoritas, potestas*) cedeu perante a terminologia germânico-cristã das "pessoas".[9]

A mudança na terminologia indica a desintegração do padrão mediterrânico do pensamento político da pólis, e a sua substituição pelas categorias medievais apropriadas, na nova unidade do *sacrum imperium*. Na nova unidade, não há distinção entre o "estado" e a "igreja", porque clérigos e leigos, representados pelas pessoas sacerdotais e régias, são membros *do* Corpo de Cristo. A nova teoria é aceita nos ritos de coroação. Na oração de Hincmar de Reims (ca. 806-882), por ocasião do sequestro da coroa do rei lotaríngio por Carlos II (843-877), o rei é enumerado como uma das figuras carismáticas do corpo místico, a par de sacerdotes, profetas e mártires.[10] A doutrina paulina dos carismas, dos dons da graça que diferenciam as funções dos membros do *corpus mysticum*, generalizou a ideia anterior de comunidade cristã. O corpo de Cristo absorveu o governante na *dynamis* de Cristo. O cargo de governante foi caracterizado como a *exousia* por São Paulo e excluído do *corpus mysticum*; deste modo, o governante tornou-se carismático.

---

[9] *Episcoporum ad Hludowicum imperatorem relatio*. Ed. Alfred Boretius e Victor Krause. In: *MGH, Cap.* Hanover, Hahn, 1897, vol. 2., p. 26-29. Ver especialmente as seções "*Quod universalis sancta Dei ecclesia unum corpus, eiusque caput Christus sit*" e "*Quod eiusdem ecclesiae corpus in duabus principaliter dividatur eximiis personis*".

[10] *Ordo coronationis Karoli II in regno Hlotharii II factae*. In: ibidem, 2, p. 456-58. Observar o trecho decisivo na página 457: "*Coronet te Dominus corona gloriae in misericordia et miserationibus suis et ungat te in regni regimine oleo gratiae Spiritus sancti sui, unde unxit sacerdotes, reges, prophetas et martyres, qui per fidem vicerunt regna et operati sunt justitiam atque adepti sunt promissiones; eisdemque promissionibus gratia Dei dignus efficiaris, quatenus eorum consortia coelesti regno perfrui merearis.*"

A nova posição carismática do governante cristão, distinta do reino sagrado helenístico com sua conotação pagã, é o ponto de partida do qual o gênero literário do "Espelho de Príncipes" pôde se desenvolver. Carlos Magno já vira a si mesmo na imagem do novo Davi, ungido pelo Senhor, e aceitara o "espelho de Santo Agostinho" como orientação. Com Jonas de Orleans[11] († 842/3) começa a longa série de "espelhos do príncipe cristão", até que a evocação do príncipe secular, no "espelho de Maquiavel", inaugura uma nova época.

§ 12. Os mosteiros – A regra de São Bento

Na criação do povo cristão do Império Cristão, o mosteiro foi uma instituição de importância decisiva. A fundação dos mosteiros na Gália começou no final do século VI com monges irlandeses. As instituições impuseram-se como o fator civilizador do campo com a introdução da regra de São Bento, no século IX. A regra tornou-se obrigatória para os mosteiros com Luís, o Pio (814-840). Criada por Bento de Núrsia († ca. 547) para a abadia de Monte Cassino (ca. 520), a regra é um dos mais interessantes exemplos da tradução de ideias helenístico-romanas para o novo ambiente medieval. As principais formas da cristandade oriental tinham sido as comunidades eclesiais urbanas e os anacoretas, pessoas retiradas do mundo. São Bento criou a regra em ambiente rural para uma comunidade monástica – de cenobitas, contrastando com os anacoretas.[12]

A regra transferia o ideal helênico da pólis como comunidade autossuficiente para uma comunidade cristã. O mosteiro deveria ficar isolado, cercado por terras e muros; deveria ter

---

[11] Jonas of Orléans, *De institutione regia*. In: Jean Reviron, *Jonas d'Orléans et Son De Institutione regia: Les Idées Politico-Religieuses d'un Évêque du IXe Siècle; Étude et texte Critique*. Paris, Librairie Philosophique Jean Vrin, 1930.

[12] Saint Benedict, *Regula Monasteriorum*. Ed. Benno Linderbauer. Bonn, Peter Hanstein, 1928. Edição bilíngue latim/inglês: *The Rule of St. Benedict: In Latin and English with Notes and Thematic Index*. Collegeville, Minn., Liturgical Press, 1981.

extensão suficiente para satisfazer as necessidades materiais e espirituais do grupo, mediante a divisão de trabalho e a cooperação. A vida cotidiana era equilibrada entre o trabalho, o serviço religioso e o estudo. Pode-se dizer que São Bento foi o criador da pólis cristã ideal, como Platão foi o fundador da pólis helênica espiritual. A diferença importante é que a pólis platônica era uma unidade político-religiosa autossuficiente, ao passo que a pólis beneditina adquiria significado dentro da comunidade cristã mais vasta, como vida subsidiária do clero secular e do poder temporal. A pólis rural espiritual de São Bento, como parte do Império Cristão, é o símbolo da transição da antiga civilização mediterrânica para a civilização ocidental: da pólis para o império territorial (e, mais tarde, o estado territorial); da civilização urbana para a civilização agrícola feudal; do mito pagão para o espírito de Cristo.

4. A PRIMEIRA REFORMA

§ 1. Crescimento de uma evocação

A história das ideias, da declaração gelasiana de princípios até o estabelecimento do Império Carolíngio, tem uma estrutura singular nem sempre bem compreendida. Encontramos frequentemente a suposição de que pouco de importante sucedeu entre Santo Agostinho e o século IX, e há quem alargue este período estéril até ao século XIII. Alguns autores desembaraçam-se dos oito séculos entre Agostinho e Tomás de Aquino de modo sucinto e seco, como "o intervalo antes de Tomás de Aquino". As suposições deste tipo, naturalmente, erram. A humanidade não cessa de ter ideias políticas; e estas persistirão enquanto houver instituições políticas, pois a evocação mágica do *cosmion* através das ideias é a sua verdadeira essência.

a. Um caso modelar

Embora a concepção de uma "lacuna" ou "intervalo" nas ideias seja insustentável, podem existir, e realmente existem, diferenças de estrutura neste processo. Claro que não encontramos um grande sistema de pensamento político entre Agostinho e Tomás de Aquino; mas este fato não deve induzir-nos complacentemente àquela conversa de sempre sobre a "Idade das Trevas"; pelo contrário, deve estimular uma investigação rigorosa do caso. Sabemos que os grandes sistemas teóricos marcam os pontos de culminância dos períodos evocativos que antecipam o declínio. Platão e Aristóteles marcam o fim da pólis; Santo Agostinho, o fim da cristandade romana; Tomás de Aquino, a transição da Alta Idade Média para o Renascimento; Hegel, o fim do período do Estado Nacional.

Do ponto da vista da ciência e da metodologia, os séculos "estéreis" após Santo Agostinho oferecem a oportunidade de estudar o crescimento de uma evocação. Na Antiguidade Helênica, infelizmente, falta essa oportunidade: nada sabemos sobre o processo misterioso em que a pólis era comemorada; quando o registro de nossas ideias teve início, com Hesíodo, a pólis tinha por detrás de si uma longa história, e as sementes de desintegração começavam a surgir. O crescimento paralelo do Império Romano e da comunidade cristã permite uma boa análise do período formativo de uma evocação, mas o caso não serve como um tipo ideal, pois a teleologia do processo não alcançou a sua fase de perfeição; o império universal enquanto organização do poder e a comunidade espiritual universal aproximaram-se, mas acabaram por não se identificar. O edifício teórico de Santo Agostinho, como vimos, reflete essa falha. Já a evocação do império medieval oferece a melhor aproximação conhecida do exemplo ideal de um processo formativo em plena luz da história. A evocação do Império Carolíngio constitui a primeira fase do processo, e o movimento da Grande Reforma dos séculos XI e XII, com o ponto dramático da Controvérsia das Investiduras, constitui a segunda fase. Portanto, temos de considerar brevemente a estrutura das duas fases como um caso modelo do processo em que uma evocação se desenvolve e alcança o clímax.

b. A tensão entre a ideia e a realidade

A primeira fase foi caracterizada pelo movimento extremamente lento de cisão do velho Império Romano. A ideia de Roma pesa sobre o processo histórico, e foi necessária uma força acumulada de séculos de eventos para cristalizar uma nova evocação. Após a fundação do Império, mais uma vez as exigências da situação foram mais fortes que as ideias. A personalidade régia foi construída segundo o sistema paulino das funções carismáticas, com a devida precedência da pessoa sacerdotal. Contudo, nesta construção teocrática das instituições, estava latente uma inconsistência que se revelou como fonte de instabilidade: a dinâmica da evocação mudou, e a lógica das ideias prevaleceu relativamente aos impulsos e aos interesses do poder. As características desta primeira fase são: (1) a extensão de tempo necessária para superar o período de uma evocação vigente como a de Roma imperial; (2) a igualmente longa extensão de tempo e a enorme pressão das circunstâncias requeridas para moldar uma nova evocação e torná-la convincente para os coevos como sendo o "destino" ou a "vontade de Deus"; (3) resultante de ambas características, a força mágica da nova evocação deve ser medida com base no esforço das gerações em seu acúmulo; (4) a tensão inicial na nova evocação, entre a "ideia" e a "realidade", que fixa a linha da evolução da realidade em direção à ideia.

c. Predomínio do Espírito

Na segunda fase da nova evocação, o centro dinâmico deslocou-se da luta de poder para a integração institucional da esfera espiritual. As ondas de migração muçulmana, nórdica e magiar que abalaram o Império Carolíngio – e exigiram a sua refundação pelos imperadores saxônicos – tinham sido em parte repelidas, em parte assimiladas. A administração imperial fora reformada por Otão I, o Grande, que usou a hierarquia eclesiástica, e particularmente os bispos educados na chancelaria real, para a administração central. A luta pela vida aquietou, e na quietude comparativa que se seguiu, tornou-se visível a tensão interna da evocação. Uma interpretação adequada do processo das ideias, nesta segunda fase, é prejudicada pela atenção imprópria dada aos incidentes da Controvérsia das Investiduras.

Algumas vezes, a querela entre o poder espiritual e o poder temporal sobre a investidura laica dos bispos governantes, com papa e imperador como protagonistas, alcançou momentos espetaculares. O triunfo do papa Gregório VII sobre o imperador Henrique IV, em Canossa nos Apeninos, em 1077, foi particularmente dramático: o papa forçou o imperador a esperar três dias na neve, de pés descalços, antes de o absolver. Contudo, como é frequente, o espetacular tende a obscurecer o essencial. A questão da investidura secular não era uma "questão" de modo nenhum. Segundo a lei canônica aceita, o papado tinha controle sobre os bispos, e este controle não poderia ser exercido se as nomeações eclesiásticas fossem de influência laica; estava claramente indicada uma reforma, afirmando a investidura pela Igreja. A reforma transformou-se em um problema prático, pois os bispos converteram-se em cabeças de corpos administrativos temporais, e a afirmação do controle papal destruiria o sistema de governo que regia a sociedade feudal medieval. A resposta canônica à questão ficou clara logo que colocada; e a solução política, o compromisso alcançado na concordata de Worms em 1122, foi uma conclusão anunciada.

Na história das ideias, nem a questão nem a solução são importantes; importante foi o fato de a querela, existente tanto no século XI como nos três séculos precedentes, pudesse ser posta em evidência pelo poder espiritual com possibilidade de sucesso contra as exigências do sistema feudal. E a questão surgiu como um evento dentro da grande onda espiritual, que denominamos no título deste capítulo "A Primeira Reforma" porque, em seu curso, foram levantadas pela primeira vez as questões fundamentais que reaparecem na Reforma do século XVI e que levaram – tendo em conta a respectiva alteração do contexto – a uma cisão da unidade medieval do *sacrum imperium*.

§ 2. As ondas de reforma monástica

A reforma, em princípio, tinha a ver com uma reafirmação das exigências evangélicas contra os males incrustados na vida da comunidade cristã séculos após Carlos Magno. As exigências de pobreza, celibato e disciplina cristã se voltavam contra os principais males – investidura laica, simonia e casamento dos clérigos em particular –, e eram dirigidas, em geral, contra o envolvimento dos representantes da vida cristã, do clero secular e dos mosteiros nos interesses mundanos. A reforma começou onde se sentia mais agudamente o contraste entre a ideia espiritual de cristandade e a realidade, e onde, ao mesmo tempo, mais facilmente se poderia superar a resistência de interesses instalados: os mosteiros.[1]

a. A reforma de Cluny – A ordem soberana

Foram vários os movimentos de reforma monástica. O primeiro associa-se à fundação, em 910, de Cluny. O local da fundação, na diocese de Mâcon, em Borgonha, tem significado estratégico e contribuiu para o seu sucesso; está situado na estrada principal que vai da Itália para França e para norte e nordeste até Inglaterra e Alemanha ocidental. Cluny tem na primeira reforma uma função similar à de Genebra, como centro da atividade de Calvino na Grande Reforma. A regra de Cluny não foi inteiramente inovadora, mas foi uma renovação da regra beneditina com uma tentativa bem-sucedida de observância rigorosa.

Cluny inovou fundando mosteiros dependentes da matriz; anteriormente os mosteiros beneditinos eram unidades independentes. Cluny foi a primeira *ordem* – distinta de uma *congregação* de mosteiros – sob a liderança de um abade da matriz. Os priores das casas afiliadas reuniam-se em capítulo anual,

---

[1] Para acompanhar a história do monasticismo, ver Alex H. Thompson, "The Monastic Orders". In: *Cambridge Medieval History*, vol. 5, 1926, cap. 20, e a bibliografia ali apresentada.

presidido pelo abade. As decisões do capítulo vinculavam-se a todas as casas; havia observadores nomeados pelo capítulo e responsáveis perante o governo central. A grande expansão da ordem e o aperfeiçoamento da sua constituição ocorreram com os abades Odilo (994-1048) e Hugo (1049-1109). A ordem não respondia perante a autoridade episcopal e temporal; submetia--se, sem intermediário, apenas ao papa. A estrita observância da regra e a constituição centralizadora tornaram-na atraente aos olhos do papado como modelo de uma organização espiritual hierárquica com a concentração da autoridade máxima no cabeça da Igreja; era exatamente o tipo de organização que poderia servir de padrão para a independência da Igreja diante do poder secular. Num recanto pouco mundano da comunidade cristã, no meio dos difusos poderes regionais feudais, emergia um tipo de organização soberana integrada que poderia ser usada a serviço da Igreja e, mais tarde, da autoridade política secular. A organização internacional da ordem, por outro lado, e a sua isenção perante a jurisdição local tornaram desejável um papado forte que a protegesse contra as investidas dos poderes locais – episcopal e temporal. Este interessc mútuo permitiu relações estreitas entre a ordem e os papas reformadores do século XI na Controvérsia das Investiduras.

b. Reforma anacoreta – intensidade espiritual

A ordem de Cluny alcançou uma posição predominante no século XI, mas foi apenas um exemplo no movimento internacional da reforma dos mosteiros beneditinos da época. E a própria reforma beneditina foi um aspecto de um movimento maior. Uma segunda fase começou, em paralelo com o aumento da importância de Cluny, com o renascimento do espírito monástico anacoreta. As ordens anacoretas começaram a surgir na Itália, onde a tradição oriental era mais forte, por volta do ano 1000. As fundações mais importantes são as de Camaldoli e La Cava (ambas da primeira metade do século XI). Ambos os casos, entretanto, provaram que os anacoretas tiveram pouca importância no Ocidente. Os eremitas individuais, como o calabrês que inspirou

Santo Estevão na fundação de Muret (mais tarde, Grandmont), exerciam alguma influência como modelos de extremo ascetismo cristão e assim se tornaram uma força regeneradora, mas tão logo os princípios anacoréticos foram transferidos para um grupo maior, seguiu-se um encobrimento pelo cenobitismo beneditino. A fundação de Fontebuono, em 1102, é típica de um mosteiro cenobita, filial de Camaldoli, que servia aos eremitas de Camaldoli, particularmente na doença. Um desenvolvimento similar é característico de La Cava: em si, era o Monte Athos ocidental, mas suas fundações, tal como Monreale, retornaram à regra beneditina. Valombrosa combinava os elementos anacoreta e cenobita e adicionou os *conversi*, irmãos leigos, às atividades não contemplativas. A única fundação anacoreta bem-sucedida foi Grande Chartreuse, que conservou a sua inflexibilidade pela restrição inexorável do número de membros.

c. A reforma cisterciense – A carta de caridade

As ondas de reforma monástica ocorreram com intervalos de, aproximadamente, um século. A ordem soberana de Cluny nasceu no começo do século X; a onda anacoreta começou por volta do ano 1000; a terceira onda, caracterizada pela ascensão dos cistercienses, começou aproximadamente em 1100. A fundação de Cister, em 1098, por Robert de Malesme, marcou uma síntese na dialética da história – caso tenha existido uma. Cluny tinha disciplina, obediência e organização; os anacoretas tinham pobreza, ascetismo e vida contemplativa na solidão. Duzentos anos de sucesso enriqueceram Cluny e dotaram-na de um esplendor externo, ao ponto de obscurecer a espiritualidade cristã que pretensamente representava. O movimento eremita, por outro lado, caracterizou-se como associal; a tentativa de retomar a simplicidade cristã primitiva implicava retirar eficácia à vida cristã da comunidade. A ordem de Cister, com o ímpeto recebido da personalidade de São Bernardo († 1153), que aos 25 anos fundou Claraval, em 1113, combinou o elemento organizacional de Cluny com o elemento anacoreta de um ascetismo de nível espiritual renovado. Esta simbiose foi possível devido ao amadurecimento do espírito ocidental nos séculos precedentes, em particular com o surto da primeira cruzada (1095-1099). A personalidade de São Bernardo e a *Carta Caritatum* de Stephen Harding (1119) são os ingredientes principais da nova ordem.

Organizacionalmente, a Carta de Caridade estabelecia a independência relativa dos mosteiros; cada um tinha um abade, e não um prior, como nos estabelecimentos cluniacenses. A influência do abade de Cister era espiritual e não abrangia obrigações temporais. Os novos mosteiros não dependiam diretamente de Cister, mas formavam uma hierarquia em que somente as instituições contíguas a Cister se encontravam sob supervisão da casa fundadora, ao passo que os mosteiros fundados pelas filiais eram espiritualmente dependentes destas, e assim sucessivamente. Essa organização reflete o princípio básico da paternidade e da filiação espiritual. A paternidade espiritual, a formação espiritual de homem para homem, define o novo cariz de cristandade controlado por São Bernardo. A relação assemelha-se, em alguns aspectos, ao *eros* platônico, com uma diferença: a alma do pai espiritual não cria um *cosmion* novo, pois pai e filho são membros da comunidade pneumática em Cristo.

No período dos papas cistercienses, a diferença relativamente ao tipo platônico de comunidade torna-se evidente na relação entre São Bernardo e Eugênio III (1145-1153). Quando o filho espiritual de São Bernardo, o abade do mosteiro cisterciense em Roma, se torna papa, e assim "o filho tornou-se pai, e o pai, filho", Eugênio III pede instruções a São Bernardo; e o abade de Claraval responde ao pedido escrevendo *De consideratione libri quinque ad Eugenium*, um caso único do "Espelho do Papa". O chefe da cristandade surge como o *humanissimus* cujo poder é um *ministerium non dominium*, que emana do cargo e não da pessoa; e acolhe em si – no decorrer do pontificado – a herança de Cristo a ser transmitida a seu sucessor.[2]

---

[2] Saint Bernard of Clairvaux, *De consideratione libri V ad Eugenium Tertium*. In: Migne, *PL*, vol. 182, col. 379-93. Edição em inglês: *Five Books of Consideration*. Trad. John D. Anderson e Elizabeth T. Kennan. In: *The Works of Bernard of Clairvaux*. Kalamazoo, De Cistercian Publications, 1976, vol. 13.

§ 3. O espírito militante

a. As Cruzadas

As ondas de reforma constituíram um desenvolvimento interno da espiritualidade ocidental conducente a uma autoconsciência amadurecida em São Bernardo. Um segundo impulso no processo ocidental consistiu na defesa contra o Islã. No século XI, a defesa começou a evoluir para ataque; primeiramente pelos normandos, genoveses e pisanos; mais tarde, após o discurso de Urbano II (1088-1099) no Concílio de Clermont, em 1095, transformou-se em empresa comum do Ocidente cristão sob a forma de cruzadas contra os infiéis. No caso das Cruzadas, temos de distinguir – como na Grande Migração – entre as categorias de história política sobre eventos nas esferas do poder e da ação e os contextos relevantes para a história das ideias.

O período das cruzadas é já uma segunda fase, se não terceira, na concentração da substância física e espiritual, que confere uma expansão dinâmica peculiar da nossa civilização ocidental. Numa primeira fase, podemos incluir os eventos da migração até ao século VIII; por essa época, a área do Ocidente era uma nova unidade étnica e civilizacional, em contraste com o Mediterrâneo antigo. Uma segunda fase foi marcada pelos distúrbios migratórios dos séculos IX e X, terminando nos avanços dos eslavos e dos magiares a leste e na maré islâmica, a sul. A terceira fase foi alcançada com as cruzadas; as relações externas do Ocidente evoluíram da semiconsciência do crescimento natural e da reação defensiva para uma atitude inteiramente consciente de autoasserção e de ação ofensiva, em paralelo com o processo interno em que a lógica das ideias contra os infiéis é seguida pela pacífica atividade do missionário. A primeira fase é caracterizada pela ascensão das ordens militares e de seu serviço contra muçulmanos e eslavos; a segunda, pela ascensão das ordens mendicantes com o trabalho missionário dos franciscanos e dominicanos. O deslocamento para a fase espiritual sedimentou-se na língua pelo uso do termo *cruzada* para assinalar a propaganda de uma causa por meios pacíficos.

b. As ordens militares

As ordens militares emergiram no século XII, primeiramente em Jerusalém, para a defesa dos peregrinos (Templários ca. 1120, Hospitalários militarizados ca. 1130) e, mais tarde, na Espanha e em Portugal, contra os muçulmanos (Calatrava 1164, Alcântara 1183, Santiago 1171, etc.). A terceira das grandes ordens de Jerusalém, os Cavaleiros Teutônicos (criada em 1190, militarizada em 1198), transferiu a sua atividade principal, em 1229, para a região do Báltico, numa cruzada contra os infiéis eslavos. As datas das fundações sugerem a tendência para a diferenciação nacional da comunidade cristã ocidental; as primeiras ordens de Jerusalém eram de caráter internacional; o grupo seguinte foi distintamente espanhol e português; e, no último grupo das grandes ordens, os teutônicos são os primeiros a ter uma designação nacional. As regras consistiam em modificações das regras cistercienses e de Santo Agostinho; incluíam os votos de pobreza, castidade e obediência, mas a admissão à cavalaria era restrita a homens de sangue nobre.

aa. Os Templários

As ordens militares têm um lugar na história das ideias políticas dada a evocação de comunidades altamente centralizadas que adicionam a disciplina do soldado à disciplina espiritual ao modo de São Bernardo. A combinação deixou marcas indeléveis nas atitudes e nos sentimentos políticos do mundo ocidental, embora as ordens tenham desaparecido ou tenham sofrido mudanças funcionais que as tornaram insignificantes em termos práticos. Cerceando os poderes feudais, as ordens continuaram a tendência que tinha ficado visível com a reforma de Cluny. A Ordem dos Templários evoluiu, na geração de sua fundação, para uma organização soberana, isenta de jurisdição feudal e episcopal, e tendo o papa como cabeça suprema. Mas o caráter militar introduziu complexidades que não existiam nas ordens monásticas. A proeza física, somada à disciplina espiritual e à confiabilidade ética, criara um tipo de organização com funções que os poderes feudais locais não tinham. No caso dos Templários, a ordem expandiu-se rapidamente à escala internacional; os castelos fortificados desde a Irlanda até a Armênia, e as tropas bem-armadas que se movem entre os pontos fortificados, tornaram-na ideal para transportes de dinheiro, para a função de banco de depósito e, dada a riqueza crescente, para operações internacionais de empréstimo. A queda da ordem deveu-se à sua riqueza e posição como credora de Filipe IV, o Belo (1285-1314). A abolição da ordem em 1312 liquidou o débito real; as propriedades na França foram transferidas para a coroa, e a organização do banco central, no Templo em Paris, foi integrada à administração financeira régia.

O destino dos Templários ilustra bem por que razão a ordem militar apenas poderia ter uma função transitória naquele tempo. Assim que adquiriu riqueza e poder e, com o fim das Cruzadas, sua função original desapareceu, ela se tornou uma organização rival do estado nacional em crescimento. Com a consolidação das monarquias nacionais no século XIII, a ordem militar deixou de ser um "estado" dentro de um campo feudal de poder, mas passou a ser um "estado dentro do estado". Nesta contenda, venceria a organização com maior base social e econômica.

bb. A Ordem Teutônica

Graças à distância de um poder rival com a força da monarquia francesa e graças à localização territorial na costa Báltica, a Ordem Teutônica teve vida mais longa. O estabelecimento territorial dos cavaleiros teutônicos permitiu um melhor desdobramento das possibilidades governamentais da nova organização militar. A Ordem operou com uma constituição outorgada por Frederico II (1215-1250) na Bula de

Ouro de Rimini (1226), incorporando as características principais do governo siciliano centralizador que Frederico trouxera do Oriente. O território da ordem mostra uma primeira aproximação de uma organização moderna do estado, fora do Mediterrâneo, usando elementos da técnica administrativa bizantina e islâmica. Apesar da posição mais favorável como empresa nacional alemã contra os eslavos, e do avanço cristão contra os infiéis, a ordem sofreu os mesmos constrangimentos dos Templários. Suas atividades comerciais, aprovadas por concessão papal de 1263, criaram rivalidades com as cidades comerciais no seu próprio território, e a ordem finalmente sucumbiu ao poder nascente da Polônia e à revolta dos prussianos agora cristianizados.

cc. Uma comparação: o místico-guerreiro ideal de Kamakura

As ordens militares na sociedade ocidental tiveram de ceder o lugar à cidade e ao estado nacional. Contudo, o desaparecimento precoce não deve obscurecer a importância intrínseca do fenômeno. Em circunstâncias mais favoráveis, como por exemplo no Japão, a mistura do monge e dos ideais do guerreiro determinou durante séculos o caráter político da civilização. Por coincidência histórica, a introdução do budismo Zen no Japão, patrocinado pelo *shogunato* de Kamakura, tem um paralelo com a ascensão das ordens militares no Ocidente.

A fusão peculiar do misticismo e do esteticismo Zen com as virtudes guerreiras de lealdade, resistência e obediência deram forma à vida da classe governante guerreira de Kamakura, pois a dinâmica da política japonesa naquele tempo seguiu um percurso oposto à do Ocidente cristão.[3] As ordens ocidentais sucumbiram porque as novas e fortes unidades políticas emergiram a partir do campo feudal do poder. O ideal japonês do místico-guerreiro venceu porque a vitória do clã

---

[3] Sobre o misticismo Zen, ver Daisetz Teitaro Suzuki, *Essays in Zen Buddhism*. 1ª série. Londres, Luzac, 1927; 2ª série. Londres, Luzac, 1933; 3ª série. Londres, Luzac, 1934. Reimpressão: Londres, Rider, 1970; e Teipei, Ch'eng Wen, 1971.

de Minamoto e o estabelecimento do governo militar em Kamakura encerrou o período do governo imperial central moribundo, copiado das instituições chinesas, e iniciou a idade feudal japonesa (1192). As ordens militares do Ocidente, além disso, não podiam evoluir para uma elite governante, pois o celibato monástico cortava a base vital que é a exigência inevitável para a continuação de um grupo secular governante; a atitude espiritual militar japonesa poderia crescer como uma força política estável porque a base vital era uma sociedade vitoriosa de um clã guerreiro.

dd. O soldado político

No Ocidente, os efeitos da evocação do guerreiro-monge foram mais indiretos e intermitentes. No contexto social e temporal imediato, as ordens militares afetaram o ideal de cavalaria, fortalecendo a dimensão espiritual da lealdade feudal e da virtude cavalheiresca. Em longo prazo, tiveram influência numa variedade de fenômenos políticos com origens múltiplas. O núcleo essencial da atitude do guerreiro-monge, que é transferível a outras situações, pode ser definido através dos seguintes elementos: (1) ação militante, (2) estrita obediência ao superior e (3) "causa" espiritual como substância da organização militante. Se a atitude é assim definida, podemos ver quais circunstâncias são favoráveis ao reaparecimento desta atitude e quais não são. Uma organização do exército assente na nobreza feudal e seus descendentes não é o melhor ambiente para esta atitude: a lealdade recíproca entre o senhor e o vassalo deixa intactas ambas as personalidades. O código de honra da personalidade independente e o tradicionalismo da conduta impedem a obediência completa e a imposição de táticas do combate pela hierarquia. Um exército mercenário pode desenvolver as virtudes e a disciplina do soldado profissional, mas lhe falta a causa espiritual.

A atitude do místico-guerreiro começa a aparecer outra vez com a ascensão de movimentos espirituais entre o povo e a organização de unidades de combate de base popular.

O choque dos cavaleiros com os soldados cristãos em Marston Moor, em 1644, é o símbolo do começo de uma época nova. O exército nacional desde a Revolução Francesa marca uma etapa adicional na revolução, de tal ordem que o nacionalismo se transforma na causa espiritual do soldado moderno, mas a expressão dessa atitude encontra-se menos nas bases do exército nacional do que nos grupos da elite oficial e da conspiração político-oficial. As associações políticas revolucionárias, do *Bünde* ou dos *fasci*, desde a *Giovane Italia* de Mazzini até aos revolucionários profissionais bolcheviques, os *fasci* de Mussolini, e o movimento nacional-socialista, são os exemplos modelares do soldado político moderno unido com seus camaradas pela substância espiritual de uma "causa". No movimento nacional-socialista, a ideia de ordem, em si mesma, ressurgiu e gerou um sistema educacional para líderes no assim chamado *Ordensburgen*.

As ordens modernas renovam a união entre espiritualidade, obediência estrita e militância; além disso, destacam-se da massa por meio de uma regra de conduta e de uma disciplina específica, como expresso na oposição de Mussolini entre a *vita eroica* do fascista e a *vita commoda* do povo; por uma consciência espiritual superior, como expresso na função de vanguarda do núcleo comunista diante da massa do proletariado; e por sua submissão a uma magistratura específica, como exemplificado no *Parteigericht* nacional-socialista. Em certo sentido, pode-se afirmar que a ordem moderna consegue extrair uma possibilidade inerente do grupo, de forma mais vigorosa do que as ordens militares medievais, pois uma análise da ordem moderna não reconhece, implícita ou explicitamente, a singularidade espiritual da personalidade humana. Consegue subordinar o ser humano completamente às exigências substanciais da comunidade e alcançar o racionalismo supremo do agir. No contexto da antropologia cristã, a total obediência a um superior secular parece uma aberração da ideia cristã; num contexto coletivista, a ordem espiritual-ativista surge como a forma ideal de uma elite política.

c. As ordens mendicantes

A ordem ativista de tipo militar foi suplantada um século mais tarde por um movimento de espiritualização e intelectualização da expansividade autoconsciente. As ordens mendicantes que representam esta segunda fase são um fenômeno com ramificações vastas e nem todos os seus aspectos pertencem à história das ideias políticas. Concentrar-nos-emos em três problemas: (1) A extraordinária personalidade religiosa de São Francisco de Assis (1181-1226) foi compreendida em seu tempo e na geração seguinte de religiosos franciscanos como o símbolo de uma nova dispensação cristã – a era do Espírito Santo, após as eras do Pai e do Filho. Nesse sentido, São Francisco tem uma função importante na história da especulação simbólica no Terceiro Império do Espírito. Trataremos desta questão na seção seguinte, "A Estrutura do *Saeculum*". (2) O movimento de São Francisco e dos *poverelli* distingue-se, em sua forma original, pela personalidade do santo, mas não difere, em essência, de movimentos semelhantes do período, como o dos begardos nos Países Baixos, dos *humiliati*, dos pobres de Lyon. Nesse aspecto, é típico dos movimentos religiosos populares espalharem-se pelas cidades da Europa em grandes correntes heréticas que acabarão por abrir caminho na esfera institucional do *sacrum imperium* para a Grande Reforma. Trataremos do fenômeno desses movimentos clandestinos no capítulo "O Povo de Deus". (3) A ordem franciscana – em sua segunda forma, conventual com casas permanentes – e a ordem dominicana podem caracterizar-se como tentativas bem-sucedidas de integrar o espírito ativista do sectarismo popular em instituições aceitáveis, e não heréticas.

A imitação de Cristo através de uma vida de pobreza, a pregação para a salvação das almas e a cura de doentes levou as novas ordens a ultrapassar a vida cenobita dos mosteiros e a ter uma atividade missionária dentro da Europa e além dos limites da civilização ocidental. Com esse ativismo, elas se tornaram o grande instrumento ortodoxo de cristianização das massas, tanto positivamente quanto na forma negativa de inquisição papal, confiada às ordens mendicantes. Para as tarefas de pregar e converter, as ordens tiveram de treinar seus membros; as suas escolas tornaram-se nos séculos XIII e XIV os grandes centros da filosofia cristã e da atividade intelectual, teológica e filosófica. O dominicano Santo Tomás criou a filosofia oficial da Igreja Católica e permanece até hoje. A expansão missionária da cristandade e o intelectualismo ativo orientados para a sistematização do pensamento cristão são as duas características das ordens mendicantes que continuam relevantes para o contexto presente.

Tratemos brevemente do espaço geográfico da missão. O começo formal da atividade franciscana data de 1210, ano em que São Francisco e os onze primeiros seguidores obtiveram a aprovação papal para a sua empresa. Em 1217 começou a expansão além Itália, para os países cristãos a norte dos Alpes. Antes da morte de São Francisco, existiam treze províncias na Europa, sendo a mais recente a inglesa, fundada em 1224. A ordem dominicana espalhou-se de Toulouse, onde a primeira casa foi fundada em 1215, até Paris em 1217, Bolonha em 1218, Inglaterra em 1221, e rapidamente depois em toda a Europa. A expansão das ordens para fora da Europa começou a ser um fracasso quando se dirigiu para os países islâmicos. O episódio teve alguma importância, porque na preparação para a tarefa as ordens estabeleceram escolas para o ensino do hebraico e do árabe.

Mais bem-sucedidas foram as expedições em meados do século XIII que, pela primeira vez, trouxeram o longínquo Oriente para a órbita expansiva espiritual ocidental. A ocasião imediata deste movimento foi o avanço mongol na Europa central, em 1240. O papa e o rei de França despacharam missões para a corte de Karakorum, a fim de iniciar entendimento sereno com os mongóis e, se possível, convertê-los à cristandade. A missão papal de 1245 foi dirigida pelo franciscano João de Piano Carpini; a missão francesa de 1253, pelo franciscano Guilherme de Rubruck. As missões foram importantes em vários aspectos. Elas marcam, em primeiro lugar, o começo das missões franciscanas no Oriente; sob a dinastia mongol, estabelece-se a diocese chinesa com João de Monte Corvino, o primeiro arcebispo de Pequim (Beijing). Os relatórios escritos pelos embaixadores franciscanos fornecem os primeiros conhecimentos exatos sobre os povos orientais e as suas instituições. Embora os materiais geográficos tenham sido substituídos por resultados mais avançados, as descrições etnográficas ainda são uma fonte segura para a compreensão da antiga sociedade mongol. Os relatórios preservaram as cartas dos cãs ao papa e ao rei de França, cartas que são a fonte principal das estruturas constitucionais e teoria política dos mongóis.

O *Itinerarium* de Guilherme de Rubruck tem um significado especial na história das ideias porque descreve os debates religiosos na corte de Karakorum entre cristãos ocidentais, nestorianos, budistas e xamãs a fim de estabelecer perante o Grande Cã qual das posições religiosas era superior. Esses debates ocorreram no clímax da expansão consciente ativista do espírito cristão ocidental, e simbolizam os limites desta expansão civilizacional. O absolutismo da movimentação cristã foi destruído, em princípio, pela consciência da relatividade resultante do contato com um mundo de forças superiores que seguiam as suas próprias leis. A assembleia de religiões, na corte do imperador do mundo, em pé de igualdade, antecipava os futuros debates religiosos no Ocidente e produções literárias, como a lenda dos "Três Anéis" ou o *Heptaplomeres* de Bodin, que indicam o começo da transformação interna da espiritualidade ocidental e a ascensão da ideia de tolerância.

Os frades mendicantes competiam com os movimentos populares heréticos na Itália do Norte e na França do Sul, e esses movimentos eram liderados por gente de grande inteligência, competentes em questões teológicas e com grande sinceridade pessoal. As missões estrangeiras, além disso, exigiam um pessoal bem treinado que não fosse considerado medíocre ao contatar os representantes das grandes civilizações orientais. Consequentemente, ambas as ordens marcaram decisivamente o ambiente intelectual da época através do pessoal de suas escolas, mais os dominicanos que os franciscanos, que tiveram que superar a memória da baixa estima que seu fundador [São Francisco] nutria do lugar da instrução na pregação do Evangelho. Basta enumerar algumas das figuras principais para se alcançar o significado deste estrato intelectual na constituição interna do *sacrum imperium*.

A ascensão das ordens mendicantes coincidiu com a intensificação das relações com o Oriente bizantino e islâmico. A introdução de Aristóteles no Ocidente, por meio dos comentadores muçulmanos e das traduções latinas feitas diretamente dos manuscritos gregos em Constantinopla, foi o grande estímulo intelectual do século; na luta em torno do banimento ou admissão do filósofo, coube às escolas dominicanas receber e erigir a filosofia aristotélica em um sistema de pensamento cristão. Alberto Magno (1200-1280) e Tomás de Aquino (1225-1274), nas escolas de Paris e de Colônia, conseguiram a simbiose aristotélico-cristã, e no sistema tomista reconhecemos o grandioso símbolo do acúmen intelectual dos séculos em que o império ocidental ganhou plena consciência de si. As escolas franciscanas de Paris e de Oxford tiveram uma tradição contínua desde 1231, quando Alexandre de Halles († 1246) aderiu à ordem em Paris e Roberto Grosseteste (ca. 1175-1253) foi induzido a aceitar o cargo de lente na escola de Oxford. A escola de Grosseteste foi frutífera particularmente no incentivo dos métodos experimentais e no estudo da matemática e da física. Uma lista longa de sábios eminentes – Roger Bacon (ca. 1214-ca. 1294), Duns Escoto (ca. 1266-1308) e Guilherme de Ockham (ca. 1285-ca. 1349) – determinaram o perfil intelectual dos franciscanos de Oxford como distintos do aristotelismo dominicano de Paris e Colônia. Nenhum dos franciscanos, contudo, alcançou a culminância e a autoridade de Santo Tomás, e Ockham já representava as tendências do pensamento que ultrapassam a evocação do *sacrum imperium*.

§ 4. A Controvérsia das Investiduras

a. O declínio e a reforma do papado

A análise precedente tratou o tópico mais delicado de uma história das ideias políticas, isto é, o crescimento da substância espiritual que determina os conteúdos e o espaço da evocação política. Acompanhamos este crescimento até ao ponto da maturidade em Bernardo de Claraval, e seguimos adiante na autoafirmação militar e intelectual do Ocidente, e na expansão ativista para Oriente até o ponto em que, no conflito com os mongóis, ficaram visíveis os limites do mundo ocidental. Agora temos que examinar as ideias de ordem do *sacrum imperium*.

O problema deste esboço geral já foi mencionado anteriormente. O princípio ordenador fundamental da evocação imperial é a separação gelasiana entre os poderes espiritual e temporal, e os mecanismos de controle entre eles. As exigências da fundação carolíngia e os distúrbios da migração dos séculos posteriores atrofiaram o centro espiritual; a regeneração do papado como poder espiritual, começada com a reforma de Cluny, criou um conflito inevitável com o poder temporal que não queria abdicar da predominância adquirida.

Com o declínio do Império Carolíngio, a Itália ficou exposta às invasões dos muçulmanos e dos magiares, e o papado foi transformado, na defesa da Itália, em um poder secular nas mãos da nobreza romana e lombarda. Uma medida de ordem foi reintroduzida no papado por Otão, o Grande, em 963, por ocasião da sua segunda expedição a Itália. A intervenção de Otão reintegrou o papado no sistema de bispados imperiais, melhorando o pessoal da cúria. Na ausência do poder imperial transalpino, a instituição caía nas mãos dos aristocratas romanos, como sucedeu com os papas de *Crescentian* de 1003 a 1012 e na série de papas toscanos de 1013 a 1046. Em 1046 havia três papas em Roma, o que acarretou a intervenção de Henrique III (1039-1156). Três papas foram depostos, por pressão imperial, nos sínodos de Sutri e de Roma (1046); o imperador recuperou o direito de nomear o papa e compeliu os romanos a jurar que renunciavam ao direito de eleição. A renúncia da eleição popular removeu a barreira institucional mais perigosa à independência espiritual.

O sínodo de Roma (1047) começou a reforma mediante decretos contra a simonia e o casamento de clérigos. Leão IX (1049-1054), primo afastado de Henrique III, inaugura a série de papas reformadores de Cluny. A principal etapa institucional veio no sumo episcopado de Nicolau II (1058-1061) com o decreto da eleição do sínodo de Latrão de 1059, que instituiu o colégio de cardeais de Roma como o corpo eleitoral,[4] preservando o direito imperial de nomear de modo tão vago que se poderia interpretar como referente apenas ao imperador (Henrique IV, 1056-1106). A Igreja desenvolvia um procedimento eleitoral autossuficiente, tornando supérflua a intervenção imperial. Em 1075, o decreto de um sínodo romano, sob Gregório VII (1073-1085), decidiu pela primeira vez contra as investiduras laicas, punindo os violadores com excomunhão, e estendendo o princípio do controle da igreja da cabeça papal até aos bispos. Foi esta etapa que precipitou o grande conflito entre o papado e os poderes temporais – a Controvérsia das Investiduras.

b. O problema da simonia – Pedro Damião

Os eventos políticos que acompanham a controvérsia são descritos em todas as boas histórias da Idade Média. Aqui só interessam os problemas principais e alguns tratados proeminentes sobre o tema. O primeiro grande problema a resolver radicava na simonia, ou seja, a compra de benefícios eclesiásticos e, particularmente, de promoções episcopais da parte de senhores feudais. Quando começou a reforma do sacerdócio, Leão IX (1049-1054) encontrou sérias dificuldades práticas que exigiram o esclarecimento de problemas teóricos fundamentais

---

[4] Este método de eleição não era inteiramente novo. Tinha sido substancialmente introduzido em 769 e permaneceu em força até 824, quando foi abolido na *Constitutio Lotharii*.

sobre a substância da Igreja. Com apoio imperial, foi possível remover os bispos feudais do simoníaco, com extensão da reforma aos atos sacramentais de bispos do simoníaco, em especial à ordenação dos sacerdotes que tinham recebido o sacramento de boa-fé, despertando ressentimento e resistência entre as vítimas inofensivas de um zelo purificador. A invalidação do sacramento sacerdotal administrado por bispos culpados mostrou-se praticamente impossível, e até a imposição da penitência a tais sacerdotes foi considerada uma injustiça. O compromisso de 1060 deixou no cargo aqueles que foram, sem qualquer culpa própria, obrigados pelos simoníacos e retirou dos bispos simoníacos o poder de ordenação, em termos futuros.

A solução prática parecia simples e sensível, mas implicou uma decisão essencial relacionada com a objetividade sacramental e preservou a Igreja de transformar-se em uma seita, em consequência de sua reforma espiritual. A questão foi discutida por Pedro Damião em seu *Liber gratissimus* (ca. 1052).[5] Damião era um reformista, mas viu o perigo resultante de tornar a validade do sacramento dependente do valor do padre que o ministra. Apoiado pela autoridade de Santo Agostinho, ele coloca a igreja no centro de sua discussão e decisão. A vida espiritual da igreja emana diretamente de Cristo, cabeça do corpo místico. O carisma sacramental é sempre puro, mesmo que seja indigna a mão que o administra. O sacramento é *administrado* somente pelo sacerdote; a *substância* não é afetada por suas qualidades pessoais. Para tornar o carisma do sacramento eficaz, o *receptor* tem que encontrar-se em estado de graça, mas não está em poder do *ministro* exercer um poder mágico compulsivo sobre Deus, convertendo-se em pessoa digna ou indigna como mediador do dom de Deus ao homem.

A análise de Damião lançou uma teoria mais elaborada dos sacramentos e de sua administração, com a vantagem de estigmatizar o sacerdote simoníaco e evitar os males daí decorrentes,

---

[5] Peter Damian, *Liber Gratissimus*. Ed. L. de Heinemann. In: *MGH, Libelli*. Hanover, Hahn, 1891, p. 76-94, vol. 1. Reedição de 1956.

enquanto, simultaneamente, acentuava a objetividade do sacramento, tornando desnecessário, para o reformador, um extremismo sectarista com o objetivo de criar uma igreja dos eleitos no corpo místico. A objetividade do sacramento como o princípio ordenador do corpo místico é a condição prévia de uma função da igreja enquanto organização espiritual unificadora do *sacrum imperium*. Quando se enfatiza em demasia o mérito pessoal dos membros, o risco de uma ruptura revolucionária da unidade eclesiástica surge caso forças sociais suficientes estejam disponíveis para uma reforma violenta.[6]

c. Pataria – *Bonizo de Sutri*

As forças sociais que poderiam abalar a Igreja, em nome da reforma espiritual, surgiram com a Pataria de Milão, em 1056. *Pataria* é o nome do mercado de panos em Milão e da população que habitou o bairro. O movimento de reforma do povo de Milão contra o clero aristocrático simoníaco foi o primeiro de uma longa série em que os povos das cidades europeias encontraram uma consciência espiritual e social, até que veio a ruptura com a Grande Reforma. No exemplo de Milão, o papado usou o movimento popular para o estabelecimento de "casos de testes" contra o clero feudal; a cidade foi um tipo de laboratório social para a reforma antes de a querela se propagar extensivamente pelo império, na Inglaterra e na França. Quanto à predestinação de Milão como o campo de experiência – por causa de sua preservação das tradições desde a época de Ambrósio, de sua posição militar fundamental na alta Itália, do direito de conceder a coroa de Itália, de seu valor como um aliado na futura querela com o Império –, remeto o leitor a uma história da Idade Média.

---

[6] O perigo oposto, de uma profunda corrupção do clero caso a validade do sacramento fosse inteiramente dissociada do mérito do ministro, foi visto claramente pelos contemporâneos. O cardeal Deusdedit encontrou uma fórmula para o problema em seu *Libellus contra Invasores et Symoniacos et Reliquos Schismaticos* (1097), quando diz que uma tolerância sob a pressão da extrema necessidade "de maneira alguma deve ser considerada a lei". Ed. Ernst Sackur. In: *MGH, Libelli*. Hanover, Hahn, 1892, p. 327, vol. 2.

Na história das ideias, o exemplo da Pataria sugeriu a interpretação da reforma que encontramos em Bonizo de Sutri, em seu *Liber qui inscribitur ad amicum* (ca. 1086).[7] Bonizo assume uma posição na reforma do século XI semelhante à de James Harrington na Revolução Inglesa do século XVII. Destaca-se dos contemporâneos pela observação das implicações sociais do movimento reformista. Identifica os interesses simoníacos com os dos senhores feudais que durante o período da migração conquistaram posições que agora estavam relutantes em abandonar; e vê na Pataria um movimento democrático, sob a liderança da alta nobreza do espírito, que visa o controle popular do alto clero, no interesse de uma reforma espiritual. A análise de Bonizo não recebeu a atenção merecida, em parte porque o movimento da cidade escapou do controle: a Pataria insurgiu-se, no século XII, na comuna de Roma sob Arnold de Bríxia (ca. 1090-1155), contra a própria igreja e tornou-se herética.

d. A controvérsia – Os argumentos papais e imperiais

Na luta entre o papa e o imperador, a controvérsia sobre os direitos respectivos não produziu ideias novas. Foi essencialmente uma contenda por jurisdições; a dissenção recaiu sobre a interpretação de regras dúbias para ambas as partes. A controvérsia assemelhou-se, neste contexto, às diferenças de opinião entre Jaime I e sua corte e o parlamento no início da Revolução Inglesa. O que podemos observar é um endurecimento da índole e uma lógica interna dos eventos que leva os protagonistas à beira de uma cisão do império; que, contudo, se interrompe bem perto do momento decisivo. A lógica interna pode expor-se muito brevemente. Quando a questão da simonia foi resolvida com o rigor da teoria dos sacramentos, permaneceu o problema prático de que todas as medidas do papado seriam frustradas caso os poderes temporais não cooperassem e continuassem com práticas simoníacas. Como

---

[7] Bonizio de Sutri, *Liber ad Amicum*. Ed. Ernst Dümmler. In: *MGH*, *Libelli*, I, p. 568-620.

etapa seguinte necessária, houve sanções contra os príncipes ofensores, variando entre admoestações, excomunhões e até deposições como última medida.

Medidas com consequências tão vastas na ordem interna do *sacrum imperium* permitiram o debate da questão em ambos os lados. Como justificativa das medidas papais, ao extremo de depor o imperador e de liberar os súditos de seu juramento de lealdade, podia-se alegar: que Pedro recebera o poder de ligar e desligar; que, de acordo com a separação gelasiana do *sacerdotium* e do *regnum*, o poder espiritual é superior ao temporal; que a deposição do último rei merovíngio pelo papa Zacarias constituiu um precedente para a atual ação papal; que a liberdade espiritual da igreja requereu e justificou a interferência em matérias temporais ao ponto de tais interferências serem necessárias para manter a substância espiritual intacta (um tipo do argumento "necessário e apropriado" no sentido constitucional americano, preparando para a teoria vindoura de Roberto Belarmino "do poder indireto" do papa em casos temporais); que o imperador era um membro do corpo místico como todo cristão e não estava isento da disciplina espiritual da igreja; que uma instância de último recurso era necessária no império; e que este naturalmente residia no papa, uma vez que representa o poder espiritual.

Em favor do imperador podia-se argumentar: que, de acordo com a separação gelasiana, o *sacerdotium*, em questões temporais, dependia tanto do *regnum* como o *regnum*, em questões espirituais, do *sacerdotium*; que o poder real foi decretado por Deus e o sacerdócio teve, pela autoridade dos pais da igreja, de o respeitar de forma incondicional e mesmo contribuir para manter a sua autoridade; que o poder espiritual sobre os reis poderia exercer-se somente em caso de heresia; que os *persona regalis* tiveram, no sentido da doutrina do século IX, *status* no *corpus mysticum*; que esse poder temporal não é oriundo, consequentemente, do mal; que a unidade do *sacrum imperium* dependeu da cooperação dos poderes; que o poder espiritual não poderia reivindicar, consequentemente, supremacia sobre o poder temporal; que, pelo costume do império, o imperador exerce o protetorado sobre Roma; e a influência em nomeações eclesiásticas abaixo do papa era seu dever.[8]

---

[8] A lista de argumentos sozinha não faz justiça à riqueza da discussão em que toda a gama de diferenças regionais e civilizacionais do Ocidente, bem como uma série de personalidades, entram no jogo. A controvérsia foi o maior debate político do mundo ocidental e o teste supremo de sua habilidade política. A breve enumeração das contribuições típicas a seguir pode dar uma ideia da amplitude das forças.
Um dos primeiros tratados do lado imperial foi a *Epistula ad Hildebrandum* (cerca de 1081), de Wenrich de Trier, que afirma a santidade do juramento feudal e condena como inovação a ideia de que os padres devem levar a dissensão para as *nationes* e depor príncipes. O *Liber de Controversis Inter Hildebrandum et Henricum Imperatorem*, de Wido de Osnaburgo, esquadrinha de modo mais profundo a estrutura histórica do império. Enfatiza que os problemas da igreja se devem a seu envolvimento em questões seculares desde Gregório Magno, que a intervenção e o controle imperial eram desejados pelo papado como necessários durante a desordem italiana e que, com a diminuição da necessidade, a intervenção imperial ainda era legítima, porque o imperador, com sua unção, manteve uma posição sacramental no corpo místico. O *Liber de Unitate Ecclesiae Conservanda* (da década de 1090, atribuído a Walram de Naumburgo) apresenta o argumento de que o corpo místico não é só uma unidade sacramental, mas também étnica, que repousa sobre a *caritas concorda membrorum*. Um procedimento unilateral do papa destrói a unidade da igreja e do império, pois o reino de Deus entre os homens é idêntico à igreja de Deus. O anônimo *Tractatus de Investitura Episcoporum*, de 1109, vai mais longe na análise política e introduz pela primeira vez a ideia de uma *translatio imperii* puramente política dos gregos aos francos. O autor exorta os dois poderes a evitar a ruptura do crescimento histórico-político da cristandade. A *Defensio Henrici IV Regis* (1084), de Pedro Crasso, deve ser mencionada como prova da sobrevivência da tradição imperial romana em solo italiano, particularmente na escola de direito de Ravena, que mais tarde anunciou o legalismo italiano. O tratado italiano de Gregório de Catina, *Orthodoxa Defensio Imperialis* (1111), proveniente de Farfa, se distingue por sua profunda compreensão da teoria paulina do corpo místico. Ele usa o argumento da analogia orgânica para tratar da necessidade de cooperação entre os dois poderes.
Do lado papal figuram Gebhardt de Salisburgo com sua *Epistula ad Herimannum Metensem* (1084). Ele insiste, em particular, no fato de que a controvérsia assumiu sua forma mais feia através da ação injustificada do sínodo de Worms, em 1076, que depôs o papa. Todas as ações subsequentes do papa foram reações contra esta brecha da ordem da comunidade cristã. Uma solução, assim propõe a carta, pode ser encontrada apenas por meio de uma assembleia representativa do império, e até então alguém teria de tentar trazer o rei de volta a seu cargo pelo exercício do *pastorale officium*. O relaxamento da tensão que preparou o compromisso veio, entretanto, com a personalidade piedosa do papa Pascoal II (1099-1118), que imaginou a medida radical de renunciar à posição feudal dos bispos, abrindo mão das regalias e apoiando a igreja apenas por seu domínio e pelo dízimo. Ele antecipou em séculos o retraimento da igreja à esfera moral-espiritual, mas teve de ceder ante as condições do século XII. Embora sua política se quebre diante da resistência unida de leigos e clérigos, o prestígio de sua

e. Gregório VII

Antes da luta contra Henrique IV, já se sabia a que extremos Gregório VII iria recorrer para tratar os príncipes recalcitrantes. Nas cartas aos bispos franceses de 1073 e 1074, ele esboça as medidas que usaria a fim de compelir o rei da França a desistir das práticas simoníacas. As primeiras etapas seriam repreensões e admoestações pelos bispos; seguir-se-ia a excomunhão do povo francês, caso não renunciassem a sua lealdade perante o rei, por um interdito da igreja; a excomunhão do rei; e sua deposição.[9] No *Dictatus papae* de 1075, ele enumera entre os poderes do papa o direito de depor o imperador e dispensar os súditos do juramento de lealdade (*fidelitas*).[10] Os documentos que acompanham as ações de 1076 (deposição do papa pelo imperador e do imperador pelo papa) nada acrescentam a estas ameaças e aos argumentos precedentes indicados. De certa importância, entretanto, as cartas de Gregório a Hermann de Metz indicam, em termos radicais, que a realeza é originada no orgulho do homem que, incitado pelo diabo, se assenhoreia de seus iguais por meios iníquos.[11]

As cartas suscitaram muitos comentários entre os contemporâneos e entre os escritores posteriores, porque foram compreendidas como uma nova teoria, exaltando o poder espiritual como divino sobre o poder temporal diabólico; as passagens foram consideradas um documento da arrogância clerical, no seu pior. Mas, segundo Alexandre Carlyle, se fossem interpretadas desta forma, as cartas estariam em contradição com outras indicações do papa sobre a ordenação divina

---

atitude foi um elemento na vitória da reforma. A respeito deste levantamento, ver Dempf, *Sacrum*, parte III, cap. 5, "Einheit und Freiheit der Kirche".

[9] Gregório VII, *Registrum*. Ed. Erich Caspar. In: *MGH*, vol. 2, fasc. I. Berlim, Weidmann, 1920, II., p. 5: "*Modis omnibus regnum Franciae de eius occupatione, adiuvante Deo, temptemus eripere*".

[10] Ibidem, II.55a, regras 12 e 27. Sobre Gregório VII, ver Henri-Xavier Arquillière, *Saint Grégoire VII: Essai sur sa Conception du Pouvoir Pontifical*. In: *L'Eglise et l'Etat au Moyen Age*. Paris, Librairie Philosophique Jean Vrin, 1934, vol. 4.

[11] Cartas de 1076 e de 1081. In: Gregório VII, *Registrum*. IV.2 e VIII.21.

do poder régio.[12] Assim, o significado das passagens não se encontra no conteúdo teórico. Na verdade, já recordamos em capítulo anterior – sobre a teoria cristã da lei natural – que a condenação da ordem positiva como um mal é uma das posições fundamentais que foi superada pela teoria da lei natural "relativa". Que a posição tenha sido considerada insatisfatória nas cartas do papa não é um desenvolvimento teórico novo, mas é, pelo contrário, uma prova da escassa articulação intelectual da doutrina cristã no século XI. O valor funcional de um fragmento isolado da teoria ainda podia compensar a responsabilidade do pensamento sistemático. O equívoco deve servir como advertência geral para não se procurar por teorias sistematizadas sobre os poderes papais e imperiais em literatura controversa, mas para tomar os escritos como sumários, mais ou menos organizados, que lidam com os argumentos tradicionais.[13]

---

[12] Cf. Alexander J. Carlyle e Robert W. Carlyle, *A History of Mediaeval Political Theory in the West*, vol. 2. *The Political Theory of the Roman Lawyers and the Canonists, from the Tenth to the Thirteenth Century*. 2. ed. Edinburgo e Londres, Blackwood, 1928, p. 94 ss. Reedição: 1950.

[13] Um bom exemplo de um provável mal-entendido surgiu no caso do escritor papista Manegold de Lautenbach, que, em seu *Ad Gebhardum Liber* (cerca de 1084), supostamente antecipa a teoria da origem contratual do estado. Manegold fala, de fato, a respeito de um *pactum*. Mas por que a palavra *pactum* deveria ter neste contexto o mesmo sentido dos acordos e contratos dos séculos XVI e XVII? Dempf parece sensato ao sugerir (*Sacrum*, p. 210) que *pactum* não quer dizer nada mais corriqueiro do que o juramento oficial oferecido ao príncipe na ocasião de sua cerimônia de posse. A relação feudal não era de direitos assegurados pelo príncipe e obrigações devidas pelos súditos, mas uma relação de direitos e obrigações mútuas. Continha, portanto, um forte elemento que, com cautela, podemos chamar democrático. O ressentimento dos senhores alemães, temporais ou espirituais, contra Gregório se devia menos a suas tentativas de reformar a igreja do que a sua negligência no processo de lidar com o imperador. A deposição de um príncipe não devia ser uma medida unilateral do papa, mas uma medida a pedido e com o consenso das assembleias representativas compostas por dignitários seculares e temporais. Antes da segunda excomunhão e deposição de Henrique IV, o papa tomou, portanto, as devidas medidas legais para submeter a decisão entre Rodolfo de Suábia e Henrique a uma assembleia representativa como o legítimo órgão de resistência da comunidade contra um rei tirano, antecipando a ideia da Magna Carta. A passagem em Manegold de Lautenbach não devia, portanto, ser compreendida como uma teoria contratual prematura, mas, antes, como o resultado da atenção direta às instituições feudais como fonte de sentimentos que mais tarde seriam expressos por meio do símbolo do contrato. Arriscamo-nos a dizer que a teoria do contrato é, em certo ponto, o feudalismo traduzido na linguagem da classe média.

Temos que admitir, entretanto, que a política papal em questões internacionais forneceu um forte pretexto para interpretar as indicações ocasionais como sintomas de vastas ambições políticas. Diversos predecessores de Gregório VII já tinham tentado criar relações especiais de supremacia da Santa Sé perante poderes temporais. Típico é o juramento de Robert Guiscard, de 1059, em que se denomina duque de Apúlia e de Calábria por graça de Deus e de São Pedro e concorda em não jurar fidelidade a ninguém exceto à Santa Igreja Romana.[14] Alexandre II (1061-1073) tenta tutelar Guilherme, o Conquistador, indicando os tributos pagos *"donec Angli fidelis erant"*.

Carlyle integra esses desenvolvimentos em sua *History of Mediaeval Political Theory* [História da Teoria Política Medieval], volume 4, como um reforço "da autoridade feudal do papado". A classificação não está incorreta, mas é uma meia-verdade. Há decerto um elemento de rivalidade com o poder imperial temporal, particularmente nas referências à doação de Constantino. Mas as fórmulas da época de Nicolau II e Alexandre II têm implicações que não são de tipo feudal. O termo *fidelitas*, que supostamente significa a submissão feudal, tinha então o duplo significado de lealdade feudal e lealdade na fé (*fides, pistis* no sentido paulino). Esse duplo sentido fica particularmente claro na carta de Alexandre II a Guilherme, o Conquistador, em que a *tutela* da Santa Sé está relacionada com a conversão dos anglos à cristandade e os pagamentos estão vinculados com a fé dos anglos. Não é dessarrazoado supor que a ambiguidade foi utilizada intencionalmente pelo papa a fim de chegar por meio da *fides* cristã à *fides* feudal com mais consequências políticas. Guilherme, o Conquistador, parece ter compreendido o jogo, porque considera que a *fides* é exclusivamente feudal e não responde ao argumento do papa. Mas a *fides* cristã misturou-se com a *fides* feudal em um novo tipo de relacionamento entre o vicário de Cristo e os príncipes cristãos, indicando novamente a força do

---

[14] Deusdedit, *Collectio Canonum*. Ed. Pio Martinucci. Veneza, Almiliana, 1899, Liv. 3, n. 157, p. 340. Outra edição: *Die Kanonessammlung des Kardinals Deusdedit*. Ed. Victor Wolf von Glanvell. Paderborn, Schoning, 1905, vol. 1.

polo espiritual levantando-se num sistema duplo do poder do *sacrum imperium*.

Sob o episcopado de Gregório, a questão teórica se complica com o problema da supremacia papal nos assuntos da cristandade em situação de emergência; cabe à autoridade espiritual do papa a função de tribunal de última instância se os poderes temporais não se entenderem. A posição do papa, como árbitro internacional, estava em gestação desde a sanção papal da transferência da monarquia franca dos merovíngios para os carolíngios. Com Gregório, a função cresceu para além da situação da emergência entre dois imperadores rivais, e ao menos potencialmente o papa adquire poder de intervir em favor de uma organização política eticamente desejável da humanidade cristã. O princípio diretivo da interferência papal assentava na ideia agostiniana de que as pequenas nações livres devem ser protegidas contra a tirania de um império. Na carta de 1075 ao rei de Hungria, Gregório desenvolve os princípios de soberania papal em rivalidade com as reivindicações do imperador: o reino da Hungria deve preservar, como outros nobres reinos, a autodeterminação (*in proprie libertatis statu debere esse*) e não deve sujeitar-se a um rei de outro reino (no caso, o alemão), mas somente à igreja como a mãe santa e universal que recebe os seus súditos não como servos, mas como filhos.

Segundo a concepção papal, a relação feudal só pode governar a ordem interna de um reino nacional. Se um rei nacional estender o senhorio sobre um outro rei nacional, a relação é "tirânica", e o rei vassalo não é um rei, mas um *regulus*.[15] O caráter tirânico de um relacionamento feudal entre reis nacionais é a base para a interferência papal com a finalidade de proteger liberdades nacionais. O *sacrum imperium* é uma pluralidade de principados nacionais independentes, e a *fidelitas* ao papa seria o instrumento jurídico para preservar a liberdade na unidade do corpo místico. O argumento é falacioso ao propor que o poder espiritual pode gerir uma ordem eficaz sem se transformar em temporal. É compreensível que

---

[15] Gregório VII, *Registrum*, II.63, p. 70.

os contemporâneos reagissem contra o que consideraram uma aventura na política do poder, mas esta reação não deve obscurecer o fato de que a política papal era consequência da nova espiritualidade dinâmica. A construção gelasiana distendeu até ao ponto de ruptura; e a ascensão de um mundo de estados nacionais sobre as ruínas dos poderes papal e imperial transformou-se em visão no horizonte.

§ 5. O cardeal Humberto

O corpo principal da literatura controversa tende, como vimos, para a solução do acordo de Worms com suas influências equilibradas de poderes espiritual e temporal nas investiduras dos bispos. A controvérsia não se refere às relações entre a "igreja" e o "estado" (estas duas categorias pertencem a um período posterior), mas à ordem de poderes dentro do *sacrum imperium*. Podemos até mesmo dizer que nesta conquista que ameaçava a unidade com uma ruptura, o *imperium* cristão alcançou a consciência suprema de sua estrutura peculiar. A teoria política teve de enfrentar os compromissos implicados na decisão paulina de estabelecer o reino de Deus como um reino duradouro neste mundo. E, apesar das rivalidades, detecta-se a vontade comum para elaborar uma ordem de funcionamento para um império espiritual que satisfaça as necessidades vitais de uma comunidade.

Dos argumentos da controvérsia, emerge, em certo sentido, a filosofia política definitiva do império cristão. Mas apenas porque a controvérsia é a consumação de problemas antigos, e porque é dominada por um espírito de sanidade e compromisso, não é uma aventura em abismos perigosos do intelecto pelos quais a construção instável do império pudesse ser arruinada. Se quisermos abordar os problemas teóricos da ideia imperial, teremos de observar os grandes intelectuais radicais que, relativamente à evocação central do império, ladeavam a controvérsia. Essas alas radicais são representadas tipicamente, no lado sacerdotal, pelo cardeal Humberto e, no lado régio, pelo autor anônimo dos *Tratados de York*.

O cardeal Humberto, um cluniacense que veio de Roma com Leão IX, apresenta em seu *Libri tres Adversus Simoniacos* (ca. 1058) a teoria política espiritual do período.[16] O primeiro livro do tratado aborda a questão da simonia, tomando uma posição oposta à de Pedro Damião. Humberto ataca a simonia não como um abuso, mas como uma heresia, uma vez que a defesa de práticas simoníacas implica a crença de que o Espírito Santo pode ser compelido a integrar uma alma "a serviço de mãos servis e comerciais". Humberto é um paulino pneumático rigoroso: a *metanoia* real da alma humana, por si só, torna um homem cristão, e o corpo místico pode ser espiritualmente livre somente se os membros participarem em uma realidade livre no espírito de Cristo. Enquanto Damião vê uma compulsão mágica na suposição de que o espírito é dependente, para seu fluxo, do mérito do ministro, Humberto vê a compulsão na suposição de que a administração do sacramento mediará o carisma independentemente do mérito ministerial. Deparamo-nos com uma fórmula precisa de uma oposição entre a objetividade sacramental como o princípio de um corpo místico mesclado de "bem" e de "mal" (que por essa razão se pode transformar no *corpus* humano de uma civilização cristã), e o postulado radical da liberdade espiritual que, por necessidade, distingue entre um corpo puro de Cristo e um "contracorpo" místico do diabo.

Não nos surpreendemos, assim, em encontrar, no segundo livro, que trata da estrutura da história, uma abordagem incisiva do problema ticoniano. A igreja espiritual livre é a igreja do corpo de Cristo; o corpo simoníaco infectado é o *corpus diaboli*. Mas Humberto não remonta meramente aos africanos dos séculos IV e V, nem recusa a incorporação realizada, no século IX, da *persona regalis* no corpo místico. A evocação do *imperium*, com a posição sacramental do rei,

---

[16] Humberto da Silva Candida, *Libri III Adversus Simoniacos*. Ed. Friedrich Thaner. In: *MGH, Libelli*, I, p. 95-253.

está bem estabelecida; assim, a ordem política temporal não corre o risco de descambar para um reino do mal. Pelo contrário, a autoridade temporal também representa o Espírito Santo, e a reprimenda mais severa que Humberto pode fazer relativamente à simonia é que corrompe o poder temporal e o priva da majestade da função imperial.

A relação feudal é integrada na relação cristã, e podemos observar agora em outro contexto a simbiose entre a *fidelitas* cristã e feudal, referida previamente nas construções imperiais dos papas reformistas. A *fidelitas*, em seu duplo sentido, é a categoria do verdadeiro corpo místico; a *infidelitas* e a perfídia que assomam na ânsia tirânica pelo poder (*dominii cupido*) são categorias do reino do mal. O *corpus* anticristão tem um paralelo com o cristão na história desde o tempo de Caim e Abel, mas a esperança de reformar a unidade histórica real de um império-eclesiástico e torná-lo um corpo cristão verdadeiro não é adiada para um termo escatológico do mundo; a reforma é possível como um evento na história cristã. O ticonianismo é absorvido na evocação imperial na medida em que a *civitas diaboli* é transformada em um elemento do maligno que pode ser combatido, se não superado, reformulando a ação. A teoria de Humberto, neste contexto, marca um nível distintamente novo do pensamento político cristão.

O terceiro e último livro desenvolve uma teoria da ordem política cristã, incorporando com ousadia toda a estrutura da história secular na manifestação do Espírito Santo.[17] Quanto à questão crucial das investiduras dos bispos, Humberto decide que a dignidade sacerdotal é inseparável da administração da propriedade da igreja, que a propriedade é tão sagrada quanto a estrutura espiritual da igreja e que, consequentemente, é inconcebível fazer o poder temporal preceder ao espiritual na questão das investiduras. A inversão do procedimento, o que realmente foi praticado, perverteria a ordem e a função verdadeiras dos membros do corpo místico. A esfera de bens materiais torna-se

---

[17] Compare com a elaboração anterior em *Helenismo, Roma e Cristianismo Primitivo,* parte 2, cap. 5, "Santo Agostinho".

assim inclusa no reino do espírito; o reino de Deus não é um reino de pessoas, meramente, mas compreende a dimensão física deste mundo. Tomando um organismo como símbolo, Humberto retrata a ordem sacerdotal como os olhos no corpo; o poder secular, como o tronco e os braços de defesa; o povo, como as extremidades; a propriedade eclesiástica e a profana, como o cabelo e as unhas.[18] É quase uma construção panteística, testificando o peso que o "mundo" tinha ganhado no sentimento cristão desde o tempo romano-cristão. O mundo em sua realidade histórico-política plena, com sua estrutura material, converteu-se numa dimensão tão firme da ordem cristã do pensamento que a tensão escatológica entre um reino de Deus que não é deste mundo e o próprio mundo praticamente desapareceu. Se retirássemos da teoria de Humberto o conflito entre os dois corpos místicos – do espírito e do diabo –, chegaríamos a uma identificação da estrutura real do mundo com a ordem divina desejada; uma identificação que desempenharia um papel importante no pensamento herético da Alta Idade Média.[19]

§ 6. Tractatus Eboracenses

Embora seja descabido forçar demais a literatura controversa em busca de uma doutrina sistemática, seria igualmente insensato não vislumbrar num homem do nível do cardeal Humberto nada senão um polemista. Ele participou, de fato, da controvérsia, e pode-se classificá-lo como mais um papista, como geralmente sucede, mas, para além do conteúdo controverso de seu trabalho, torna-se visível uma atitude nova para com o mundo da política e da história que podemos denominar um "novo realismo". A linha de evolução que foi significativamente indicada pela integração da *persona regalis*

---

[18] *Libri III Adversus Simoniacos*. Livro 3, cap. 28, p. 235. Ver, entretanto, outra comparação organológica em ibidem, cap. 21, p. 225, onde a dignidade sacerdotal é comparada à alma e a dignidade real é comparada ao corpo.

[19] A respeito desse aspecto da revolução medieval, ver vol. IV, *Renascença e Reforma*, parte 4, cap. 3, "O povo de Deus".

no corpo místico, no século IX, alcançou um grau em que a penetração intelectual do novo reino de Deus, aceita em seu sentimento ao menos pelas mentes mais esclarecidas da época, foi pressionada. Este aspecto da teoria de Humberto torna-se mais importante se considerarmos a grande figura da ala oposta da controvérsia, o anônimo dos *Tratados de York*.

O *Tractatus Eboracenses* é uma série de tratados escritos durante a controvérsia inglesa das investiduras na última década do século XI e na primeira metade do século XII. O autor é anônimo, mas dificilmente pode ter sido outra pessoa senão o arcebispo Gerardo de York († 1108), antagonista de Anselmo de Cantuária (ca. 1033-1109) na controvérsia inglesa, pois não surgem muitos homens desse calibre e permanecem na completa obscuridade.[20] Os *Tratados de York* confundiram muitos intérpretes,[21] pois seu misticismo da realeza deve, de fato, parecer um sintoma de impraticabilidade se a expectativa assentar em uma solução da controvérsia. O espiritualismo irrestrito de Humberto, mesmo que ineficaz politicamente, é compreensível porque o poder espiritual no *imperium* radicou, apesar de tudo, na ascendência; mas a elevação do poder real sobre o sacerdócio, nos *Tratados de York*, parece uma aberração.

---

[20] [Os estudiosos contemporâneos têm abandonado a identificação com Gerardo e em geral chamam o autor de "Anônimo Normando". O título *Tractatus Eboracenses* pertence a Heinrich Böhmer, que editou seis dos 31 tratados dos 415 manuscritos, Corpus Christi College, Cambridge, in: *MGH, Libelli*. Hanover, Hahn, 1897, vol. 3, p. 642-87. Nova edição: *Die Texte des normannischen Anonymus*. Ed. Karl Pellens. Veröffentlichungen des Instituts für Europäische Geschichte, Mainz, vol. 42. Wiesbaden, Franz Steiner, 1961. Ver também *Der Codex 415 des Corpus Christi College. Cambridge: Faksimileausgabe der Textüberlieferung des Normannischen Anonymus*. Ed. Ruth Nineham e Karl Pellens. Veröffentlichungen des Instituts für Europäische Geschichte, Mainz, vol. 82. Wiesbaden, Steiner, 1977. Sobre a questão da autoria, ver George H. Williams, "The Norman Anonymus of 1100 A.D.: Toward the Identification and Evaluation of the So-Called Anonymous of York". *Harvard Theological Studies*, n. 18, 1951; Ruth Nineham, "The So-Called Anonymous of York". *Journal of Ecclesiastical History*, n. 14, 1963, p. 31-45; e Karl Pellens, "The Tracts of the Norman Anonymous: CCC 415". *Transactions of the Cambridge Bibliographical Society*, n. 4, 1965, p. 155-65.]

[21] Ver, por exemplo, Carlyle e Carlyle, *A History*, vol. 4. *The Theories of the Relation of the Empire and the Papacy from the Tenth Century to the Twelfth*, p. 273, onde o autor fala sobre "as estranhas discussões dos tratados".

Os *Tratados* fazem sentido, entretanto, se considerarmos o autor não como um partidário que quer dar uma contribuição prática à construção imperial, mas como um intelecto poderoso que, com ironia e às vezes com malícia, tem prazer em alongar um argumento ao extremo, para irritação de algumas mentes mais moderadas, mais conservadoras, mas que têm direito de indulgência neste jogo intelectual, pois sua atitude é originada numa profunda experiência de uma realidade ordenada por Deus. Na controvérsia, Humberto e o autor dos *Tratados de York* são oponentes: um realça a dignidade do *sacerdotium*, o outro a do *regnum*; mas em suas atitudes fundamentais aparentam-se. O anônimo é mais radical, uma vez que o mundo é imbuído de espírito ao ponto de tornar o sacerdote uma figura secundária, se não supérflua; o mundo do anônimo espiritualmente se basta. Os *Tratados de York* são uma expressão avançada dos sentimentos que poderíamos discernir no tratado de Humberto: o reino de Deus é uma amálgama da realidade histórico-política, e a tensão escatológica é circunscrita.

A importância deste processo não pode ser sobrestimada. Mencionamos neste capítulo *flashes* isolados de atenção a processos históricos, tais como a análise de Bonizo de Sutri sobre a Pataria, ou a interpretação do poder-político da *translatio imperii* no *Tractatus de investitura episcoporum*.[22] Agora testemunhamos a emergência, a nível teórico, de um mundo cristão que, por ser um mundo divino em todas suas dobras materiais, pode tornar-se o objeto legítimo de investigação. Antes de ter uma ciência do mundo, temos de ter a concepção de um mundo que pode ser objeto de ciência.

---

[22] [Voegelin aparentemente está mencionando aqui uma discussão em Carlyle, ibidem, vol. 4, p. 103-06. O *Tratado* anônimo foi editado por Ernst Bernheim em *MGH, Libelli*, 2, p. 495-504. Jutta Krimm-Beumann apresenta razões convincentes para apontar Sigeberto de Grembloux (Sigebertus Gemblacensis, f. ca. 1111) como o autor deste livro. Ver "Der Traktat 'De investitura episcoporum von 1109'". *Deutsches Archiv für die Erforschung des Mittelalters*, n. 33, 1977, p. 37-83. O artigo contém uma nova edição do *Tratado*, p. 66-83. Ver também Wilfried Hartmann, *Der Investiturstreit*. In: *Encyclopädie Deutscher Geschichte*, vol. 21. Munique, Oldenbourg, 1993, 66, 114. Cf. n. 8, acima.]

Na concepção agostiniana de história, o *saeculum* atual surgia como o derradeiro da história, um período de espera pelo fim, sem uma estrutura relevante própria. Agora o foco da história desloca-se do passado para o presente, e a estrutura atual da política e da história transforma-se no objeto de interesse, pois o presente em sua dimensão plena é o reino de Deus. Os *Tratados de York* são a primeira etapa decisiva de uma evolução para o reconhecimento da estrutura imanente do mundo; e a evolução do sentimento religioso para um reconhecimento do mundo histórico como divinamente relevante constitui a base de nosso cuidado moderno com este mundo, em termos práticos e teóricos.

A "estranheza" dos *Tratados de York*, como agora podemos ver com maior precisão, é causada por seu modernismo de sentimentos, expressa nos símbolos da antiguidade cristã tardia. Quem experimentou a dificuldade de encontrar a expressão apropriada para um sentimento novo surpreende-se com a realização deste pensador isolado que, com uma lucidez soberba em termos linguísticos, se serve do inventário tradicional dos símbolos para sua nova finalidade. Com a possível exceção de Anselmo de Cantuária, foi o maior intelectual de sua era, e podemos detectar, ao ler seus *Tratados*, a consciência de solidão nos princípios apontados – que parecem paradoxais no vocabulário da controvérsia gelasiana e alcançam sua plena significância à luz de eventos posteriores, da Grande Reforma e do Renascimento.

Os *Tratados* não são um sistema, mas uma série de dissertações sobre problemas políticos essenciais, reunidos pelo sentimento de um realismo novo. Seleciono, para uma apresentação neste contexto, alguns argumentos que levam diretamente ao cerne do pensamento do autor. Na discussão sobre o casamento dos sacerdotes, o Anônimo interpreta a *lex aeterna*, a ordem divinamente desejada para o mundo, como penetrando o reino da natureza; casamento ou castidade estão contidos, para o caso individual, na predestinação de Deus; os pais não são "os autores" na procriação das crianças, mas "ministros" da vontade de Deus; o processo natural de procriação é a base vital da cidade de Deus, provida com os corpos vivos de seus membros. As questões do pecado original e da permissividade de determinados tipos de uniões são problemas não da ordem da natureza, mas de ordem moral. Na ordem da natureza, os filhos de sacerdotes são igualmente legítimos, e com o sacramento do batismo adquirem o mesmo estatuto no corpo místico que as crianças de origem "legítima". A *lex aeterna* agostiniana aparece em uma nova função como o princípio geral ordenador do *saeculum* atual na dimensão plena de sua estrutura imanente. Esta posição não é muito distinta da do cardeal Humberto; o que é novo é a autenticidade e o radicalismo de sua aplicação aos elementos estruturais do *saeculum*.[23]

A parte decisiva dos *Tratados de York* é, consequentemente, a teoria do *saeculum* atual. Para alcançar uma estrutura do *saeculum* que servisse às necessidades de uma experiência nova do mundo, o autor têm que reordenar as categorias paulinas e agostinianas da história divinamente ordenada. Em um conceito reminiscente de Platão, o curso real da história é compreendido como correspondendo ao *paradigma* da história na mente e na vontade de Deus.[24] Este *paradigma* apresenta uma sequência de três *saecula*, de três eras, em que o reino de Deus cresce gradualmente em direção a sua realidade plena; três eras distintas pelo grau em que a plena participação da humanidade no reino de Deus é concretizada. A primeira era corresponde ao Antigo Testamento e a sua representação geral do sacerdócio e da realeza; a segunda é a era do Novo Testamento (da primeira à segunda aparição de Cristo) com o sacerdócio verdadeiro e generalizado dos crentes e o sacerdócio verdadeiro e a realeza de Cristo; e a terceira é o reino verdadeiro de Deus em que os crentes reinam como reis com Cristo em sua glória.[25] A história espiritual da humanidade adquire

---

[23] *Tractatus Eboracenses*. Ed. Böhmer, p. 642-44.

[24] Ibidem, p. 648: "*Paradigma... in quo omnium saeculorum forma depicta est*".

[25] Ibidem, p. 667: "Em toda parte as Escrituras prometem ao fiéis o reino (*regnum*) dos Céus, mas em parte alguma o sacerdócio (*sacerdotium*)". Compare

uma ordem teológica nova; a redenção não é um ato desordenado da graça divina, mas uma etapa conducente à realeza humana final. A função real de Cristo se apresenta como superior à função redentora dos sacerdotes. Cristo, rei da eternidade, adotou a forma humana do sacerdote para redimir o homem do mal e torná-lo membro e potencial regente do reino.

A análise do *saeculum* atual orienta-se, no seu conjunto, como uma série de deduções do plano geral do mundo. A função real é superior à sacerdotal porque Cristo enquanto rei é igual a Deus, mas como sacerdote é inferior. O rei reflete (*praefigurat*) a natureza divina de Cristo; o sacerdote, sua natureza humana. Como cada cristão se transformou através de Cristo em um participante do corpo místico e alcançou um estatuto sacerdotal,[26] surge a questão a respeito da função de um sacerdócio especial na hierarquia da Igreja. A resposta é simples e ingênua; a função da igreja de Roma é uma usurpação que surgiu a partir de uma situação de emergência no cristianismo primitivo. Os presbíteros das igrejas primevas tiveram, de acordo com o Anônimo, uma inclinação censurável para considerar seus rebanhos como próprios, e não de Cristo (*quos baptizaverant, putabant suos, non Christi*). O cristianismo foi ameaçado por cismas e, a fim de evitar cisões, decretou-se que um dos presbíteros deve ser superior aos outros; a escolha recaiu sobre Roma por causa do prestígio imperial da cidade.[27]

O *sacerdotium* especial decresceu afastado de uma medida da emergência, e o rei detém o poder supremo da nação cristã no *regnum* formado à imagem de Cristo. A função da realeza é

---

com as três eras do *Tratado de York* as três séries de São Paulo: lei pagã, lei mosaica, lei pneumática. A lei pagã perdeu seu interesse, e o reino de Deus entrou na série na outra ponta; é bom notar essa mudança de padrão histórico rumo ao futuro porque é o primeiro passo característico na evolução para a teoria do Terceiro Reino.

[26] Ibidem, p. 665: "*omnes electi sacerdotes*". A afirmação é baseada em Apocalipse 5,10 – "Deles fizeste, para nosso Deus, / uma Realeza de Sacerdotes" –, que, por sua vez, remete a Êxodo 19,6 – "E vós sereis para mim um reino de sacerdotes, uma nação santa" – e a Isaías 61,6 – "Quanto a vós, sereis chamados sacerdotes de Iahweh".

[27] Ibidem, p. 660.

exaltada repetidas vezes nos *Tratados* como vicariato de Deus sobre o povo de seus sacerdotes.

O poder do rei é o poder de Deus; Deus detém-no por sua natureza; o rei, por graça de Deus. O rei é, portanto, Deus e Cristo, mas por meio da Graça, e o que quer que faça, não o faz simplesmente como um homem, mas como Deus e Cristo por meio da Graça. Em verdade, aquele que é Deus e Cristo por natureza age através de seu vigário por meio de quem executa seus assuntos (p. 668). [O rei] não deve ser chamado um leigo, porque é o Cristo do Senhor, é Deus pela Graça, é o líder supremo (*rector*), é o sumo pastor, e governante, e defensor, e professor da santa Igreja, é o senhor de seus irmãos e deve ser adorado (*adorandus*) por todos, pois está acima de todos como o Senhor supremo (p. 679).

Obviamente, esta não é a linguagem de um polemista que deseja defender a jurisdição do poder temporal contra a intromissão de um papa ambicioso. A controvérsia propriamente dita se move na estrutura da declaração gelasiana, ao passo que nos *Tratados de York* o poder sacerdotal institucionalizado dissipou-se. O "mundo" (*mundus*) que de acordo com Gelásio deve ser governado pelos poderes reais e sacerdotais torna-se, para o Anônimo, idêntico ao "povo cristão", isto é, a jornada da igreja neste mundo. E o domínio sobre as pessoas dos sacerdotes é dado ao "imperador ou ao rei". Quando o sacramento do sacerdócio não puder ser administrado pelo rei,[28] o poder da investidura sobre os homens é sua prerrogativa, pois é, pela Graça, o *conregnans* de Cristo neste *saeculum*.[29] O Anônimo não está interessado na preservação do *sacrum imperium* e seus poderes. Novas forças estão pressionando a superfície, e podemos agrupar dos *Tratados* uma

---

[28] A razão não é evidente; parece que neste ponto o Anônimo hesita em extrair as consequências do problema.

[29] O leitor há de notar nesta passagem, como em outras anteriores, a oposição entre os termos "por natureza" e "pela graça", o primeiro referindo-se a Deus, e o segundo, às pessoas e a seus cargos seculares. O significado destes termos, na elaboração dos *Tratados de York*, identifica-se com o contraste platônico ente a ideia e sua cópia no mundo sensível.

lista de passagens que prenunciam os traços pelos quais a estrutura imperial se fragmentará nos séculos seguintes.

No debate sobre a Igreja de Roma, o autor utiliza o argumento de que a função da emergência de Roma para evitar cismas chegou a um termo e que Roma, por sua vez, se transformou em uma fonte de cisões devido a suas usurpações. O problema tyconiano do *corpus diaboli* em nenhum outro lugar é destacado com tanta força como na sugestão de que a Igreja Romana pode ter-se transformado, em grande parte, em corpo do "diabo". Podemos ver a linha dos *Tratados de York* até ao *Leviatã* de Hobbes com sua interpretação da igreja como o reino da escuridão que impede a função da verdadeira realeza cristã. Surge a ideia de uma igreja nacional inglesa, livre da interferência "estrangeira".

A ideia de pontificado não meramente de um rei em geral, mas de um rei nacional é esboçada claramente nas medidas ofensivas pelas quais o papado tentou integrar a hierarquia num corpo soberano da igreja. Os bispos são declarados como iguais. Os bispos de Roma e de Rouen são um Pedro, e a alegação romana de superioridade é um exercício de personalidade desintegrada. Reunir os bispos em Roma é contrário à ordem da igreja e empobrece as dioceses longínquas. A isenção das abadias da jurisdição episcopal local e a organização de ordens internacionais soberanas destroem a paz da igreja, etc. Podemos afirmar que os *Tratados de York* representam um sentimento que corresponde à visão gregoriana de uma humanidade cristã organizada em um reino nacional – com a diferença essencial de que a supremacia papal extinguiu os *Tratados* e a cristandade é concebida como uma pluralidade aberta de "igrejas-reinos" nacionais cristãos. A linha divisória entre as ideias do Anônimo e do luterano *Landeskirchentum* é praticamente inexistente.

O elemento mais revolucionário num horizonte de longo prazo consiste no escrituralismo protestante do Anônimo. O que surpreende o leitor dos *Tratados* em cada trecho é a interpretação livre e independente das Escrituras, sem consideração para com as tradições e as instituições da Igreja Romana. O sacerdócio geral do cristão não é uma mera proposição teórica, mas a realidade viva na opinião do Anônimo. Com franqueza rude, ele nega que a Igreja Romana tenha uma função de ensino relativamente aos cristãos; possuímos as Escrituras proféticas, evangélicas e apostólicas, e conhecemo-las melhor do que o papa (o que é completamente verdadeiro no caso do Anônimo); se o papado quiser exercer a função de mestre da humanidade, tem o mundo pagão como campo de atividade; na cristandade ocidental, é desnecessário. Podem ser sentidas as forças que desintegrarão a unidade eclesiástica do *sacrum imperium*, do mesmo modo que a questão nacional desintegrou a precariedade temporal na revolta da Grande Reforma.

B - A Estrutura do *Saeculum*

5. Introdução

§ 1. As novas forças

A reforma cluniacense da Igreja afetou toda a estrutura institucional do mundo ocidental. O processo de maturação espiritual assumiu, primeiro, a forma de fundações monásticas; depois, difundiu-se da esfera das ordens para o papado e o episcopado; e, com a extensão da reforma à hierarquia eclesiástica, iniciou-se a grande polêmica sobre a constituição do império. A polêmica foi travada sob o pressuposto aceito por todos os envolvidos de que a declaração gelasiana constituía um princípio válido da ordem imperial: o compromisso final de Worms assegurava a liberdade do espírito, assim como a unidade da evocação imperial.

No decurso da polêmica afigurou-se, contudo, que a dinâmica da autoafirmação espiritual pudesse destruir a estrutura do *sacrum imperium*. Os *Tratados de York* revelaram o que tinha acontecido e o que iria acontecer. Se os princípios gerais do Anônimo relativos ao sacerdócio geral e à usurpação de Roma não fossem mais do que um argumento dos partidários da *persona regalis*, eles poderiam ser ignorados como inconsequentes; mas eram muito mais que isso, pois implicavam um fato: a livre personalidade do autor que podia viver na era de Cristo sob a orientação das escrituras sagradas e sem o apoio da Igreja de Roma. A aliança do papado com as monarquias francas, e mais tarde com as monarquias germânicas, cumprira a sua função histórica de criação do império cristão ocidental; o Ocidente constituiu-se como o mundo cristão e havia regiões neste mundo, como a Normandia e a Inglaterra, e homens nestas regiões, como o Anônimo, para quem este trabalho constitucional era obra do passado e, consequentemente, não permitia aos atuais herdeiros dos antigos poderes interferir na vida de comunidades independentes e de homens espiritualmente amadurecidos.

O autor dos *Tratados de York* surge isolado em sua época como um intelectual perspicaz e radical, capaz de articular o novo sentimento em fórmulas revolucionárias; mas não era o único a experimentar tais sentimentos. Os dois principais tipos de comunidades se tornaram visíveis portadoras do novo sentimento: as cidades e os reinos nacionais. Desde a Pataria, os movimentos religiosos populares alastraram-se pelas cidades europeias. Os movimentos eram cada vez mais dirigidos contra a hierarquia sacerdotal até que, sob Inocêncio III, se testemunha, nas guerras albigenses (1208-1213), a primeira Cruzada, não contra os infiéis, mas contra populações cristãs autodeclaradas. Do ponto de vista da constituição imperial, temos que classificar o problema albigense como uma guerra da classe governante contra a revolta popular. Simultaneamente, sob os papas cluniacenses, a ascensão de uma agremiação de principados secundários começou na Espanha, na Itália do Sul e Sicília, na Inglaterra normanda, na Dinamarca, na Rússia, na Hungria e nos Balcãs, o que deu ocasião para que o papado tentasse a construção de um mundo cristão de estados menores sob a liderança direta de Roma.

Se o plano fosse bem-sucedido, a constituição do mundo ocidental assentaria num império centrado nos dois velhos poderes gelasianos, rodeado por um sistema de estados de origem mais recente, relacionados com o antigo *imperium* através do papado. Não é acidental que muitas das grandes figuras nos dois séculos após a Controvérsia das Investiduras venham da ala imperial: o Anônimo de York e João de Salisbúria (ca. 1100-1180, da Inglaterra normanda), Joaquim de Fiore (ca. 1132-1202, de Calábria), Frederico II (1296-1337, Sicília), Tomás de Aquino (1225-1274, Itália normanda) e Sigério de Brabante (fl.1260-1277, Flandres). A estrutura do *saeculum* não é um problema somente nas páginas dos *Tratados de York*, mas enfrenta um mundo onde proliferam forças que não encontram explicação segundo os padrões gelasianos. O espírito de fato penetrara o mundo, e as forças do mundo cristão começaram a determinar a estrutura da época. O sentimento agostiniano de um *saeculum senescens*, à espera do fim, foi abandonado, e ganhou força o sentimento de um *saeculum renascens*.

§ 2. *O* saeculum renascens

Tenho falado de um *saeculum renascens* a fim de indicar que somos confrontados pelo problema de determinar onde exatamente, no longo processo da Idade Média, começam a aparecer os sinais definitivos de uma nova era. A divisão convencional de idades históricas pelo recurso a um fator externo – a descoberta da América – não contribui para a compreensão da história em termos espirituais e intelectuais. Considerar, por outro lado, que se iniciou uma nova era com a Reforma e o Renascimento, atendendo aos fenômenos com os quais lidamos, não é suficientemente claro, pois torna o significado dependente das definições que atribuirmos a Reforma e a Renascimento. Os historiadores traçaram as raízes da grande revolta do século XVI remontando a "renascimentos" do século XIII e até mesmo do século XII.[1] Mas as divisões deste gênero são irrelevantes se não forem sustentadas com fundamentos. Fazer remontar o

---

[1] Ver Charles H. Haskins, *The Renaissance of the Twelfth Century*. Cambridge, Harvard University Press, 1927. Reedição: Nova York, Meridian, 1976.

Renascimento à época de Dante – altura em que a literatura vernácula se iniciou – não nos garante que a história da literatura assuma primazia na delimitação de épocas. Também não ajuda muito adotar uma perspectiva humanística que identifique o Renascimento como um retorno ao conhecimento da filosofia aristotélica do século XIII, ou do direito romano do século XII, pois tais revivalismos são sintomas secundários que não contribuem para nossa compreensão dos motivos que levaram a esse revivalismo.

O problema é de importância capital para a história das ideias políticas porque cremos que o campo da política é aquele em que ocorrem as alterações essenciais de sentimentos e atitudes, e que é do reino da política que irradiam novas forças para outros campos da atividade humana – como a filosofia, as artes e a literatura. Esta crença, naturalmente, não visa estabelecer uma relação causal simplista entre instituições políticas e outros fenômenos civilizacionais característicos de uma época. Mas, de acordo com a nossa teoria do caráter evocativo do *cosmion* político, quer dizer que na evocação política, em princípio, o homem está comprometido com "toda" a sua personalidade e que todas as criações civilizacionais de uma comunidade devem ter a marca do "todo" abrangente. A "totalidade" do *cosmion*, entretanto, raramente surge, se é que surge, como uma unidade compacta estática; é antes um fluxo de integração e de desintegração, e não há uma fórmula simples que conecte qualquer instituição política específica com um fenômeno civilizacional contemporâneo de contexto diverso. A pólis grega, como vimos, estava em estado de desintegração na altura de Heráclito, quando os cidadãos mais distintos já não se integravam socialmente na comunidade de acordo com o seu nível espiritual. Mas decorreu um século e meio antes que as instituições da pólis entrassem em colapso no confronto com a Macedônia; e este século e meio originou a glória das guerras persas, da tragédia grega, da era de Péricles nas artes, dos sofistas e de Sócrates e Platão.

Assim, na questão sobre o início da idade moderna, não podemos fiar-nos numa divisão das épocas com base em fenômenos civilizacionais secundários, como os que são usados na discussão literária e humanística do Renascimento, nem – e isso é de especial importância para nós – nas instituições políticas. Se traçássemos uma linha divisória em 1100, os institucionalistas poderiam argumentar corretamente que colocamos o Sacro Império Romano dos Hohenstaufen depois da Idade Média; se traçarmos uma linha divisória, como geralmente sucede nas histórias de ideias políticas, antes de Maquiavel, os institucionalistas poderiam objetar corretamente que situamos na Idade Média a evolução de um caráter distintamente moderno – e originado ao longo dos séculos. Para uma história das ideias políticas assente numa teoria de evocações, a questão é outra. As divisões dos períodos devem ser procuradas não num contexto institucional, mas num contexto de sentimentos e atitudes que determinam a ascensão e a queda das evocações. Nesse sentido, o século XII de fato marca uma época, à medida que o período entre a Concordata de Worms e a *Summa Theologiae* de Tomás de Aquino é permeado por um crescendo de ideias incompatíveis com a estrutura do *sacrum imperium* e que indica novas evocações iminentes. Reservando todas as qualificações para os capítulos subsequentes, podemos referir o seguinte conceito geral para caracterizar o período: o "compromisso com o mundo" e a sua institucionalização no *sacrum imperium* resultaram num enfraquecimento gradual do sentimento de separação entre o mundo e o reino que não é deste mundo; o componente escatológico presente no sentimento cristão estava desaparecendo de forma rápida e, paralelamente, crescia o sentimento de que a estrutura do mundo fazia parte do reino cristão; o mundo se inseria no reino de Deus. A afirmação pode parecer surpreendente – mas não tanto –, porque encontramos seitas heréticas em direção a um panteísmo extremo, justificando a indulgência pessoal na paixão, no luxo e no crime como manifestações da vontade divina.

§ 3. O problema da ordem intramundana

A aquisição de um estatuto legítimo no *saeculum* de Cristo pelas forças seculares assumiu consequências de longo alcance para a estrutura interna do éon cristão. Por um lado, a liberação de forças pessoais e comunitárias incomensuráveis foi uma consequência óbvia; por outro, a nova liberdade implicou encargos adicionais para as pessoas e para as comunidades. Já referimos estes encargos quando, na interpretação dos *Tratados de York*, realçamos a duplicidade de sentido da obra: o autor firmou os seus sentimentos fora da constituição gelasiana da ordem sacerdotal-régia e, por ter abandonado existencialmente essa ordem, a estrutura do *saeculum* tornou-se problemática e necessitava de uma corajosa reinterpretação das três idades. Podemos generalizar o caso e dizer que a entrada de forças temporais no reino cristão foi acompanhada por uma autoconsciência nova, requerendo para cada força uma definição de um *status* relativo a forças preexistentes, coexistentes e pós-existentes. A ordem transcendental de Deus foi substituída por uma ordem de forças intramundanas que preencheram o reino. Cada unidade individual, pessoal ou social, agindo na criação de um lugar no reino, foi acompanhada simultaneamente por uma justificação da ação específica, que atribuía uma função ou uma missão específica que, supostamente, não poderiam ser cumpridas por nenhuma outra unidade. Com essas novas forças, teve início uma era de autointerpretação política.

Não é necessária muita imaginação para perceber que, no processo de autointerpretação, os próprios agentes – pessoais ou sociais – mostraram uma tendência para atribuírem a si mesmos funções importantes e honrosas, ao ponto de poderem considerar-se como as forças organizadoras de suas comunidades, ou de um grupo de comunidades, ou do mundo ocidental como um todo, ou até da humanidade. Parece existir um obstáculo à tendência das forças mundanas de se constituírem como um poder organizacional da época, barreira que se torna perceptível quando um grupo de franciscanos se vê inclinado a considerar São Francisco como a figura proeminente do novo *saeculum*, substituindo o *saeculum* de Cristo. A tentativa de criar um *corpus mysticum Francisci* como sucessor de um *corpus mysticum Christi* falhou, e a tentativa frustrada provou que, no mundo ocidental, todas as mudanças estruturais constituíram uma "nova" era, no sentido de uma ordem distinta de forças mundanas específicas, embora apenas o *saeculum* cristão abrangesse todas as eras.

Com esta limitação presente, podemos precisar o problema do *saeculum*. Até à Controvérsia das Investiduras, o debate político delineou-se tecnicamente no acervo de ideias e argumentos oferecidos pelas sagradas escrituras cristãs, pela literatura patrística e pelas instituições feudais (o juramento, a obrigação de fidelidade) – se excluirmos os elementos pagãos (Platão, Estoicismo) e a sua introdução no campo cristão pela assimilação dos seus líderes. Essas fontes refletiram o aparecimento do Espírito Santo no mundo assim como a determinação subsequente da vida cristã pela ordenação do corpo místico e do poder governamental temporal. Do século XII em diante, o horizonte das ideias e teorias políticas ocidentais já não era traçado nas categorias da Antiguidade Romano-Cristã.

O surgimento das forças seculares desde as bases acrescenta uma dimensão nova ao sistema de ordenações; como consequência, a teoria política passou a lidar com duas tarefas distintas: (1) ordenar o novo campo de forças; e (2) inserir adequadamente a nova ordem na antiga ordem cristã, que não cessara de existir. No que se refere à primeira tarefa, é óbvio que a recepção de um corpo de conhecimento sobre a ordenação das forças seculares, como presente nas obras aristotélicas, constituiu uma vantagem. Quanto à teoria política, temos de ver a revivificação de Aristóteles primordialmente sob o aspecto dessa função. Todavia, por mais afortunada que tenha sido essa recepção para o avanço do pensamento político ocidental, foi acompanhada de inconvenientes. O encanto das fórmulas era forte, como sabemos, e a adoção de categorias aristotélicas teve como consequência o obscurecimento de importantes domínios da realidade política ocidental que não se inseriam num sistema de política construído segundo o modelo da pólis helênica. A ciência política ainda sofre da ressaca aristotélica. O segundo problema, a tarefa de harmonizar a nova ordem intramundana às categorias do *saeculum* cristão, revelou-se ainda mais espinhoso. A imponente obra de Tomás de Aquino, no limiar entre o período medieval e o moderno, permanece como o primeiro e último sistema que resolveu o problema com uma aproximação eficiente de um ideal, ao menos para a sua época. Os grandes sistemas políticos posteriores são prejudicados por uma "intoxicação" existencial que conduz o pensador a considerar a si e a sua comunidade como a derradeira força do *saeculum*.

§ 4. As questões primordiais

As questões sistemáticas primordiais que surgem de modo necessário no presente contexto podem-se apresentar de modo sucinto.

Em primeiro lugar, abordaremos a autoconstituição das forças seculares – pessoais e sociais – como os agentes que determinam a estrutura do *saeculum*. A personalidade política eminente de força histórica é representada por Frederico II; dada a sua relevância revolucionária, ele foi inevitavelmente estigmatizado pelo seu oponente, o papa Gregório IX (1227-1241), como o Anticristo. Para a constituição de forças da comunidade como agente intramundano, a própria Igreja pode servir de protótipo. A organização concentrada da Igreja de Inocêncio III surgiu como o primeiro estado dentro do Império. E, no contexto dos reinos nacionais, a Inglaterra, após a conquista normanda (1066), é o exemplo mais evidente de uma força organizada recentemente.

O segundo problema sistemático resultou do desejo das novas forças de interpretarem o *saeculum* como uma nova era porque veiculava, ou deveria veicular, o seu cunho. Neste domínio, as ordens monásticas prevaleceram. As fundações monásticas foram a primeira expressão organizada do novo espírito; e o ideal monástico de vida reivindicou a prerrogativa de determinar a estrutura da época. O monge calabriano Joaquim de Fiore desenvolveu a ideia de que um Terceiro Reino do Espírito sucederia aos Reinos do Pai e do Filho e de que a comunidade monástica seria o modelo de vida do Terceiro Reino. A ideia de um Terceiro Reino permaneceu como categoria básica de especulação política ocidental, reaparecendo quando uma força emergente expressou a sua pretensão de domínio sobre a sua época.

As novas forças, finalmente, estavam atuantes no mundo; e as normas de ação secular foram objeto de atenção crescente. O século XII foi o período de despertamento da consciência jurídica. Ressurgiu a cultura da categorização e argumentação jurídica; o direito romano transformou-se em tema de exploração científica como o modelo de uma ação ordenada, no mesmo sentido em que Aristóteles foi estudado como modelo para a explicação das forças naturais; o direito canônico foi coletado e organizado; e os eventos da história – por exemplo, a *translatio imperii* – foram interpretados como acordos jurídicos.

No campo da realidade histórica, contudo, os problemas não surgiram de forma sistemática. Os únicos exemplos representativos do novo *saeculum* não eram, em sua maioria, interdependentes, mas surgiam sem relação, paralelamente. Na exposição que se segue, aderimos a uma ordem cronológica, mas não hesitaremos em afastar-nos dela quando o assunto tratado demandar um ajuste. Uma ordem cronológica estrita é, em muitos casos, de importância limitada, se considerarmos a espontaneidade do processo.

6. João de Salisbúria

§ 1. A nova caracteriologia

O *Policraticus* (1159) de João de Salisbúria sempre atraiu a atenção como o primeiro tratado político sistemático medieval. Apareceu no intervalo entre a Controvérsia das Investiduras e a luta de Henrique II (1154-1189) contra Thomas Becket (1118-1170), longe da pressão direta das grandes emoções políticas. Além disso, surgiu na esfera do poder normando e, portanto, não foi dominado pela preocupação com a constituição imperial. Esta relativa neutralidade da atmosfera é, talvez, o principal motivo de um tratado sobre relações governamentais ter sido escrito naquela época. A importância do *Policraticus* é realçada pelo detalhe de ser o único tratado político escrito antes da recepção de Aristóteles, constituindo uma *summa* pré-tomista da teoria política medieval.[1]

Dadas as excelentes interpretações do livro já existentes, é fácil sintetizá-lo como segue: o corpo principal da obra é uma reafirmação detalhada mas pouco original da doutrina romano-cristã e pós-agostiniana, embora, em alguns pontos

---

[1] John of Salisbury, *Policraticus, Sive de Nugis Curialium, et Vestigiis Philosophorum Libri Octo*. Ed. Clement C. J. Webb, 2 vols. Oxford, Clarendon, 1909. Reedição: 1978.

particulares – como, por exemplo, as questões sobre as duas espadas, o tiranicídio e a concepção orgânica da sociedade –, apresente, se não um novo começo, ao menos um refinamento dessas posições com consequências para o futuro. Temo, no entanto, que esta síntese não faça justiça ao tratado. Ainda que a afirmação a respeito da realização intelectual esteja inteiramente correta, existe uma nova atitude nas páginas do *Policraticus* que não se capta apenas pelo registro das doutrinas. O que surpreende o leitor é a vivacidade do texto.

O autor dominava a literatura estoica e patrística, tinha grande conhecimento do direito romano e citava livremente Virgílio, Ovídio, Horácio, Juvenal, Pérsio, Marcial, Estácio, Petrônio, Lucano, Terêncio, Valério Máximo, Aulo Gélio, Frontino, Plínio, Apuleio, Suetônio, Plutarco e muitos outros clássicos menores.[2] As citações dos autores antigos não é questão de ornamento ou erudição; o autor aprendeu a arte da caracteriologia com os satíricos romanos. Um retrato de meia página do chanceler normando com quem João colaborou na Apúlia é uma pequena obra-prima, sugerindo a arte da caracterização de Eneias Sílvio Piccolomini. A anedota do tratamento dado pelo chanceler aos três concorrentes a um bispado é o material de que são feitas as novelas de Boccaccio. Os estudos sobre os dissimuladores e os que andam atrás de cargos – o cortesão, o monge autêntico, o hipócrita e o soldado fanfarrão – lembram-nos Jean de La Bruyère.

As qualidades caracteriológicas do *Policraticus* requerem atenção especial porque nos permitem mostrar como as categorias romano-cristãs foram reutilizadas para descrever uma estrutura intramundana. Segundo Santo Agostinho, as condições de pertença à *civitas Dei* e à *civitas terrena* são o *amor Dei* e o *amor sui*, qualidades da personalidade que determinam a inclusão nos reinos respectivos. Mas Santo Agostinho não

---

[2] Para um breve resumo dos autores com quem João se familiarizou e para os índices de sua biblioteca, ver Clement J. C. Webb, *John of Salisbury*. Londres, Clarendon, 1932. Reedição: Nova York, Russell e Russell, 1971, cap. 6. Ver também *Policraticus*. Ed. Webb, vol. I, *Prolegomena*, § 5.

utilizou essas qualidades pessoais para a descrição empírica de tipos humanos, mas para designar inclinações do espírito, que aparecem e desaparecem no homem de acordo com a predestinação divina.

Na obra de João, os dois tipos reaparecem; desta vez, não no contexto de uma metafísica da história, mas como instrumentos para a descrição do homem no mundo.[3] O homem do tipo *amor Dei* passa para os bastidores porque é uma exceção, enquanto o antitipo agostiniano, o tipo *amor sui*, se torna o caráter normal no campo da política. "Não falo aqui dos homens cujos corações estão puros e que se rejubilam na sujeição contínua, declinando governar alguém nesta vida; a minha tarefa é analisar a vida do homem no estado político".[4] O homem "no estado político" é a nova unidade de investigação, e o termo abrange praticamente a todos, com exceção dos poucos "cujos corações estão puros". O modelo agostiniano é subvertido. Reconhecemo-lo como pano de fundo, porque João salienta que o mundo político, dominado por este tipo, é mau; a paz eterna agostiniana permanece um ideal a ser realizado pelo desaparecimento das relações "políticas". Mas o problema de Ticônio não é o seu interesse principal; o mundo

---

[3] *Policr.*, Liv. VII, cap. 17, em referência a Santo Agostinho, *De Libero Arbitrio*, Liv. I, cap. 4, § 10 e Liv. III, cap. 24, § 71. Para a dúvida de Santo Agostinho entre a predestinação e o livre-arbítrio, ver *Retractationum*, Liv. I, cap. 9. João de Salibúria usou *De lib.* como sua fonte porque, nesta obra, Santo Agostinho enfatiza os aspectos psicológicos dos dois tipos, em particular na crítica à *superbia*; a elaboração de *De civitate Dei* não teria se encaixado tão bem. Em *Retr.*, Santo Agostinho conserva a formulação de *De lib.* contra o uso equivocado por Pelágio e enfatiza mais uma vez que o próprio Deus prepara a *voluntates* por sua graça. Ver Saint Augustine, *De libero arbitrio*. In: Migne, *PL*, vol. 32, col. 1221-1310; uma edição recente de W. M. Green. In: *Opera*, vol. 29, 1970. Edição em inglês: *On Free Choice of the Will*. Trad. Thomas Williams. Indianápolis, Hackett, 1993. *Retractationum*. In: Migne, *PL*, vol. 32, col. 583-656. Edição recente de Almut Mutzenbecher. In: *Opera*, vol. 57, 1984.

[4] *Policr.*, Liv. VII, cap. 17. In: John of Salibury, *The Statesman's Book of John Salisbury*. Trad. John Dickinson. Nova York, Knopf, 1927. Edição em inglês: *Policraticus: Of the Courtiers and the Footprints of Philosophers*. Trad. e ed. Cary J. Nederman. Cambridge, Cambridge University Press, 1990. No texto original: *"Non enim de his institutus est sermo, qui sunt omnino anima defaecati, et suiectione continua gaudentes, alicui in vita praeesse refugiunt. Vita potius politicorum excutienda est"*. Ver *Policr.* Ed. Webb, Liv. 2, p. 162.

de forças ou, na linguagem de João, "o estado político" (*vita politicorum*), entrou no *saeculum*.

A transferência de categorias agostinianas para a análise do mundo não é uma obra-prima teórica, e resulta em ambiguidades que desesperam o intérprete. Não obstante, João esforça-se por encontrar termos adequados para a descrição política. Se considerarmos que não se dispunha de termos melhores, o ponto de partida caracteriológico é bem escolhido. Tratando-se do caráter humano em geral (com as reservas já mencionadas), o método caracteriológico permite-lhe construir a teoria das instituições sobre uma teoria das relações sociais elementares; o caráter político aparece nas instituições temporais, mas também nas eclesiais. João descreve o caráter em termos mais contundentes que os agostinianos, rumo a uma análise hobbesiana do orgulho e da loucura humanos. O homem, ignorante de seu verdadeiro estatuto e da obediência que deve a Deus, "aspira por um tipo de liberdade fictícia, imaginando em vão que pode viver sem medo e que pode praticar impunemente tudo o que lhe agrada, e de algum modo assemelhar-se a Deus".[5] João chegou o mais perto que podia em sua época de intuir que a origem da ação política criadora é o desejo de evocar um análogo do cosmos, o desejo de representar, na esfera humana, a criação divina da ordem. O caráter é, como dissemos, geral:

> Embora não seja dado a todos os homens apossar-se do poder principesco ou régio, é raro ou inexistente o homem completamente isento de tirania. No discurso comum, o tirano é quem oprime um povo pelo governo baseado na força; no entanto, não é apenas sobre um povo como um todo que um homem pode ser tirano, mas sobre qualquer condição, mesmo a mais humilde. Se não for sobre o povo inteiro, cada homem procura assenhorear-se de tudo a que estende o seu poder.[6]

---

[5] *Policr.* Trad. Dickinson, Liv. VIII, cap. 17. Cf. Santo Agostinho, *De lib.*, Liv. III, cap. 25, § 76.

[6] *Policr.*, Liv. VII, cap. 17. O paralelo com a descrição hobbesiana identifica-se

As passagens citadas mostram que desapareceu o contexto ticoniano e agostiniano dos tipos humanos e que os conceitos éticos de *rex* e *tyrannus* também sofreram danos consideráveis. É preciso romper com a distinção baseada em diferenças de conduta justa e injusta, se governar depende da ambição e se é a marca caracteriológica da ambição que define o tirano. Cada rei é um tirano porque cada homem que não "purificou o seu coração" à sujeição absoluta também é um tirano. O homem político aparece nestas passagens como uma entidade intramundana. Não se tem em conta, neste contexto, os poderes de origem divina; pelo contrário, reconhece-se que "ninguém deixa de se alegrar com a liberdade, ou não deseja a força para a preservar (...) porque a escravatura é como a imagem da morte, e a liberdade é a certeza assegurada da vida" (7.17). Os que têm os corações purificados são esquecidos provisoriamente; a sujeição é escravatura, e a liberdade é alegria. É uma nova harmonia que soará mais retumbantemente na *virtù* de Maquiavel. Com João, o som ainda é tênue. O tratado não defende a nova posição, e ao começo caracteriológico esperançoso de um sistema de política intramundana segue-se um tratamento mais convencional do rei e do tirano segundo as velhas categorias éticas. No entanto, a ideia de que em todos os governantes espreita um tirano mantém-se ao longo do livro e vem à tona novamente quando o autor examina a possibilidade de reinos amigos e pacíficos, isentos da iniquidade da tirania. Como epílogo, afirma que, sem iniquidade, talvez não existissem sequer reinos "porque está claro desde os historiadores antigos que, no começo, tais reinos foram fundados pela iniquidade como incrustações presunçosas contra o Senhor" (8.17).

---

em termos de imagens. Ver, por exemplo, a comparação da aspiração a posições políticas com uma corrida em Liv. VII, cap. 19: "e assim todos contendem na corrida, e quando o objetivo é alcançado, quem entre eles recebe o prêmio é quem é mais rápido do que os restantes na corrida da ambição, e ultrapassa Pedro ou quaisquer dos discípulos de Cristo". João também utiliza o conceito de "cavalo negro" que ficará conhecido de modo inesperado. Cf. os últimos capítulos sobre Hobbes.

§ 2. Feudalismo

De vez em quando, historiadores expressam sua surpresa com o fato de um tratado do século XII, anterior à recepção de Aristóteles, mostrar poucos traços do sistema de governo então prevalecente, o feudalismo. Atribui-se a razão à posição eclesiástica de João de Salisbúria e à sua falta de interesse na política puramente secular. O problema merece uma análise mais cerrada porque oferece uma oportunidade para a compreensão da teoria medieval.

Vamos, em primeiro lugar, esclarecer a questão do feudalismo como sistema de governo. Frederic William Maitland observou ironicamente, em *The Constitucional History of England*, que não existiu nenhum "sistema" do feudalismo na Idade Média; "o sistema feudal" foi introduzido na Inglaterra por Sir Henrique Spelman no século XVII e recebeu a fórmula ortodoxa com Sir William Blackstone no século XVIII.[7] O "sistema" do feudalismo foi um adendo, concebido no ambiente da monarquia nacional e destinado a contrastar um estado político passado com o estado presente do "sistema" de governo. Essa tentativa de interpretar as instituições medievais foi louvável, mas mal-sucedida. As instituições feudais não podem ser classificadas como uma forma de governo de maneira alguma, mas, antes, têm de ser consideradas uma técnica de administração. Os intérpretes atuais preferem falar de administração de tipo feudal, a par dos tipos patrimonial, burocrático e outros.[8]

---

[7] Frederic William Maitland, *The Constitutional History of England*. Cambridge, Cambridge University Press, 1908, p. 142. Reedição: 1974.

[8] Para um estudo padrão sobre o feudalismo, ver a brilhante análise de Max Weber, em *Wirtschaft und Gesellschaft*, 2 vols. Tubinga, Mohr [Siebeck], 1922, parte 1, cap. 3, § 12b e § 12c e parte 3, cap. 8. Edição recente: *Wirtschaft und Gesellschaft: Grundiss der verstehenden Soziologie*. Ed. Johannes Winkelmann, 2 vols. Colônia, Kiepenheuer and Witsch, 1956-1964. Edição em inglês: *Economy and Society: An Outline of Interpretive Society*. Trad. Ephraim Fischoff, Hans Gerth, A. M. Henderson et al., 2 vols. Berkeley e Los Angeles, University of California Press, 1978.

O feudalismo ocidental foi uma técnica administrativa empregada por tribos relativamente primitivas que, após conquistarem grandes territórios, se deparavam com a tarefa de explorar, defender e administrar as conquistas, mesmo sem ter o pessoal nem as capacidades para criar administrações centralizadas com tudo o que isso implica: um grupo treinado de funcionários, um sistema de estradas e uma economia com rendimentos monetários suficientes. Os serviços tinham de ser fornecidos por um sistema de concessões de terras cujos donatários teriam que prestar um serviço em troca, nomeadamente militar.[9] Com a feudalização crescente sob pressão de exigências militares (necessidade de tropa montada contra a cavalaria muçulmana), diluiu-se a suserania precária sobre senhores factualmente independentes no reino que emergiu das migrações e conquistas; mas não desapareceu a evocação política básica.

Essas notas permitem apreciar melhor o problema enfrentado por João de Salisbúria. Não é preciso invocar a posição eclesiástica do autor para compreender por que ele não considerava a classificação das instituições feudais sua tarefa principal. Apesar do seu modernismo, João vivia as evocações do seu tempo centradas no reino carismático germânico, cujo núcleo assimilara os símbolos mediterrânicos de governo: a figura hebraica do rei ungido, o rei sagrado helenístico, o imperador romano e, com o simbolismo imperial, a ideia do duplo domínio espiritual e temporal da comunidade cristã. Juntamente com estes símbolos, foram absorvidas as ideias mediterrânicas de povo: o povo da cosmópolis estoico-ciceroniana, evocada pelos estrangeiros da pólis helênica, o povo da democracia hebraica primitiva e o *populus christianus*.

---

[9] Sobre este e outros aspectos do feudalismo, ver Otto Hinze, *Wesen und Verbreitung des Feudalismus*, Sitzungsberichte der Preussischen Akademie der Wissenschaften, Phil.-hist. Klasse. Berlim, Akademie-Verlag, 1929. Reedição: *Feudalismus und Kapitalismus*. Göttingen, Vandenhoek and Rupprecht, 1970.

Em comparação com esses símbolos dominantes, as instituições feudais não tinham uma natureza evocativa (embora tivessem possibilidades evocativas, a respeito das quais trataremos em momento oportuno). As tendências centrífugas do feudalismo poderiam enfraquecer a autoridade real ao ponto do desmembramento do reino, mas nunca foram uma força integradora da comunidade política. A consolidação de unidades políticas foi levada a cabo na Idade Média na medida em que os reis se afirmaram contra a usurpação do poder pelos senhores. No Império Carolíngio, Carlos Magno estabeleceu as relações evocativas diretas com o povo mediante a exigência de um juramento geral de fidelidade, além dos juramentos feudais de serviço. Mas, apesar do prestígio imperial e da forte administração pelos *missi*, a instituição durou pouco tempo; os carolíngios, recordados de suas origens, hesitaram em criar uma sede forte de poder semelhante à que lhes permitira superar os merovíngios. Já na Inglaterra normanda, os reis conquistadores criaram uma administração central forte com base no Tesouro; a par de outros fatores, esta evolução permitiu-lhes consolidar a autoridade régia séculos antes da França.

Como e quando as instituições feudais se tornaram parte do padrão evocativo do reino é uma pergunta que pode ser respondida com precisão absoluta. Enquanto o *pactum* feudal teve como conteúdo a delegação de autoridade por parte do rei em troca de serviços por parte dos vassalos, a evocação do reino manteve a posição monopolista na ordem do reino. Somente quando os senhores adquiriram uma autoridade independente como "representantes" da *universitas* puderam rivalizar com o poder simbólico do rei.[10] A aquisição

---

[10] A mesma regra geral se aplica à diferença entre o *pactum* feudal e o *pactum* social no século XVI. Para o contrato social e a sua evolução plena, é essencial que os povos sejam a fonte da autoridade, mesmo se a transferência da autoridade conduzir ao poder absoluto do rei e não houver lugar para a resistência ou para a deposição. No caso de Manegold, por outro lado, observamos o *pactum* feudal servir para uma interpretação da relação entre o rei e os povos. No exemplo da instituição feudal régia, nenhuma autoridade é transferida dos povos para o rei; a função real não assenta numa *potestas translata*, mas é uma *dignitas concessa*. Ver

do caráter representativo, entretanto, não foi apenas uma questão de processos jurídicos; foi a evocação criativa de um símbolo novo que se acrescentou aos de rei e povo.

Isso nos traz de volta ao problema central do presente discurso – a ascensão de forças intramundanas ao poder simbólico. A propósito da Controvérsia das Investiduras, indicamos como se tornou importante a função de uma assembleia representativa do reino, como agente legítimo para a deposição dos governantes. Mas estes casos não originaram uma ideia evocativa clara. Na seção 14 da Magna Carta (1215) sobre a convocação de dignitários espirituais e temporais para um conselho comum do reino, a fim de tratar de questões financeiras, a função representativa está sobretudo implicada na fórmula *commune consilium regni*. No *Policraticus*, ainda não se desenvolveu a função representativa de forças políticas extragelasianas. O rei é "o portador da pessoa pública" e o "representante de todo o corpo da comunidade", com exclusão de outras entidades (*Policr.* IV.2, V.2). O rei exerce o monopólio da representação, mas a linguagem da "representação" é ainda incipiente. A ordenação divina do poder real é ainda a ideia dominante para João, mas começa a fazer-se sentir a influência clássica da *lex regia* que atribui ao rei um estatuto intramundano como representante da comunidade.[11]

Manegold of Lautenbach, *Liber ad Gebehardum*. Ed. Kuno Francke. In: *MGH, Libelli,* Livro I, p. 365. Os povos "exaltam" um homem como governante por suas qualidades pessoais, que supostamente o capacitam para exercer o excelso cargo que deriva a sua autoridade de Deus, e ligam-se a ele por um juramento (*iuramentum*). Se a escolha provar ser um erro e o rei não mantiver a confiança, então a questão da sua deposição surge. Constitui um interesse eclesiástico óbvio realçar esta vertente relacional, e os escritores ligados à Igreja foram os que mais colaboraram para promover a ideia de direitos populares. Neste sentido, não se deve deixar passar despercebido que as preocupações eclesiásticas vão operar automaticamente contra o reconhecimento das questões seculares.

[11] Na excelente introdução a sua tradução, Dickinson realça que a interpretação da *lex regia* por Glossators é posterior e, por pouco, quase coeva. Considerando que João estava familiarizado com o direito romano, e considerando, além disso, que o fator dinâmico de uma "influência" é a disposição para receber sugestões – e a "abertura lúcida" de João é indubitável –, a influência foi provavelmente indireta.

§ 3. A comunidade

Antes de as forças intramundanas (rei, nobreza, povo) aparecerem como símbolos representativos, a comunidade política teve que ser estabelecida como símbolo intramundano. Nisto, o *Policraticus* marca um avanço distinto. De uma fonte espúria, então conhecida como *Institutio Traiani*, de Plutarco, João de Salisbúria adotou a analogia da comunidade como organismo.[12] A comunidade é um corpo que o favor divino dotou com vida; o sacerdócio é a alma; o príncipe, a cabeça; os funcionários públicos correspondem a outras partes do corpo; e os camponeses têm os pés no solo. O que é novo não é a utilização da analogia orgânica na especulação política, mas o objeto de aplicação. A chamada teoria orgânica de Platão era, como vimos, um mito da alma. O corpo místico cristão não é o corpo de uma comunidade, mas a comunidade é o corpo de Cristo. No *Policraticus*, por outro lado, a comunidade de fato é vista como um corpo que circula e se firma na terra, como uma unidade dentro do mundo.

Aqui testemunhamos a fase inicial de um ato evocativo: a evocação da comunidade como a unidade de ação política neste mundo. Mas a evocação não era mais do que uma tentativa. Ainda falta muito para alcançar o Estado soberano fechado. Na obra de João, a unidade a que ele se refere permanece em suspensão. João de Salisbúria evitou referir explicitamente o *sacrum imperium* como a "*Federação*" da cristandade, mas também não usou a designação de *regnum* (França ou Inglaterra) para a comunidade. A suspensão alerta-nos para o sentimento que teve de ser superado até se encontrar a linguagem simbólica explícita para a estrutura do novo *saeculum*. A tentativa papal no século X, de criar uma facção de principados dependentes do papa, implicava que nenhum príncipe ousaria assumir diretamente o poder "*de Dieu et de son épée*",

---

[12] Sobre o *Institutio Traiani*, ver *Policraticus*. Ed. Webb, Livro I, p. 280n.

como escreveu Jean Bodin; procuraria sempre legitimar-se com a autoridade espiritual do *sacrum imperium*.

§ 4. Tiranicídio

Temos agora uma ideia das potencialidades do pensamento político de João de Salisbúria e do grau a que poderiam ser concretizadas. A teoria da política intramundana não era ainda um sistema coerente, permanecendo no nível de abordagens separadas de diversos problemas. O homem no estado político surgia como um tipo novo, mas a análise não rompe com as categorias antigas de homem bom e mau; o rei mostrou uma tendência a transformar-se em representante da comunidade, mas mantém-se a origem divina do poder; a analogia orgânica mostra a comunidade como uma unidade intramundana, mas permanece suspensa a existência de unidades políticas fora do *imperium*.

Este sentimento da suspensão entre o reconhecimento de forças intramundanas e a relutância em abandonar o antigo padrão é evidente na teoria do tiranicídio de João. É fácil acumular irrelevâncias na exposição dessa teoria. É a primeira vez que um pensador cristão advoga o assassinato, e juristas posteriores invocam o nome de João em favor do tiranicídio. Mas fica em aberto a pergunta *por que razão*, repentinamente, o indivíduo ganha tanto poder e *por que razão* a teoria só se implanta no século XVI. Pode-se apontar muitos exemplos bíblicos e clássicos de tiranicídio aventados por João a fim de conferir a sua teoria ampla autoridade histórica. Mas a pergunta permanece: *por que razão* todos estes exemplos, já acessíveis antes de João, são agora invocados? Alguns historiadores criticam a moralidade duvidosa da teoria, em vez de inquirir sobre os sentimentos que a sustentam.

A dificuldade da teoria reside numa ambiguidade sistemática. Por um lado, existe a irrupção violenta de uma força intramundana quando o indivíduo tem o direito de julgar atos governamentais, ao ponto de matar o governante. Por outro lado, há uma extrema unilateralidade se a realidade política intramundana se reduz ao indivíduo como seu único representante. Com a ascensão do governante à posição de monarca intramundano absoluto cuja vontade é a lei, a teoria do tiranicídio teve de recuar, embora não desaparecesse completamente. Só ganhará força nova quando os movimentos religiosos populares do século XVI devolverem a iniciativa ao indivíduo. Embora o *Policraticus* não inaugure uma série de teorias sobre o tiranicídio, revela o indivíduo como a fonte dos novos sentimentos intramundanos. O absolutismo do monarca não é original; é uma analogia do absolutismo individual e foi superado pelo absolutismo do indivíduo na chamada era liberal em que o indivíduo, como membro da burguesia nacional, tinha um peso político que um membro de uma comunidade feudal urbana jamais poderia sonhar.

A força intramundana expressou-se com o individualismo extremo porque faltava um contrapeso noutros níveis da estrutura governamental. O governante do *Policraticus* não é um monarca absoluto que possa agir segundo o princípio *regis voluntas suprema lex* nem um monarca limitado pelo consentimento dos órgãos representativos da comunidade. Não é um legislador soberano; está sob a lei, e a lei é um corpo fixo de regras – o código bíblico, o direito romano e a lei divina. A lei é como um céu que cobre todos os homens, e o rei está debaixo dela, como o resto da humanidade. A lei não se diferencia ainda em lei superior e lei positiva, porque ainda não existem agências representativas que transformem os princípios superiores em lei positiva para a comunidade. O príncipe bom é um rei que obedece à lei e, na administração, não se desvia da equidade (8.7; 4.1, 2). O tirano é o escravo dos seus desejos e oprime o povo em vez de lhe proteger a liberdade (8.17). Como a lei é conhecida de todos e pode ser interpretada sob a orientação da sabedoria, todos são chamados a formar a sua opinião sobre o caráter do governante. Quando o governante age tiranicamente, coloca-se fora da lei, e é dever do indivíduo executar o governante fora da lei porque, de outra maneira, poderia cometer "uma ofensa contra si próprio e todo o corpo da comunidade terrena" (3.15).[13]

A atitude de João admitia compromissos. Em várias passagens do *Policraticus*, o rei aparece como ordenado por Deus e o rei mau como a punição de um povo teimoso, a ser suportado com paciência até que Deus ajude do exterior. As dificuldades e as hesitações de João serão mais bem compreendidas se analisarmos as implicações do texto de Mateus 26,52, que o autor invoca em apoio do tiranicídio. O texto "todos os que pegam a espada pela espada perecerão" geralmente é compreendido como um conselho de não resistência à violência. Mas esta interpretação não faz justiça ao contexto da passagem. Na cena dramática em Getsêmani, o Senhor recomenda a Pedro que embainhe a espada porque a resistência nesse momento iria interferir no plano divino de salvação: "Como seriam cumpridas as Escrituras?" (Mateus 26,54; também João 18,11). Quem saca da espada pertence a este mundo e sofrerá a lei deste mundo. Pedro pertence ao reino que não é deste mundo, e no novo reino de Deus a espada não tem lugar. A expectativa escatológica do reino é o pressuposto do texto. Fora do contexto, seria obviamente insensato, porque a não resistência aumenta a possibilidade de perecer pela espada, enquanto o uso da espada aumenta a segurança.

No contexto do *Policraticus*, a passagem muda de significado porque João de Salisbúria não vive na expectativa escatológica. Pelo contrário, o compromisso com o mundo é aperfeiçoado a ponto de a estrutura interna do mundo determinar a ordem da comunidade. Vivendo no mundo, João tem que especular sobre a delicada pergunta, mas sem importância no Evangelho: *de quem* é a espada que mata aquele que pega a espada? Como não se pode esperar que o tirano se suicide, e não existem órgãos não cristãos prontos para executar a tarefa, é um cristão que tem de agir. Para João de Salisbúria,

---

[13] Sobre a teoria da lei e do reino, bem como sobre o contexto teórico do tiranicídio em geral, ver a introdução da tradução de Dickinson.

o indivíduo tem que ser o executor, porque não existe um órgão representativo da resistência da comunidade. O argumento decisivo contra o tiranicídio em séculos posteriores será sempre o perigo para a ordem civil. O direito de remover o governante é reservado à ação coletiva representativa. Os altos e baixos da teoria são estritamente determinados pela opinião sobre a existência de órgãos de resistência coletiva. O tiranicídio aparece como o corretivo extremo para o governo injusto, sempre que os órgãos representativos da resistência estejam ameaçados: por exemplo, quando o país foi conquistado por um invasor que ameaçava o povo com a extinção nacional, a guerra de guerrilha ou o assassinato individual dos membros das forças ocupantes são as únicas formas de resistência. A interpretação de Mateus 26,52 como regra de não resistência é impossível depois de a cristandade estabelecer compromissos com a civilização. Quando o mundo cristão se transformou no mundo em que queremos viver e desenvolver valores civilizacionais, a não resistência torna-se uma ofensa "contra si próprio e contra a comunidade primitiva".

7. Joaquim de Fiore (Flora)

Il calavrese abate Giovacchino di spirito profetico dotato.
Dante

§ 1. A estrutura da história cristã

No *Policraticus*, o sentimento de uma nova era expressava-se no frescor da caracterização, no despontar das forças intramundanas do homem político e da comunidade e no processo radical de dotar o indivíduo com o direito e o dever de avaliar o governante. Com Joaquim de Fiore, o sentimento alcançou um estágio de consciência reflexiva: a estrutura do *saeculum* adquiriu relevância. Pode-se sintetizar a principal ideia de Joaquim do seguinte modo: a história do mundo é articulada pelo sucessivo despontar de três reinos: o reino do Pai, que abarca de Adão a Cristo; o reino do Filho, entre Cristo e 1200; e o terceiro reino, do Espírito, que vai de 1200 até o dia do Juízo Final. Os problemas implícitos nesta ideia são tantos que abordaremos apenas alguns.

A teoria das três idades, correspondentes às três pessoas da Trindade, pertence a um tipo de especulação simbólica que teve o seu cume, durante o período cristão, no simbolismo de Santo Agostinho. O método do simbolismo é a *spiritalis intelligentia*, a compreensão espiritual do mundo subsumindo-o a princípios sagrados como o da Trindade, do *hexaémeron* [a obra da criação], da geração de grupos da história hebraica, etc.[1] O resultado deste método, obviamente, não pode ser um quadro racional e científico do mundo, que possa ser alterado por uma crítica progressiva. O movimento do pensamento simbólico originado no reino dos sentimentos determina a orientação do método simbólico.

Os sentimentos agostinianos relativos à estrutura da história dominaram a Idade Média, durante o século XII, até a situação se alterar gradualmente. Nesse sentido, os sentimentos de Joaquim marcam o fim da evolução, não o início. A categoria trinitária esteve ausente desde que Montano empregou o esquema das três pessoas para uma evocação profética do *saeculum* do Espírito sucedendo ao *saeculum* de Cristo. Com Rupert de Deutz, em *De sancta trinitate et operibus eius* (ca. 1110), inicia-se uma série de construções simbólicas utilizando de novo a Trindade como categoria predominante na articulação das eras. Nesta obra, a Idade do Espírito não se distingue do *saeculum senescens* agostiniano, não obstante a problemática ser comum.[2] Na *Summa*

---

[1] Os primeiros tratados sobre o método de exegese simbólica são Saint Augustine, *De Doctrina Christiana*. In: Migne, *PL*, vol. 34, col. 15-21; edição recente de Joseph Martin. In: *Opera*, vol. 32, 1962; Edição em inglês: *On Christian Doctrine*. Trad. Durant W. Robertson Jr. Nova York, Liberal Arts Press, 1958; e Eucherius of Lyons († 452), *Formulae Spiritalis Intelligentiae*. Augsburg, Guenther Zainer, 1473. Sobre a relação entre o métdodo simbólico de Joaquim e o de outros pensadores cristãos, ver Joachim di Fiore, "Scritti minori". Ed. Ernesto Buonaiuti. *Fonti per la Storia d'Italia Pubblicate dal Istituto Storico Italiano per il Medio Evo, Scrittori, Seculo XII*. Roma, Tipografia del Senato, n. 78, 1936, p. LXXXIII ss; e Herbert Grundmann, *Studien über Joachim von Floris*. Beiträge zur Kulturgeschichte des Mittelalters und der Renaissance, vol. 32. Leipzig e Berlim, Teubner, 1927. Reedição: Stuttgart, Teubner, 1975, cap. 1.

[2] Rupert de Deutz, *De Sancta Trinitate*. In: Migne, *PL*, vol. 167, p. 198 ss:
Est autem tripartitum eiusdem Trinitatis opus, a conditione mundi usque ad finem eius. Primum est ab exortu primae lucis, usque ad lapsum primi hominis. Secundum ab eodem lapsu primi hominis usque ad passionem secundi hominis Jesu Christi filii Dei. Tertium a resurrectione eiusdem usque ad saeculi consummationem; id est generalem mortuorum resurrectionem. Et primum quidem Patris, secundum autem Filii, tertium vera Spiritus sancti proprium opus est. Nova edição: Hrabanus Haacke. In: *Corpus Christianorum, Continuatio Medievalis*, vols. 21-24. Turnhout, Brepols, 1971-1972.

gloriae (ca. 1120) de Honório de Autun (Augustodunensis), expressou-se pela primeira vez o motivo de um novo sentimento: o *saeculum* de Cristo não é simplesmente um período de espera, mas tem uma estrutura interna de cinco idades, caracterizada pelo aparecimento de apóstolos, mártires, clérigos, ordens monásticas e, finalmente, do Anticristo. Cinco idades pós-cristãs equilibram cinco idades pré-cristãs agostinianas, surgindo a época presente como a época das ordens monásticas.

Finalmente, no *Liber de una forma credendi et multiformitate vivendi* (1135) de Anselmo de Havelberg, surge uma discussão crítica do problema. Como ministro em Constantinopla, Anselmo começou por especular sobre o significado de diferentes *religiones* cristãs, apesar da unidade necessária da Igreja. Ele via o fenômeno da diferenciação greco-latina repetir-se na fundação das ordens (*religiones*), e chegou a uma explicação psicológica no fato de o hábito enfraquecer o espírito e uma renovação dos fundamentos ser necessária para uma ascensão do espírito cristão em direção a uma perfeição mais alta. A Igreja é una, mas as *religiones* que a compõem são multiformes e alteram-se ao longo das gerações; a *varietas religionum* revigora a Igreja. Cada época marca um progresso na graça espiritual e no entendimento da verdade. Em cada época ocorre o amadurecimento do espírito em direção à realização plena, até culminar na última idade do Espírito, transcendente ao mundo e na presença eterna de Deus. A presente era é um período de amadurecimento do espírito. O pessimismo agostiniano é ultrapassado; o *saeculum* de Cristo tem uma estrutura endógena com sentido; o espírito avança rumo à perfeição, e a garantia desse avanço é observada no crescimento de ordens monásticas cada vez mais perfeitas.[3]

---

[3] Para um levantamento das correntes de pensamento que permeiam as ideias de Joaquim, ver Grundmann, *Studien*, cap. 2; e Dempf, *Sacrum*, parte 2, cap. 6. Para algumas correções das afirmações de Dempf, ver a introdução de Buonaiuti a Joaquim, *Scritti*, p. LIII ss.

§ 2. Os três reinos

Selecionamos três obras reveladoras do desenvolvimento de um novo sentimento e de um novo simbolismo que o exprime, mas essas obras não constituem casos isolados. Era geral, na época, o sentimento de que o crescimento das ordens significava um progresso da espiritualidade e inaugurava uma nova fase da vida cristã.[4] A experiência revelatória de Joaquim foi necessária para acionar as potencialidades deste campo de sentimentos e criar uma nova configuração da história cristã. O passo decisivo foi a concepção do Terceiro Reino, não como um *Sabbath* eterno, mas como a idade derradeira da história da humanidade que se segue à dispensação do Filho. A civilização ocidental alcança neste processo a ideia de um futuro significativo neste mundo. A história da humanidade é uma progressão de evolução espiritual desde a lei natural pré-mosaica, passando pelas leis mosaicas e do evangelho, até alcançar a plenitude da liberdade espiritual. O decurso da história se articula nos três reinos das três pessoas divinas e, uma vez que a estrutura interna é idêntica nos três períodos, a completude do Primeiro Reino fornece o padrão pelo qual compreendemos a estrutura do Segundo Reino, aproximando-se da realização plena. Podemos determinar, em termos rigorosos, o ponto alcançado no presente porque conhecemos a lei que preside todo o decurso e podemos, inclusive, prever eventos futuros.

O decurso de um reino abrange um período preparatório (de Adão a Abraão, 21 gerações) seguido pela *initiatio* (Abraão a Uzias, 21 gerações) e pela *fructificatio* (Uzias a Zacarias, 21 gerações), a última das quais é, ao mesmo tempo, o período preparatório para o próximo reino. Os reinos têm, pois, 42 gerações; e como a duração das gerações para o reino de Cristo é de 30 anos, o Segundo Reino terminaria em 1260. A data é antecipada para 1200 porque o Segundo Reino é precedido por

---

[4] Ver, por exemplo, Ernst Benz, "La messianità di S. Benedetto". *Ricerche Religiose*, n. 7, 1931, p. 336-53.

um curto período preparatório das duas gerações precursoras, de Zacarias e João Batista, de modo que Joaquim está no final do Segundo Reino e pode ser o profeta do Terceiro.[5] O começo de cada reino é marcado por uma trindade de dirigentes, dois precursores e o dirigente do próprio reino com os seus doze filhos (Abraão, Isaac e Jacó com os seus doze filhos carnais; Zacarias, João Batista e Cristo, o homem, com seus doze filhos espirituais). O Terceiro Reino, depois de Joaquim, começará, portanto, com dois precursores a serem seguidos na terceira geração por um novo dirigente, um *dux e Babylone*, que será o fundador do Reino do Espírito.

§ 3. Os elementos constantes da nova especulação política

A concepção de Joaquim resultou num conjunto de elementos formais para a interpretação do *saeculum* que, desde então, permanecerá, isolado ou em combinação, como parte integrante da especulação política ocidental.

---

[5] Joaquim escreveu suas obras principais ca. 1190-1195. Abaixo estão elencadas as obras utilizadas. *Concordia Novi ac Veteris Testamenti*. Veneza, Luere, 1519. Reedição: Frankfurt, Minerva, 1964. Edição recente: "Liber de Concordia Novi ac Veteris Testamenti". Daniel E. Randolph (ed.), *Transactions of the American Philosophical Society*, vol. 73, parte 8. Filadélfia, American Philosophical Society, 1983. *Expositio in Apocalipsim*. Veneza, Bindoni e Pasyni, 1527. Reedição: Frankfurt, Minerva, 1964. *Psalterium Decem Cordarum*. Veneza, Bindoni e Pasyni, 1527. Reedição: Frankfurt, Minerva, 1983 e Chiaravalle, Edizioni Frama Sud, 1983. *Tractatus super quatuor Evangelia*. Ed. Ernesto Buonaiuti, *Fonti per la Storia d'Italia Pubblicate dall'Istituto Storico Italiano per il Medio Evo, Scrittori, Seculo XII*, n. 67, Roma, Tipografia del Senato, 1930. Reedição: Turim, Bottega d'Erasmo, 1966. Joachim, *Scritti*. Sobre Joaquim de Fiore, além dos trabalhos de Grundmann e Dempf, ver Ernesto Buonaiuti, *Gioacchino da Fiore, i Tempi, la Vita, il Messaggio*. Roma, Collezione Meridionale Editrice, 1931 (Collezione di studi meridionale, vol. 14); Henry Bett, *Joachim of Flora*. Londres, Methuen, 1931. Para um levantamento da literatura sobre Joaquim, ver George La Piana, "Joachim of Flora: A Critical Survey". *Speculum*, n. 7, 1932, p. 257-82. Os seis artigos de Buonaiuti em *Ricerche Religiose* 4-6, 1928-1930, foram praticamente integrados na sua introdução ao *Tractatus* e ao *Scritti*.

a. O significado da história

Em primeiro lugar, a história tem de ter uma estrutura inteligível. A presente era não é uma era de transição sem sentido; constitui uma etapa dotada de significado em direção a um objetivo definido. O pessimismo agostiniano que aguarda pelo fim de um *saeculum* desestruturado desapareceu. [Em segundo lugar], a fim de chegar a uma interpretação significativa do presente, temos vários modelos ao nosso dispor. Podemos isolar o padrão de progresso linear e atribuir ao presente a função de ponte entre um patamar menos perfeito para um futuro mais perfeito; esta função exaure o sentido do presente. A teoria kantiana da história constitui um bom exemplo de isolamento deste padrão. Ou podemos mesclar os padrões de reinos com a linha evolutiva e concluir que a presente era é o Terceiro Reino ou que é o período que o antecede. Os sistemas de Comte e Hegel são exemplos de uma especulação sobre o Terceiro Reino do primeiro subgênero referido; os sistemas de Fichte e Schelling são exemplos do segundo subgênero.[6] E, terceiro, o conhecimento de uma estrutura interna do reino pode servir de base de cálculo relativamente ao presente e ao futuro por meio da comparação de um reino incompleto do presente com reinos que estão em devir, como nas técnicas preditivas de um Splengler ou de um Toynbee.

Estando as três possibilidades implícitas na teoria de Joaquim, surge um quarto modelo nas especulações joaquimitas mais tardias – um padrão que não é considerado de forma similar: a atribuição à era presente de um modelo de decadência. Os fatores perturbadores de uma evolução espiritual não se apresentam como imanentes à evolução, mas surgem como séries paralelas de incômodos inimigos externos na história

---

[6] Schelling refere-se especificamente à especulação de Joaquim de Fiore como paralela à sua, negando uma influência direta. Ver Friedrich Wilhelm Joseph von Schelling, *Philosophie der Offenbarung*. In: *Werke*, vol. 4. Stuttgart e Augsburg, Cotta, 1858, p. 298. Nova edição: *Werke*. Ed. Manfred Schröter. Munique, Beck e Oldenbourg, 1927-1928, sup. vol. 6. Edições recentes: *Philosophie der Oftenbarung*. Ed. Manfred Frank, Suhrkamp Taschenbuch Wissenschaft, vol. 181. Frankfurt, Suhrkamp, 1993; e *Historisch-kritische Ausgabe*. Ed. Manfred Dürner. Stuttgart, Frommann-Holzbog, 1994.

cristã e hebraica, culminando no aparecimento do Anticristo, que será derrotado no final. Mas as experiências joaquimitas não referem este sentimento de um mal historicamente imanente. Por outro lado, nota-se que certas filosofias da decadência – tal como a concepção de Spengler de uma civilização felá com um derradeiro período da cultura – relacionam-se mais intimamente com o sentimento agostiniano de um *saeculum senescens* do que com o sentimento joaquimita de uma esperança futura otimista.

b. A função do pensador político

O segundo problema formal refere-se à designação de um lugar definitivo na história para o pensador político. Vimos que Joaquim não só estava preocupado com a estrutura da época como tal, mas também foi cauteloso para definir o seu lugar no final do Segundo Reino, a fim de legitimar sua função de intérprete da *concordia novi ac veteris testamenti*. A sua profecia de um novo *dux* não deriva tanto de uma inspiração, mas é calculada pela lei de uma ordem simbólica que lhe foi revelada durante um período contemplativo. Ele faz previsões, não como um profeta pneumático, mas fundamentado numa "lei" substanciada por dois ciclos históricos completos.[7]

Esta relação dialética peculiar da ideia com o lugar histórico do pensador (em que a posição histórica lhe permite pensar a ideia e a ideia define a sua posição histórica) ressurge nos grandes sistemas de teoria política no período do estado nacional, no momento em que se procura uma reestruturação do *saeculum* a fim de atribuir lugares significativos às principais nações e aos seus pensadores representativos. Encontramos isso em Bodin, na França; em Vico, na Itália; em Fichte e Hegel, na Alemanha; em Dostoiévski, na Rússia. Já nos deparamos com situações desse tipo anteriormente nos *Tratados de York* na Inglaterra depois da conquista normanda.

---

[7] Sobre outros aspectos do profetismo de Joaquim, ver a introdução de Buonaiuti ao *Tractatus*, p. LXII ss.

c. O dirigente do terceiro reino

O terceiro elemento formal da especulação sobre o novo reino é o símbolo do *dux*, o líder. Denominamo-lo formal porque não estamos interessados aqui na liderança carismática enquanto tal (o que, obviamente, pode ocorrer sem relação com o problema da estrutura secular), mas no modelo teórico que se liga ao despontar de uma era com o surgimento de uma personalidade simbólica. Neste contexto, observamos uma simplicidade extrema em Joaquim. Sua participação na introdução de uma nova era confinou-se à compreensão e exposição da ordem do mundo em benefício dos seus coevos. Essa limitação permaneceu como elemento característico das especulações mais tardias porque, em nossa civilização cristã, a primazia simbólica do *saeculum* permaneceu na sombra de Cristo enquanto *dux* do *saeculum* cristão.

Um *saeculum* radicalmente novo teria de ser inaugurado por uma figura substituta de Cristo. Obviamente, a tendência de simbolizar uma época por meio da figura de um líder é forte, assim como geralmente o é a tendência a uma evolução de todo o padrão simbólico por ocasião de uma nova fundação. Talvez o melhor exemplo seja a história do comunismo, que, apesar do pretenso caráter científico de sua teoria e da suposição de que um novo reino se deve à ação de forças desconhecidas, desenvolveu escritos canônicos, apóstolos, mártires, uma patrologia, heresias (desvios) e a figura do salvador – Lênin. Mesmo no caso de Hitler, as interpretações messiânicas permaneceram no nível de mero exercício literário. Os líderes carismáticos de novos reinos do mundo ocidental não transcendem à estrutura intramundana implementada pela era cristã.

§ 4. *A irmandade das pessoas autônomas*

A reinterpretação do *saeculum* cristão ao extremo de postular uma nova dispensação constitui a maior prova da existência de novas forças exercendo uma pressão sobre a superfície a fim de imprimir sua assinatura à época. Mas ainda não conhecemos as novas forças. Neste contexto, o sistema joaquimita é em parte revelador, em parte decepcionante. É revelador porque nos fornece um exemplo clássico de uma ideia política oriunda de uma experiência comunitária; mas decepciona porque a escolha das experiências é tão estreita que a evocação pode não ser efetiva numa escala histórica mais ampla.

A comunidade social que forneceu o modelo de evocação da nova era foi a congregação monástica. No capítulo anterior, traçamos a constituição da espiritualidade ocidental por meio das sucessivas ordens até à maturidade de Bernardo de Claraval e ao ativismo dos militares e das ordens mendicantes. Joaquim era cisterciense antes de fundar a ordem fiorense. Os mosteiros de Cister não eram apenas centros de reforma religiosa, mas empresas econômicas agrícolas que, por meio da instituição de irmãos leigos, integravam em suas fileiras massas rurais consideráveis e assim adquiriam liberdade dos laços feudais, uma moral autônoma e uma personalidade espiritual. O movimento cisterciense desempenhou uma função para o estrato inferior da sociedade feudal idêntica à do calvinismo para a burguesia ascendente e à do marxismo para o trabalhador do século XIX. Em forma cisterciense, o movimento monástico atingiu o caráter de um movimento democrático contrário ao ambiente feudal porque, cumprindo de modo estrito a Regra Beneditina – nos termos do espiritualismo de São Bernardo –, apresenta um contraponto de solidariedade, simplicidade, pobreza e disciplina de trabalho, encarnando o espírito evangélico de modo mais verdadeiro que o clero secular e a igreja feudal.[8]

O conteúdo da construção joaquimita é determinado pelo sentimento gerado no contexto cisterciense. Nos três reinos predominam sucessivamente a lei, a graça e o espírito. No primeiro reino, desenvolveu-se a vida do leigo; no segundo,

---

[8] Sobre este assunto, ver Ernesto Buonaiuti, "Gioacchino da Fiore, San Bonaventura, San Tommaso". *Ricerche Religiose*, n. 6, 1930, p. 290.

a vida do sacerdote; no terceiro, a contemplação espiritual perfeita do monge. No nível da história espiritual, a *spiritalis intelligentia* irá proceder do Velho e do Novo Testamentos, tal como o Espírito procede do Pai e do Filho. O Espírito irá manifestar-se socialmente através de uma nova ordem. A perfeição da vida é dada através dos três elementos: contemplação, liberdade e espírito. A nova descida do Espírito está fora da história dos Evangelhos que constituem o segundo reino; os quatro evangelhos serão seguidos por um quinto, o *evangelium aeternum* anunciado em Apocalipse 14,6. Não será um evangelho escrito, mas o Espírito na sua atualidade, transformando os membros da ordem em membros do Reino (cf. O *evangelium regni* de Mateus 4,23), sem mediação pelos canais sacramentais da graça. A igreja deixará de existir no Terceiro Reino porque os dons carismáticos necessários para a vida perfeita alcançarão o homem sem administração sacerdotal de sacramentos.

A façanha dessas construções simbólicas reside na evocação de uma nova ideia de homem como pessoa espiritual autônoma e livre, capaz de formar uma comunidade de solidariedade fraterna, independente da organização feudal eclesiástica e temporal da sociedade. O homem, dotado de poderes espirituais amadurecidos, surge como o potencial organizador da comunidade. Podemos ver a linha que liga o protestantismo intelectual dos *Tratados de York* e o individualismo tiranicida de João de Salisbúria com a ideia joaquimita de libertar o homem das formas sociais, eclesiásticas ou profanas de uma época moribunda. Podemos ainda reconhecer as camadas sociais portadoras do novo sentimento; cresceram para além da população urbana da *Pataria* e de intelectuais isolados da população rural; Joaquim talvez fosse de origem rural. Mas também são óbvias as limitações da ideia. O Terceiro Reino é constituído por uma elite religiosa. Perdeu-se o compromisso civilizacional que confere eficácia ao cristianismo. O novo reino não tem lugar para as fraquezas do homem nem para a variedade dos seus dotes naturais. A riqueza humana da ideia de um *corpus mysticum* se perde no igualitarismo aristocrático de pessoas espiritualmente maduras. A evocação de Joaquim pode originar uma seita, mas não um povo. Sua construção é a fórmula mais geral para o problema da era porque emana do centro espiritual, mas o conteúdo social restrito deixa a ideia no nível sintomático que caracteriza o período anterior a Tomás de Aquino. O homem espiritualmente maduro de Joaquim segue-se ao indivíduo político de João de Salisbúria e ao intelectual independente dos *Tratados de York*. O leque de possibilidades intramundanas está crescendo, mas sem nenhuma nova síntese à vista.

8. São Francisco

> *Primum igitur sciendum est quod beatus*
> *pater noster Fransciscus in omnibus suis*
> *actibus fuit Christo conformis.*
> Actus 1.1

§ 1. O Elogio das Virtudes

Como figuras simbólicas da sua época, as personalidades de São Francisco de Assis e de Joaquim de Fiore estão intimamente ligadas. São Francisco não teria sido visto pelos espirituais como a figura decisiva que inaugurava uma nova época na história cristã se as profecias de Joaquim não fornecessem o padrão simbólico para a sua interpretação; e as profecias de Joaquim não poderiam ter exercido a forte influência que exerceram no século XIII e em Dante a menos que o aparecimento de São Francisco confirmasse a previsão do *dux* de uma nova era.

Tal como no caso de Joaquim, na interpretação de São Francisco temos de estar cientes da relação dialética peculiar entre suas ideias e suas ações. A doutrina de São Francisco é um evangelho de amor fraterno, pobreza, obediência e submissão; emana de uma vontade autoafirmativa, inflexível e dominante, criando um estilo de vida para o simples leigo, o *idiota*, sem distinção feudal nem eclesiástica, mas lado a lado com as duas grandes ordens da autoridade – temporal e espiritual. O denominador comum da ação evocativa neste tempo é o impulso de forças humanas para encontrar seu lugar num mundo cristão preocupado com os poderes estabelecidos.[1]

A necessidade trágica de que a criação de uma ordem, mesmo de amor, exija uma dureza daimoníaca de ação, ofensiva ao ambiente em torno, matiza a página franciscana do *Elogio das Virtudes*.[2] A virtude da obediência tem como função a completa submissão do corpo à lei do espírito, de modo que o homem está submetido aos seus companheiros; e não só aos seus companheiros, mas também aos animais selvagens "para que lhe façam o que desejarem, até ao ponto que lhe for permitido do alto, pelo Senhor". O pacifismo radical de não resistência em São Francisco parece ser o oposto da violência tiranicida de João de Salisbúria; mas essa impressão é enganosa. As virtudes têm a função combativa de desbaratar os vícios, e os vícios a serem desbaratados são apenas incidentalmente os vícios da pessoa cujas virtudes causam esse desbaratar; em primeiro lugar, o alvo são os vícios do mundo (*mundus, saeculum*).

---

[1] Sobre São Francisco, ver Paul Sabatier, *Vie de St. François d'Assise*. Edição definitiva. Paris, Fischbacher, 1931; Edição em inglês: *Life of St. Francis of Assisi*. Trad. Louise S. Hougthon. Nova York, Scribner's, 1894. Reedição: 1938. Além disso, ver também Henry Thode, *Franz von Assisi und die Anfänge der Kunst der Renaissance in Italien*. Berlim, Grote, 1904; Vida Scudder, *The Franciscan Adventure: A Study in the First Hundred Years of the order of St. Francis of Assisi*. 2. ed. Londres, Dent, 1931; Dempf, *Sacrum*, pt. 2, cap. 8; John R. H. Moorman, *The Sources for the life of St. Francis of Assisi*. Manchester, Manchester University Press, 1967. Edições recentes e traduções: *Gli Scritti di S. Francesco d'Assisi*. Edição e tradução italiana de Kajetan Esser. Pádua, Edizioni Messagero, 1982; *The Writtings of St. Francis of Assisi*. Trad. Placid Herrmann. Chicago, Franciscan Herald Press, 1976; e *The Writtings of St. Francis of Assisi*. Trad. Ignatius C. Brady e Gian Luigi Uboldi. Assisi, Casa Editrice Francescana, Edizioni Porziuncula, 1983.

[2] Saint Francis, *Laudes de Virtutibus*. In: *Analekten Zur Geschichte des Franziskus von Assisi*. Ed. Heinrich Böhmer e Friedrich Wiegand. Sammlung ausgewählter kirchen- und dogmengeschichtlicher Quellenschriften, nova série, 2. ed., vol. 4. Tübingen, Mohr (Paul Siebeck), 1930. Reedição: 1961. Edição em inglês: *The Writtings of St. Francis of Assisi*. Trad. Paschal Robinson. Filadélfia, Dolphin Press, 1906.

É impossível compreender a atitude franciscana se as categorias éticas de virtude e vício forem referidas apenas ao caráter individual da pessoa. No contexto do *Elogio*, virtudes e vícios são forças que emanam dos poderes supremos do bem e do mal, de Deus e de Satã, e que se apoderam dos homens. A luta das virtudes contra os vícios é uma empresa coletiva. As virtudes de um grupo têm a função de desbaratar os vícios do outro. Há um traço do imanentismo maniqueísta nessa concepção de luta entre o bem e o mal, embora sem alcançar a rigidez da fórmula. A simplicidade tem de vencer a sabedoria deste mundo; a pobreza tem de vencer os cuidados deste mundo; a humildade tem de vencer o orgulho e particularmente "a todos os homens deste mundo e tudo quanto há no mundo". Possuir as virtudes exige atacar o mundo e suas instituições – família, propriedade, herança, autoridade governamental e civilização intelectual. O ataque reveste-se da forma social de uma pregação das virtudes. Além da forma normal, São Francisco desenvolveu, num momento em que sentia-se demasiado doente para pregar, a forma da carta aberta, divulgando a sua mensagem aos fiéis. A mais importante dessas cartas, e a mais notável por sua simples dignidade, é a carta "A Todos os Cristãos", de 1215.[3] Esta carta, de um leigo para todos os cristãos, é característica do novo *pathos* do homem que surge das cidades e adquire uma estatura que lhe permite falar a todo o universo cristão como um papa ou um imperador.[4]

§ 2. *A vida de pobreza*

O ataque ao mundo em nome dos conselhos evangélicos parece revigorar a expectativa escatológica de um

---

[3] *Opusculum commonitorum et exhortatorium* (*Epistola quam misit omnibus fidelibus*). In: *Analekten*. Ed. Böhmer e Wiegand, p. 33 ss.

[4] Outras cartas de São Francisco, falando com a mesma autoridade, são endereçadas a audiências menores. Ver a *Epistola ad Populorum Rectores* e a *Epistola ad Capitulum Generale*, de *Verba admonitionis*. In: *Analekten*. Ed. Böhmer e Wiegand, p. 27 ss, dirigidas para "Todos os Frades".

reino que não é deste mundo. Isso, no entanto, é um equívoco. Trata-se, ao mesmo tempo, de uma força e uma fraqueza de São Francisco o fato de ele ter elaborado a ideia de uma vida em conformidade com Cristo como modo de existência. Tentou realizar o que Joaquim de Fiore projetara: estabelecer uma nova ordem do espírito no mundo. Assim, sua linguagem e sua atitude sofrem desta ambiguidade constante. Quando ataca o "mundo", o *mundus* ou o *saeculum*, utiliza o vocabulário evangélico, mas nem sempre com o significado evangélico. O homem não é chamado a arrepender-se porque o reino de Deus está próximo (Mateus 3,2), mas porque a vida de pobreza e obediência é aconselhada como a constituição permanente do mundo em conformidade com a vida do Salvador.

Os escritos de São Francisco apresentam, portanto, elementos que se contradizem flagrantemente. A *Primeira Regra*, por exemplo, delineia a "vida do Evangelho" (*vita evangelii*) para a qual São Francisco obteve permissão oral de Inocêncio III.[5] No capítulo 1, encontramos uma longa lista dessas passagens dos Evangelhos que aconselham o ódio ao pai e à mãe e o rompimento com a família e suas obrigações, a fim de tomar a cruz e seguir o Senhor. Reaparece a dureza escatológica de Cristo, não só nas palavras dessa *Regra*, mas também na atitude de São Francisco para com os pais. Por outro lado, ele aceita incondicionalmente a existência da Igreja sacramental como a única evidência corpórea do Filho de Deus neste mundo.[6] Ele não pretende basear a vida de perfeição evangélica diretamente no evangelho, mas mantém um sentimento para com a Igreja, lembrando-nos do dito de Santo Agostinho segundo o qual não acreditaria em Cristo se não fosse a Igreja.

---

[5] *Regula non bullata quae dicitur prima*. In: *Analekten*. Ed. Böhmer e Wiegand, p. 1 ss.

[6] *Testamentum*. In: *Analekten*. Ed. Böhmer e Wiegand, p. 24 ss. Ver sua confissão: "*Et satis libenter manebamus in ecclesia. Et eramus ydiote et subditi omnibus*".

§ 3. A submissão à Igreja

Esses conflitos profundos nos ajudam a determinar de modo mais preciso a posição e a função de São Francisco em sua época. O espírito de revolta contra os poderes estabelecidos espalhava-se por todo o mundo ocidental, dos intelectuais às populações urbanas e camponesas. O movimento era cada vez mais dirigido contra a organização feudal da sociedade, incluindo a Igreja sacramental. Quando o movimento encontrava apoio das massas, adotava a forma de fundações sectárias, criando atritos com a Igreja, quer intencionalmente quer por pressões circunstanciais, pois o regresso ao ideal evangélico de perfeição era o único simbolismo revolucionário disponível para a civilização cristã desse tempo. Portanto, não temos que nos preocupar demasiado com a questão de saber se a glorificação franciscana da Irmã Pobreza foi ou não influenciada pelo conhecimento dos ideais dos pobres de Lyon. Em qualquer caso, o ideal de pobreza, juntamente com outros conselhos evangélicos, estava destinado a ser o símbolo da revolução.

O que distinguia São Francisco de outros dirigentes sectários e fez dele um santo e não um heresiarca era a sua sinceridade convincente, sua encarnação exemplar dos ideais que ensinava, o seu encanto, a sua humildade e uma ingenuidade que não era deste mundo. Para sua submissão à Igreja e para a sua crença em que a fraternidade dos pobres em Cristo poderia persistir sem institucionalização, não temos outra explicação senão uma cegueira para as vias do mundo, originada pela grande pureza do seu coração. As inevitáveis decepções que experimentou podem ser fortemente sentidas nas admoestações aos irmãos no *Testamento*: manter a simplicidade da *Regra* – nada acrescentar a ela, nem dela subtrair –, não fazer glosas sobre ela nem interpretar o *Testamento* como uma nova *Regra*, e não procurar da Cúria qualquer tipo de privilégio. O mundo não cedeu ao seu ataque, mas, por seu turno, penetrou a sua irmandade.

A santidade do seu caráter teve consequências de grande alcance no domínio da política. Ao mesmo tempo que conduzia a cruzada contra os albigenses, Inocêncio III confirmava a *Regra* de São Francisco. Se considerarmos o apelo de São Francisco, a rápida difusão da Ordem e, em particular, o influxo maciço na Ordem Terciária, é difícil imaginar que formas a revolução social teria adotado se a Igreja não tivesse captado o movimento através da pessoa de São Francisco e a integrasse na sua organização graças, sobretudo, à ação do cardeal Ugolino de Óstia, o protetor da ordem que mais tarde se tornou o papa Gregório IX (1227-1241). O diversionismo do movimento franciscano em formas sob o controle da Igreja conferiu a esta um novo alento, até que o movimento popular finalmente abalou as instituições medievais por meio da Reforma.[7]

§ 4. A Ecclesia *dos leigos*

As ideias, as atitudes e a eficácia de São Francisco revelam a doença que se abateu sobre o corpo místico de Cristo e a transformação que estava em andamento. No capítulo anterior, observamos que o estabelecimento do império cristão transferira o cristianismo do ambiente urbano mediterrânico para uma sociedade predominantemente rural. Com essa transferência, a dinâmica da vida cristã passou das comunidades para as hierarquias – espirituais e temporais. O surgimento do *idiota*, desde o século XII, como uma nova força cristã implica a reentrada da comunidade urbana como força social no mundo cristão. Essa mudança de ênfase se reflete na mudança de sentido de termos fundamentais.

O significado original de *ecclesia* era aquele de comunidade-Igreja. No Império Romano, a *ecclesia* local formou

---

[7] Sobre os movimentos populares não conduzidos pela Igreja, ver vol. VI, *Renascença e Reforma*, parte 4, cap. 3, "O Povo de Deus".

uma ilha de organizações do *populus christianus* num mar de paganismo. O abismo entre as comunidades cristãs e a organização imperial nunca foi completamente fechado, como vemos na teoria de Santo Agostinho. No Império Carolíngio, por fim, foi encontrada uma instituição que integrava a autoridade temporal no sistema dos *charismata* cristãos, de modo que as duas ordens do corpo único de Cristo cooperavam na difícil tarefa (e que hoje seria considerada totalitária) de criar um povo cristão uniforme com base em hierarquias preexistentes.

Agora, no século XII, tem início um processo de dissociação. Na linguagem de São Francisco, a *ecclesia* estava prestes a se reduzir a uma organização sacerdotal, enquanto os leigos, os *idiotae*, formavam suas próprias comunidades, as quais, entretanto, tentavam viver em paz com a hierarquia tradicional. A fissura se torna ominosamente aberta na diferenciação franscicana entre a vida do leigo, em conformidade com Cristo, e a vida sacerdotal, em conformidade com a Igreja Romana.[8] Uma nova *ecclesia* estava crescendo desde dentro, de modo parecido à posição que ocupava a *ecclesiae* cristã original no ambiente pagão. A *ecclesia* franciscana e seus problemas de ajuste estavam apenas começando. Os mesmos problemas reaparecerão quando novas *ecclesiae* nascerem de cidades, nações e camadas da sociedade e tiverem que lutar por um lugar no sistema dos velhos poderes.

§ 5. A conformidade com Cristo – A natureza

A pessoa de São Francisco e a *religio* que ele fundou eram inconfundivelmente forças intramundanas em oposição ao *imperium*, dotado de princípios gelasianos. O fato ficou meio obscurecido pelo ideal de uma vida em conformidade com Cristo. A linguagem do ideal induz a crença

---

[8] *Testamentum*. In: *Analekten*. Ed. Böhmer e Wiegand, p. 3.

de que a religiosidade franciscana é, de fato, um retorno às ideias do cristianismo primitivo. Mas essa suposição negligencia a diferença decisiva, a saber, que os fiéis das primeiras comunidades *seguiam* o Messias, o rei, no reino de Deus, onde participariam em Sua glória régia, ao passo que São Francisco *imitava* a vida do *homem* Jesus a partir de uma até então inexistente compreensão de seu sofrimento sacrificial em humildade na terra. O nível do cristianismo franciscano não é determinado por um renascimento do desejo de entrar no reino dos céus (que é dado como certo), mas por uma nova compreensão da dignidade do sofrimento e da criação sem voz. São Francisco é espantosamente sensível à criação divina onde ela é mais "criada" e menos autoafirmativa: nos homens que sofrem, nos pobres, doentes e moribundos, nos animais, nas flores e na ordem silenciosa do cosmos.

Um novo reino do ser entra no foco de atenção, uma tendência que já observamos em seu início no cardeal Humberto e nos *Tratados de York*. A penetração do Espírito no reino da natureza atingiu, então, seu pleno desenvolvimento. São Francisco utiliza as fórmulas da severidade escatológica, e ele mesmo age com dureza, mas o sentimento que o move não renega o mundo; pelo contrário, adiciona-lhe uma dimensão até então ausente da dispensação cristã. A alegria da existência como criatura e a expansão alegre da sua alma – alcançando em amor fraterno essa parte muda do mundo que glorifica a Deus apenas pela humildade de ser criado, a alegria simples na comunidade recém-descoberta da criação divina – tornam São Francisco o grande santo.

Através de sua descoberta e aceitação do estrato mais baixo da criação como parte significativa do mundo, ele se tornou uma das figuras relevantes da história ocidental. Tomou os humildes pela mão e os conduziu à sua dignidade, não para um reino de Deus no outro mundo, mas num reino de Deus que é deste mundo. Conferiu à natureza a sua alma cristã e com ela a dignidade que a torna objeto de observação.

A expressão sublime deste sentimento é o *Cântico das Criaturas*.⁹ O cântico abre com o louvor a Deus, depois aos corpos celestiais, aos elementos, à terra que produz frutos e flores, aos humildes que perdoam e vivem em paz e à morte corpórea; e termina com a exortação a que todos sirvam a Deus *cum grande humilitate*.

§ 6. O Cristo intramundano

A preocupação alegre com a nova descoberta resultou, porém, numa limitação diferente da experiência cristã. São Francisco alargou o nosso mundo, mas a sua tônica na nova dimensão negligenciou outros problemas. A vida do santo trouxe uma irrupção de novas forças intramundanas, mas não uma nova síntese. São Francisco foi um grande naturalista, um fato que fica quase obscurecido por sua completa espiritualização dos sofredores e da natureza silenciosa. Sua fórmula de uma vida em conformidade com Cristo, não nos esqueçamos, é em conformidade com o sofrimento de Cristo, não com Cristo-Rei em sua glória. Em sua conformidade com Cristo, o homem, São Francisco alcança a máxima altura possível à natureza humana quando recebe os estigmas na noite de La Verna.

Mas nenhum ser humano pode conformar sua vida à do Messias. Ao conformar sua vida à do Cristo sofredor, São Francisco tinha conformado a imagem de Cristo às possibilidades humanas. Na sequência das forças intramundanas que usam símbolos cristãos para sua autointerpretação, São Francisco teve de criar o símbolo do Cristo intramundano, mas este símbolo só pode absorver aquele aspecto da pessoa do Salvador que se conforma com os humildes e sofredores deste mundo. A função de Cristo como hierarca sacerdotal e real teve de ser

---

⁹ *Canticum fratris solis*. In: *Analekten*. Ed. Böhmer e Wiegand, p. 44 ss; o cântico é precedido pelas seguintes palavras: "*Incipiuntur laudes creaturarum, quas fecit beatus Franciscus ad laudem et honorem Dei, cum esse infirmus apud Sanctum Damianum*".

negligenciada; o Cristo de São Francisco é o Cristo intramundano dos pobres; não é mais o cabeça do *corpus mysticum* da humanidade. A grande realização evocativa do compromisso com o mundo, particularmente no período imperial ocidental, foi a compreensão da diferenciação natural dos homens e das hierarquias espirituais e temporais como funções no corpo místico. Em sua preferência pelo Cristo dos pobres e sua negligência para com o Cristo hierarca, esta grande obra civilizacional foi, em princípio, desfeita por São Francisco. O mundo teve de se dividir quando Cristo deixou de ser a cabeça do corpo diferenciado da cristandade e se tornou apenas o símbolo de uma das forças particulares que reivindicavam para si um *status* privilegiado de conformidade com ele.

A evocação de São Francisco foi o sintoma mais impressionante do processo em que o *sacrum imperium* se desintegrou. Enquanto o Santo atingia o clímax de sua conformidade com Cristo ao receber os estigmas, erguia-se a estrela do imperador Frederico II – que era considerado o Anticristo, porque pela primeira vez, desde a Antiguidade, incorporou a lei de Deus em sua pessoa – e estabelecia mais uma vez o dirigente como o *nomos empsychos*, fora da ordem carismática do corpo místico.

9. Frederico II

Dominus Mundi

§ 1. *O deslocamento* (peripeteia) *do império*

O último imperador medieval foi o fundador do primeiro estado moderno. Nele, a crise da época encontrou o homem que se tornou seu símbolo perfeito graças às circunstâncias de sua queda e de seu gênio pessoal. Para compreender seu papel e sua consciente ratificação dele, temos de observar o processo de transformação da estrutura política do mundo ocidental que constituía o cenário de sua vida estupenda.

O fator dinâmico que determinou a transformação e, em última análise, a desintegração da ideia imperial foi o surgimento de unidades políticas periféricas em torno do núcleo germânico imperial. Vimos que no século XI esse conjunto de principados tinha obtido importância suficiente para inspirar Gregório VII com a visão de uma comunidade de reinos nacionais, dependentes da autoridade semifeudal e semiespiritual do papado como contrapeso ao próprio império. Os eventos que promoveram a ascensão desse grupo de principados à efetividade política em escala mundial foram a expansão normanda dos séculos X e XI, a fundação dos reinos nas ilhas da Sicília e da Inglaterra e a expansão dos poderes insulares para o continente por meio de matrimônios e heranças. As consequências da expansão normanda foram extraordinárias por duas razões: (1) a instituição da regra normanda na Sicília, na Itália do Sul e na Inglaterra adicionou dois poderes consideráveis ao sistema europeu de unidades políticas; (2) o fato de novos poderes terem sido estabelecidos pela conquista possibilitou aos duques normandos criar organizações governamentais com um grau de racionalidade até então desconhecido no mundo ocidental.

Não vamos nos estender aqui sobre fatos históricos já bem conhecidos; basta mencionar que Guilherme, o Conquistador, e seus sucessores desenvolveram uma administração régia centralizada e podiam manter em xeque os recursos e os poderes dos senhores feudais, e que a concentração do poder nas mãos do rei foi a base de desenvolvimento da pequena aristocracia inglesa e da classe média e, consequentemente, da evolução das formas constitucionais de governo. Na Sicília, a tarefa de estabelecer um governo racionalizado foi relativamente mais fácil. As tradições de administração bizantina e islâmica, bem como uma população acostumada a formas absolutas de governo, facilitaram o processo. O estado de Rogério II (1130-1154) era, em sua substância, o estado que fora aperfeiçoado por Frederico II (1211-1250).

A expansão continental assumiu formas semelhantes em ambos os casos. O casamento de Matilda, filha de Henrique I (1100-1135), com Geoffrey de Anjou trouxe a casa de Plantageneta ao trono inglês, e o casamento de Henrique II (1154-1189) com Eleonor de Aquitânia acrescentou o sudoeste da França aos feudos detidos pelo rei angevino da Inglaterra. Com a morte de Henrique II, o "império" angevino era constituído pela Inglaterra e pela maior parte da França até os Pireneus, enquanto a esfera de influência dos Capetos foi reduzida a leste. Através dos casamentos de duas filhas com Afonso VIII de Castela (1158-1214) e Guilherme II da Sicília (1166-1189), a influência dos Plantagenetas estendeu-se por toda a periferia oeste e sul do império; e através do casamento de uma terceira filha com Henrique, o Leão, duque da Saxônia e da Baviera, o rival do Hohenstaufen, foram lançadas as bases para a influência sobre o império e para a posterior aliança anticapeto entre os ingleses e os guelfos. No sul, Guilherme II da Sicília casou Constança, herdeira de Rogério II (1103-1154), com o filho de Frederico Barba-Ruiva (1152-1190), o futuro Henrique VI (1190-1197). Na época em que esse casamento foi celebrado, o seu propósito não era tanto ganhar influência sobre o império, mas impedir o imperador de interferir nos planos imperiais de Guilherme no Mediterrâneo. Após a morte de Guilherme, uma revolta nacional sob Tancredo de Lecce, auxiliado pelo papa e por Ricardo I da Inglaterra (1189-1199), resistiu à ascensão de Henrique VI ao trono e teve de ser subjugada pela força em 1194. O resultado político foi, em certo aspecto, semelhante ao dos casamentos ingleses: os angevinos tornaram-se reis da Inglaterra com os feudos franceses como anexo ao seu poder; os Hohenstaufen tornaram-se sicilianos com o império como anexo ao núcleo real do seu poder. O poder deslocou-se geograficamente para a periferia do império. Na última década do século XII, Inglaterra e Sicília eram os dois grandes centros de poder do mundo ocidental – o inglês irradiando a partir do norte da Europa ocidental para os Pireneus; o siciliano irradiando a partir do sul, passando pela Itália, para a Europa central.

Identificamos o componente normando na esfera do poder desse tempo. Mas nenhuma tendência que possa ter existido para a consolidação deste imperialismo incipiente conseguiu amadurecer, pois as forças de oposição eram muito fortes. No continente, o período que vai de 1190 a 1250 foi apinhado por um grupo de governantes muito capazes cujas ações e reações determinaram a estrutura política da Europa durante a maior parte do período moderno. O reinado de Filipe II Augusto (1180-1233) na França marcou o início do fim da expansão inglesa no continente e estabeleceu o núcleo do Estado nacional francês. O breve reinado do imperador Henrique VI levou o sonho de um império do mundo ocidental para mais próximo da realização do que nunca. O primado do papa Inocêncio II (1198-1216) trouxe a construção oposta de uma dominação pontifícia da Europa ao ponto mais alto de realização. Os anos 1216-1254 viram a luta final entre Frederico II e os papas Honório III (1216-1227), Gregório IX (1227-1241) e Inocêncio IV (1243-1254), a qual terminou na aniquilação dos Hohenstaufen, o interregno e a fragmentação da Alemanha.

As construções imperiais de Henrique VI e Inocêncio III não contam com elementos essencialmente novos; o que é novo é a escala do sucesso. No seu governo, Henrique foi capaz de unir o império e a Sicília; obrigou Ricardo I a tornar a Inglaterra em feudo e através dele reivindicou autoridade sobre o rei de França. Dinamarca e Polônia eram seus vassalos, Itália estava em seu poder e, como rei da Sicília, era o rei da África. Ele morreu de repente, enquanto estendia o seu poder para leste. Inocêncio III restabeleceu a construção gregoriana da "agremiação", abrangendo Sicília, Aragão, Portugal, Dinamarca, Polônia, Hungria, Bulgária e Sérvia. Além disso, ele obrigou João (1199-1216) a tornar a Inglaterra em feudo, excomungou Filipe II de França, e afirmou o direito de ser juiz em eleições imperiais, quando concedeu a coroa a Otão IV dos Guelfos (1208-1215) contra Filipe de Suábia.

Os padrões dessas construções de oposição são tradicionais, mas o problema subjacente que os liga, a questão da Sicília, é um novo elemento da política de poder. A questão da Sicília havia surgido durante a Controvérsia das Investiduras, quando o papado encontrou nos normandos um aliado conveniente, embora frequentemente irrequieto, contra a pressão imperial na Itália. A existência de uma Sicília forte como feudo papal era do interesse da Santa Sé, do ponto de vista do poder – e mesmo geopolítico. O interesse imperial oposto pela Sicília tornou-se notável durante o século XII, com Frederico I Barba-Ruiva. Um fator desse interesse foi o ressurgimento da ideia de que o império ocidental devia ser o dono do antigo território do Império Romano e da Cidade Eterna. No entanto, de importância mais premente foi a percepção de que o imperador alemão necessitava, para a manutenção da sua posição, de um território que pudesse ser racionalmente organizado como o centro de seu poder. O casamento do filho do imperador com Constança da Sicília foi, por parte do imperador, arranjado com vistas ao estabelecimento de um domínio imperial na Itália. Podemos verificar as implicações no fato de que, após o casamento, Henrique foi coroado *Caesar* (1186), em Milão, um título que designa o corregente imperial na Constituição de Diocleciano e nunca antes foi utilizado no império ocidental.

As consequências políticas do cerco ao papado, quando a Sicília e o império ficaram unidos nas mãos de um imperador forte, tonaram-se evidentes no reinado de Henrique VI. Após a sua morte, tornou-se o grande interesse de Inocêncio III impedir a todo o custo a repetição dessa constelação. No conflito entre Filipe da Suábia e Otão de Brunswick, ele decidiu contra a família Hohenstaufen e acabou por coroar Otão em 1209. No ano seguinte, no entanto, Otão IV retomou a política dos Hohenstaufen e começou uma campanha de grande sucesso, conquistando até o sul de Itália e a Sicília. A habilidade diplomática de Inocêncio III evitou o novo perigo para o papado no último momento. Em 1211, um grupo de príncipes alemães, inimigos dos Guelfos, elegeu Frederico como rei alemão, por acordo com o papa e o rei da França. Na guerra que se seguiu entre as alianças França-Hohenstaufen e Inglaterra-Guelfos, a batalha de Bouvines, em 1214, foi favorável a Frederico II e Filipe II Augusto.

As consequências da batalha foram importantes e influenciaram a estrutura política da Europa até o presente. Para a Inglaterra, a batalha foi seguida pela concessão da Magna Carta em 1215; foi o primeiro grande passo rumo ao desenvolvimento constitucional inglês. Para a França, salvou as reformas administrativas, financeiras e militares de Filipe II e estabeleceu o reino francês como potência europeia de primeira ordem; a França iniciou o seu desenvolvimento em direção ao estado administrativo continental por excelência. No seu retorno à Sicília como conquistador, Frederico II foi capaz de lançar as bases da monarquia centralizada e burocrática (lei de *resignandis privilegiis*). Ao lidar com a Alemanha, seguiu a política oposta de concessões liberais aos príncipes espirituais e temporais, a fim de garantir o seu apoio; o *Privilegium in favorem principum ecclesiasticorum*, de 1220, e a *Constitutio in favorem principum*, de 1231, fixaram as linhas do desenvolvimento particularístico da Alemanha.

Este escrutínio dos fatos principais é extremamente incompleto, mas serve para mostrar a modificação completa do cenário político. A importância relativa do *sacrum imperium* diminuiu porque novos poderes surgiram na "periferia" e, com sua pressão, deslocaram o centro da política para oeste e para sul. A ascensão destes poderes teve como consequência a dissolução da ideia imperial e sua suplantação por novas ideias evocativas adaptadas a um mundo de poderes rivais; o princípio gelasiano como ideia evocativa dominante do Ocidente estava em declínio, e emergiram os problemas do poder político no sentido moderno.

A irrupção de forças intramundanas no campo da evocação imperial exprimiu-se, à época, por meio de três formas principais: o aparecimento da arte de governar, o aparecimento do estadista e o claro crescimento da consciência nacional como fator determinante na política. Quanto ao aparecimento da arte de governar, observamos seus efeitos nas conquistas normandas. A situação de conquista teve, no período entre os séculos XI e XIII, uma função semelhante à da revolução no período posterior dos estados nacionais; a limpeza que foi feita nos interesses entrincheirados clareou o caminho para uma reconstrução racional da organização governamental. A melhora da administração financeira e militar aumentou enormemente o poder político. A Sicília era cobiçada porque tinha um sistema de impostos que fazia do seu monarca o mais rico da Europa. A racionalização militar resultou na derrota da cavalaria feudal de Frederico I Barba-Ruiva pelas mãos da infantaria burguesa da liga lombarda em Legano (1176) e no triunfo da cavalaria profissional de Filipe II e da milícia burguesa sobre as forças feudais em Bouvines (1214); o primeiro escalão do poder militar de Frederico II eram as tropas mercenárias islâmicas.

Em segundo lugar, notamos a aparição dos grandes organizadores dos governos domésticos na Inglaterra, França, Sicília e dos mestres do poder político. Mesmo os representantes dos velhos poderes gelasianos, Henrique VI e Inocêncio III, eram homens do estilo novo, embora no caso do imperador Henrique VI fique claro que a ideia imperial não tinha lugar nos novos padrões de poder. O mais comovente documento do período foi o *Testamento* do imperador, no qual Henrique VI praticamente dissolveu a sua gigantesca construção e abandonou alguns de seus domínios mais bem estabelecidos, admitindo silenciosamente que, no campo do poder político, o império era uma unidade entre outras e que estava morto o sonho de uma organização do poder imperial do Ocidente.[1]

Finalmente, observamos a consciência nacional como um fator no colapso do império angevino com a formação da política nacional francesa e inglesa. A consciência nacional espanhola cristalizou-se rapidamente sob o contínuo esforço das guerras contra os muçulmanos. Em 1135, Afonso VII de Castela (1126-1157) foi coroado imperador, um título de pouco efeito prático, mas indicativo do significado de igualdade em grau com o cabeça do *sacrum imperium*.

---

[1] *Testamentum*. Ed. Ludwig Weiland. In: *MGH, Const.*, vol. 1. Hanover, Hahn, 1893, p. 530-31, n. 379. Publicações recentes de *Constitutions of Melfi: The liber Augustalis or Constitutions of Melfi: Promulgated by the Emperor Frederick II for the Kingdom of Sicily in 1231*. Trad. James M. Powell. Siracuse, N. Y., Siracuse University Press, 1971; e *Constitutiones Regni Siciliae: Liber Augustalis*. Ed. Hermann Dilcher, *Mittelalterliche Gesestzeesbücher europäischer Länder in Faksimiledrucken*, vol. 6. Glashütten, Taunus, Avermann, 1973. O último livro é um fac-símile da edição de Naples, S. Reissinger, 1475. Ver também, *Die Sizilianische Gesetzgebung Kaizer Friedrichs II: Quellen der Constitutionen von Melfi und ihrer Novellen*. Colônia, Böhlau, 1975.

§ 2. *As* Constituições de Melfi

A posição de Frederico II entre as eras tornou-o um Salvador para os amigos e um Anticristo para os inimigos. O estilo de *dominus mundi*, empregado por seus cortesãos, oscila entre os significados de senhor imperial do *orbis terrarum* e de príncipe satânico deste mundo. O fascínio luciferino do imperador ainda dificulta que se chegue a uma imagem confiável, não enviesada, dessa pessoa e de suas ideias. É grande a tentação de ver nele o renascimento de um ideal de governança clássico, mediterrânico e pré-cristão e é igualmente tentador vê-lo como "o primeiro homem moderno". Alguns o consideram um *esprit fort* que não acreditava na imortalidade da alma; outros o maquiaram e retrataram como um bom católico; adeptos de um culto epigônico de grandes homens enalteceram-no como um super-homem, de dimensões heroicas; historiadores nacionalistas alemães condenaram-no por sua *Verwelschung* do império e pelo parcelamento da Alemanha; uns eram sensíveis sobretudo ao *pathos* de majestade imperial; outros enfatizaram sua evocação de um colégio de príncipes seculares da Europa.

Não tencionamos adotar como definitivo qualquer destes retratos. A grandeza do imperador não reside nem na força de um caráter firme e claro, nem nos méritos de uma política, nem na consistência com que a empreende. Reside, antes, na força e vastidão de uma alma que era igual às tensões da época. Reaparece a expectativa entre a evocação antiga e a irrupção de forças intramundanas característica das teorias de João de Salisbúria, agora com a escala e a responsabilidade da ação imperial. A experiência da plenitude dos tempos que determinou a construção apocalíptica de Joaquim de Fiore exprime-se no jogo de Frederico com o símbolo de Augusto, o arauto da Idade de Ouro, uma figura que tem paralelo com Cristo na história profana. Em relação a Frederico, a *Quarta Écloga* de Virgílio parece ter sido aplicada pela primeira vez na história cristã, não a Jesus, mas a um governante. E a conformidade franciscana ao Cristo sofredor tem paralelo na conformidade do imperador ao Messias vitorioso, a um ponto tal que beira a evocação de deus-homem. Mas as imagens conflitantes de um príncipe do Renascimento e de um imperador carismático do Ocidente, do governante carismático do *sacrum imperium* e do rei sagrado helenístico, do cristão humilde que reconhece a autoridade do papa e do rei-messias, permanece como campo de tensões. O imperador podia adotar diferentes papéis, podia encená-los até o ponto de ruptura em que eles se transformam em realidade inflexível, mas, por fim, comprometeu-se a não considerar uns com a exclusão dos outros.

Quando tentamos olhar por trás dos papéis desempenhados, em busca das qualidades da pessoa que os reúne, encontramos vitalidade e sensualidade abundantes, uma capacidade sempre pronta a desempenhar o papel sugerido pelas circunstâncias da situação; uma disposição alegre de investigar, até aos limites, a estrutura da realidade tal como esta se apresenta, seja nos problemas empíricos da caça ao falcão, nos problemas intelectuais das Questões Sicilianas, na técnica dos procedimentos da corte, ou em apocalípticos contramanifestos às acusações papais. Nele é impossível traçar uma linha entre o homem de ação e o ator, entre a selvageria de sua vontade e a ironia do seu jogo. Liga-se aos seus atos a qualidade da representação; na pompa barroca da linguagem, no seu sentido do ritual, na representação plástica e arquitetônica do culto da Justiça na Porta de Cápua e na consciência representativa da sua majestade.

Também é impossível demarcar a linha que divide sua curiosidade intelectual e sua descrença dogmática. Quando na *Carta a Jesi* se refere ao seu local de nascimento em termos de Belém e à sua mãe como uma *theotokos*, não sabemos quanto disso é um jogo com símbolos representativos, quanto é conformidade ao Messias com propósito político e quanto, talvez, é apenas ingenuidade. Quando o papa o chama de a besta apocalíptica que subiu do mar e ele dá o troco chamando o papa de "cavalo vermelho do Apocalipse", não podemos saber até que ponto a réplica é política, convicção religiosa ou pura brincadeira. Temos de atender a essas tensões na alma a fim de compreender a impressão que o imperador exerceu sobre os contemporâneos. Estavam assustados porque ninguém poderia dizer o que um homem desta capacidade faria em seguida e a que extremos o conduziria um temperamento duro e selvagem. A visão nietzscheana de Cesare Borgia como papa está perfeitamente dentro das possibilidades da alma de Frederico II.

Abundam os materiais para a interpretação de Frederico II. Temos de nos limitar a uns poucos exemplos representativos que ilustram a estrutura do sentimento há pouco esboçado. O mais importante documento para o presente propósito é o *Prooemium* das *Constituições de Melfi*, de 1231, o ato conclusivo da reorganização política da Sicília.[2] A própria promulgação foi indicativa da situação. As *Constituições* foram proclamadas pelo imperador romano, mas não se destinavam ao império; elas codificavam o direito constitucional, administrativo, penal e processual para a Sicília. Nenhum outro governador da época teria tido autoridade para renovar a função imperial de legislador para seu reino; e o imperador não podia fazê-lo no império, mas apenas na Sicília. Estamos no início da transformação das categorias políticas imperiais em categorias políticas modernas, as quais pressupõem uma

---

[2] O melhor estudo das ideias políticas do imperador ainda é Wolfram von den Steinen, *Das Kaisertum Friedrichs des Zweiten nach den Anschauungen seiner Staatsbriefe*. Berlim e Leipzig, de Gruyter, 1922. Ver também Ernst H. Kantorowicz, *Kaiser Friedrich der Zweite*. Berlim, Bondi, 1927. Edição em inglês: *Frederick II, 1194-1250*. Trad. Emily O. Lorimer. Nova York, Smith, 1931. Reedição: Nova York, Ungar, 1967. Antonio de Stefano, *L'idea Imperiale di Federico II*. Florença, Valecchi, 1927. Reedição: Parma, Valecchi, 1978; Franz Kampers, *Kaiser Friedrich II, der Wegreiter der Renaissance, Monographien zur Weltgeschichte*, vol. 34. Bielefeld e Leipzig: Velhagen und Klasing, 1929; e Stefano, *La Cultura Allá Corte di Federico II Imperatore*. Palermo, Cinni, 1938. Reedição: Parma, All'insegna del veltro, 1990. Sobre o *Proemium*, ver *Historia Diplomática Frederici Secundi*. Ed. Jean-Louis-Alphonse Huillard-Bréholles, vol. 4. Paris, Henricus, 1854. Reedição: Turim, Bottega d'Erasmo, 1963, cap. I. [Os estudos mais recentes sobre Frederico II são David Abulafia, *Frederick II: A Medieval Emperor*. Londres, Allen Lane Penguin, 1988; e Wolfgang Stürner, *Friedrich II*, vol. 1. Die Königsherrschaft in Sizilien und Deutschland, 1194-1220. Darmstadt, Wissenschaftliche Buchgesellschaft, 1992.]

pluralidade de unidades governamentais soberanas. O *imperator in regno suo* é uma concepção transitória entre o imperador e o príncipe soberano.

Igualmente importante é a mistura de categorias imperiais cristãs e romanas, para transformar a lei da humanidade cristã na lei positiva do estado secular. Os princípios orientadores dessa codificação, como estabelecido no *Prooemium*, eram os conceitos cristãos de *pax et justitia*, mas rodeados pelos de dois grandes imperadores de paz e justiça, Augusto e Justiniano. As *Constituições* datavam de agosto de 1231, embora tivessem sido publicadas em setembro, e foram chamadas de *Liber Augustalis*; e o *Prooemium*, ele mesmo uma imitação da introdução do *Corpus juris*, foi precedido pelo estilo imperial de Justiniano. Os historiadores que fixam sua atenção no simbolismo imperial romano podem falar até certo ponto de um renascimento de ideias clássicas, mas o fato decisivo é que os símbolos romanos não servem para uma reconstrução imperial, mas, antes, para a destruição do *sacrum imperium* por meio da instituição de uma província do império sob categorias que deveriam ficar reservadas para a totalidade.

O *Prooemium* contém a teoria da função régia da legislação embutida no simbolismo cristão da origem da ordem governamental no estado do homem após a Queda. Depois de concluir a obra da criação, Deus deu ao homem, a mais perfeita criatura, o domínio sobre ela, impondo-lhe tão só a observância da lei. A transgressão foi punida com a perda da imortalidade. Com a morte do homem, entretanto, a criação teria perdido seu sentido e, para não destruir a criação com o primeiro homem, Deus o fez fértil. Uma vez que a inclinação para a transgressão é herdada, os homens brigam entre si, e Deus providencia governantes para preservar a ordem da sociedade humana.

A história é reveladora em vários aspectos. Em primeiro lugar, temos de estar cientes de que esta descrição não é a narrativa do Gênesis, mas uma seleção de elementos retirados dela e fundidos numa nova unidade sistemática. O problema moral da Queda desapareceu e, com ele, a redenção através de Cristo. A queda no *Prooemium* é uma ofensa legal que recebe a devida punição, uma punição que continua até hoje, como se nunca tivesse havido um Salvador. Além disso, notamos a introdução de conceitos aristotélicos. O mundo como criação de Deus tem uma enteléquia; quando o *telos*, o homem, desaparece, o resto do mundo perde sua "forma" (*deformatur*). A substituição da comunidade do homem mortal pelo homem imortal reforma a estrutura hierárquica do mundo; a criação atinge o seu clímax no governante que tem de preservar a ordem do povo. A função ordenadora do governante surge da *necessitas rerum*, as necessidades do mundo; o homem irascível precisa do governante, e as ações deste restauram o significado da criação. É possível, claro, apontar a relação entre a teoria do *Prooemium* e certas correntes da filosofia cristã primitiva do direito natural que encara a ordem positiva do mundo como a ordem má que se faz necessária após a Queda, e muitos historiadores enfatizam essa relação. Mas a insistência neste ponto negligenciaria a diferença essencial entre as duas ideias: a teoria cristã do direito considera o problema da ordem comum em sua ligação com os fatos da história sagrada; o *Prooemium* usa o simbolismo cristão, mas se a história da Queda fosse omitida, a teoria da ordem e do governo não sofreria qualquer alteração. Vazada numa linguagem cristã, o *Prooemium* promove uma teoria naturalista do poder, derivando a função de governar das estruturas da realidade intramundana. A noção de *necessitas rerum* introduz um elemento na ideia de um governo divinamente ordenado que mais tarde viria a se tornar a *raison d'état*.

Finalmente, emergiu no *Prooemium* outro elemento que teria importância crescente na especulação política subsequente, um elemento que, para ser breve, chamaremos de averroístico. O lugar na hierarquia do casal paradisíaco imortal, após a Queda, foi substituído pela sucessão de gerações de homens mortais. A imortalidade coletiva da humanidade sucedeu à imortalidade individual do Paraíso. As implicações da ideia não foram elaboradas no *Prooemium*, e alguns intérpretes podem ter ido longe demais quando presumiram que as implicações foram pretendidas pelo imperador. Simplesmente não sabemos se foram ou não, e presumir uma posição ou outra arruinaria a incerteza que marca o período. Mas muito provavelmente estão presentes. A interpretação coletivista da humanidade se opõe, por princípio, à ideia cristã de *corpus mysticum*. A ideia do corpo místico atinge uma compreensão da unidade espiritual da humanidade, ao passo que deixa intactos os dons naturais, a personalidade humana e a imortalidade da alma. A ideia coletivista, em sua forma logicamente elaborada, absorve a personalidade humana no espírito do grupo. O homem é a individuação de um intelecto genérico, e a morte é apenas a despersonalização através da dissolução no espírito do mundo (ou espírito de grupo). Essa análise da personalidade humana foi apresentada na teoria aristotélica da alma pelos filósofos muçulmanos, e particularmente por Averróis (Ibn Rushd, 1126-1198). No campo da ética e da política, esse pressuposto antropológico pode ter como consequência o apoio ao ideal de conformidade a um tipo, a uma disciplina de grupo e a medidas governamentais de reforço à conformidade e à disciplina. A antropologia averroísta pode tornar-se, em síntese, a base filosófica de uma organização coletivista e totalitária da sociedade.

No caso do *Prooemium*, temos de resistir à tentação de encontrar nele mais do que o que de fato está lá. É improvável que as doutrinas averroístas tenham sido incorporadas conscientemente porque os primeiros sinais de uma influência doutrinária do averroísmo no Ocidente não surgem antes de meados do século.[3] Por isso mesmo, é importante deixar claros os elementos na situação política que criaram a receptividade para as ideias averroístas. As *Constituições de Melfi*, nesse sentido, não eram o início, mas já representavam um estágio avançado. A consciência da unidade espiritual do

---

[3] Sobre este assunto, ver Stefano, *La cultura*, cap. 3, "'Quasti siciliani' e l'averroismo latino". Ver também Charles H. Haskins, *Studies in the History of Medieval Science*. 2. ed. Harvard Historical Studies, vol. 27. Cambridge, Harvard University Press, 1927, capítulos 12-14.

povo como problema governamental surgiu vinculado a movimentos heréticos de caráter popular. A primeira legislação civil contra heresias surgiu com a Assize de Clarendon (1166). Em grande escala, a questão tornou-se premente sob o pontificado de Inocêncio III, com a cruzada contra os albigenses e o estabelecimento da Inquisição como aparato para impor a conformidade. A característica mais importante do processo inquisitorial foi a invenção da "investigação régia", que era a caça aos acusados por investigadores oficiais e o julgamento sem queixa privada.

Nas *Constituições de Melfi*, esses princípios se desenvolveram num sistema de coação governamental à conformidade, de tal modo que a linha divisória entre heresia religiosa e insubordinação política foi praticamente abolida. O artigo 1º trata da perseguição de heréticos e patarenos, sobretudo dos patarenos que se dispersaram, conforme a letra do artigo, da Lombardia, passando pela Itália, até alcançar o reino de Frederico. A proteção da fé era parte da guerra contra a resistência comunitária das cidades lombardo-patarenas; a guerra contra os heréticos era parte da campanha contra os movimentos populares que puseram em risco a autoridade dos príncipes. As fórmulas usadas para respaldar as medidas anti-heréticas são altamente sugestivas dos desenvolvimentos posteriores do período dos estados nacionais. A acusação de que os patarenos induziram uma cisão na "indivisível unidade da fé" nos lembra da "indivisível soberania da nação" nas constituições revolucionárias da França.[4] A alegação de que os patarenos cruelmente destroem a si mesmos, porque tinham de ser queimados pelos governantes devido a sua persistência em suas crenças heréticas, lembra-nos o argumento de Hobbes segundo o qual aquele que desobedece o príncipe, e

---

[4] Ver *Constitutiones*, tit. I: "*In ipsius indivisibilis fidei unitatem nituntur inducere sectionem et oves a Petri custodia, cui pascende a Bono Pastore sunt credite, segregare*", com a Constituição Francesa de 3 de setembro de 1791, tit. 3, art. I: "*La Souveraineté est une, indivisible, inalienable et imprescriptible. Elle appartient à la Nation*". Ver France, Assemblée nationale constitutive, La Constitution française, presentée au Roi par l'Assemblée, September 3, 1791. Dijon, Imprimerie de Causse, 1791.

consequentemente é levado à morte, comete suicídio; ou das teses nacionais-socialistas de que um homem de estado que resiste à Alemanha pode, irresponsavelmente, trazer miséria a seu povo e a si mesmo.

Os artigos sobre os hereges são seguidos pelo artigo IV, que proíbe a discussão das leis, decisões, serviços e nomeações régias, considerando que tal ação seria um sacrilégio (*est pars sacrilegii*). Este artigo, que, por seu lugar no sistema do código e por seu conteúdo, classifica a crítica ao governo como heresia, remonta à época de Rogério II. A legislação sobre a dignidade sacramental da autoridade do governo secular antecedeu a legislação anti-herética de Assize de Clarendon.

A receptividade crescente das ideias coletivistas devia-se, obviamente, a fatores diversos, mas com efeitos convergentes. Primeiro, a desintegração do *corpus mysticum* através do crescimento de novas associações coletivas nos movimentos heréticos. Uma vez que as heresias tinham, ao mesmo tempo, o caráter de movimentos populares contrários às hierarquias estabelecidas, elas acarretaram uma contração da substância da fé por parte das forças tradicionais por meio de uma elaboração mais detalhada da posição ortodoxa, da evolução dos órgãos inquisitoriais e da exigência de conformidade aos padrões. Em segundo lugar, temos de mencionar a tensão crescente entre as hierarquias espiritual e temporal no *corpus mysticum*, o que mais uma vez resulta na contração e intensificação das posições relativas por meio da luta pelo poder. Terceiro, testemunhamos o surgimento das nações como subdivisões politicamente organizadas do *populus christianus*.

Esses três fatores contribuíram para a evolução de uma *ecclesia* política intramundana, que se tornou visível nas *Constituições*. Uma comunidade de seres mortais mantém-se ligada pela ideia de que somente a continuidade das gerações confere o significado da vida imortal no topo da pirâmide da criação. Sua existência como grupo imortal se torna possível através da função ordenadora do governante e de seu corpo administrativo. A substância espiritual é regulada, se não fornecida, pelo rei; a fé deriva a sua validade pública de uma autorização estatutária; os ditames régios equivalem a um credo religioso; qualquer dissensão é sacrilégio e, como tal, deve ser coibido. A humanidade está claramente dividida entre a massa de homens mortais e o governante, que se eleva sobre os seus súditos como aquele que, por seus atos, tem de manter em forma a criação de Deus. Vem à mente a distinção aristotélica entre escravos por natureza e homens plenamente desenvolvidos, mas a evocação das *Constituições* tende a reservar a dignidade de toda a humanidade a uma única pessoa da comunidade, o governador. Essa grave irrupção da força intramundana do governo no domínio das ideias cristãs, a transformação do corpo místico dos fiéis imortais sob a liderança de Cristo num corpo místico de mortais sob a liderança de um governante, tinha de precipitar uma crise quando ultrapassasse o estágio das implicações, como de fato veio a suceder com os atos e pronunciamentos de Frederico II e seus sequazes.

§ 3. Cristandade Cesareana

O termo *Cristandade Cesareana* foi empregado por Wolfram von den Steinen para designar a tendência do imperador a assimilar sua função imperial à função de Salvador. De certa forma, podemos usar o termo com um sentido mais amplo, a fim de designar o problema que, no governo, corresponde à cristandade franciscana. Temos de ver como São Francisco transformou a imagem do Cristo na do Jesus sofredor, tendo como consequência o fato de que o Cristo se tornou um símbolo intramundano ao qual os pobres e os humildes podiam se amoldar, enquanto as hierarquias foram deixadas sem a cabeça messiânica. As ideias de Frederico II representam a tentativa oposta de criar uma imagem de governo em conformidade com o Cristo *cosmocrator*, com o Messias em sua glória.

A tentativa permaneceu dentro da lógica da situação evocativa, embora fosse necessária uma personalidade pouco comum para levá-la adiante. O governo, dentro do *corpus mysticum*, alcançou o *status* de um cargo carismático. Mas a posição de um governante *Dei gratia* tinha suas ambiguidades. O sentimento do governante podia oscilar, e de fato oscilava, entre a humildade de um cristão que desempenha uma função e deve o seu sucesso à graça divina e o orgulho do homem exaltado por Deus acima dos outros devido a suas qualidades pessoais superiores. A autoridade do cargo procede de Deus, mas sua manutenção, sobretudo quando um procedimento eletivo está presente, era uma *dignitas concessa* que pressupõe o mérito do titular. Nesta última acepção referida, assentam as possibilidades de um desenvolvimento ulterior da ideia de governante, pois o sistema alicerçado no carisma ficou instável. A intromissão do governante como uma função intramundana teve de mudar a tônica da autoridade do cargo no corpo místico em desintegração em elementos como a personalidade carismática e a família carismática, elementos tradicionalmente presentes desde o tempo do reino carismático germânico pré--cristão. Essa alteração da tônica implicou uma diferença genérica entre os homens; opôs-se, portanto, ao princípio cristão da igualdade espiritual de todas as pessoas.

A ideia de uma *stirps caesarea*, favorecida pelos Hohenstaufen, foi provavelmente o fator determinante na solução do papado de combater a família amaldiçoada até à exterminação. A tentativa de Frederico II de assentar a sua autoridade imperial nas suas qualidades "sobre-humanas", semidivinas, conduziu a que ele e seus sucessores travassem combates mortais com os papas, havendo cessado esta situação após ele. No que ao governante concerne, a monarquia ocidental assumiu formas derivadas: primeiro, o princípio "dinástico" na política; mais tarde, na era constitucional, a "legitimidade" da família governante. As formas derivadas eram sustentáveis porque o monarca adquiriu a qualidade de "representante" da comunidade ou do estado, prefigurado na teoria de João de Salisbúria, de modo que a própria unidade política intramundana veio a ser a principal fonte da autoridade, e a delicada questão do carisma pessoal e familiar poderia outra vez retroceder para o crepúsculo em que tinha permanecido durante o período eminente do *sacrum imperium*. Mais uma vez, as ideias de Frederico II foram características do período de transição em que forças intramundanas desconexas vieram à superfície com ferocidade extrema sem encontrar um contrapeso em forças paralelas.

As fontes para a evocação do imperador estão profusamente dispersas entre documentos oficiais. Podemos consultar apenas um ou dois documentos mais elaborados. A primeira manifestação significativa é a encíclica de 1229 que anuncia a entrada em Jerusalém e a coroação.[5] É notável pelos termos de louvor ao Senhor do Antigo Testamento, como o Deus que pode dar a vitória sobre as forças por meio da sua vontade com os instrumentos escolhidos. Cuidadosamente relembra as fracassadas tentativas anteriores de conquistar Jerusalém e reforça o fato de que Deus escolheu o imperador para executar Sua vontade. A última parte, prestando honras a Deus, assenta numa "exaltação miraculosa" do imperador acima de todos os outros príncipes do mundo enquanto instrumentos de Deus. O documento mais incisivo é a *Carta a Jesi* de 1239, sua cidade natal.[6] Tece elogios a Jesi como a nova Belém onde "a mãe divina" teve seu filho; e prossegue parafraseando Mateus 2,6: "E tu, Belém, na Marca, de modo algum és o menor entre os príncipes da nossa tribo. Porque de ti sairá o *dux*, o príncipe do Império Romano, que guiará o povo".

A glorificação final é realizada no *Louvor do Imperador* de Piero della Vigna.[7] Neste louvor, o imperador é o *dux* do Terceiro Reino, uma força cósmica, "sobre-humana", "por quem a mão do Sumo Artífice criou o homem". É o "imperador verdadeiro" concedido por Deus ao mundo; a terra, o mar e o ar o adoram; é o amigo da paz, o patrono da caridade, o fundador

---

[5] *Encyclica imperatoris*. Ed. Ludwig Weiland. In: *MGH, Const.*, vol. 2. Hanover, Hahn, 1896, p. 162-67, n. 122.

[6] *Mandatum at civitatem Iesii*. In: *MGH, Const.*, vol. 2, p. 304, n. 219.

[7] Piero della Vigna (Petrus de Vineis), *Epistolarum libri VI*. Basel, Paulus Quecus, 1566, livro 3, n. 44.

da lei e o que garante a justiça; "quem regula o mundo com a sua influência perpétua". O simbolismo da idade dourada é evocado "quando as espadas são despedaçadas", para louvar o mestre que pode ordenar o mundo porque tem "inata a ideia de Deus" (*insita forma boni*). O *Louvor do Imperador* se compara ao *Cântico das Criaturas*, de São Francisco. A glorificação do pobre e do humilde que a todos serve encontra seu contraponto na glorificação do governante que é o mestre de todos. A amplitude das forças que transformam a época atinge o seu clímax no grande santo e no grande imperador, podendo ambos ser considerados os líderes do Terceiro Reino.

10. O DIREITO

Os séculos XII e XIII testemunharam uma revitalização do estudo do direito romano e o desenvolvimento de uma ciência jurídica na escola da Bolonha. Essa revitalização foi o evento mais importante no processo em que as novas forças, individuais e coletivas, geraram uma ordem de ação e um método de raciocínio jurídico intramundanos. A estrutura do processo, e em particular as circunstâncias da revitalização, eram bem conhecidas através dos tratados de história do direito romano na Idade Média, pelo que podemos remeter o leitor para a bibliografia sobre o tema.[1]

---

[1] O tratado padrão sobre o direito romano na Idade Média ainda é Friedrich Carl von Savigny, *Geschichte des Römischen Rechts im Mittelalter*. 2. ed., 7 vols. Heidelberg, Mohr e Winter, 1834-1851. Reedição: Darmstadt, Wissenschaftliche Buchgesellschaft, 1961. Edição em inglês: *The History of Roman Law during the Middle Ages*. Trad. E. Cathcart. Edinburgh, Black, 1829. Reedição: Westport, Conn., Hyperion Press, 1979, vol. I (apenas um publicado). Além disso, ver Max Conrat (Cohn), *Geschichte der Quellen und Literatur des Römischen Rechts im frühen Mittelalter*. Leipzig, Hinrichs, 1891. Reedição: Aalen, Scientia, 1963; e também Carlo Calisse, *Storia del Diritto Italiano*, 3 vols. Florença, Barbera, 1891; 2. ed., 1903; Edição em inglês: *A History of Italian Law*. Trad. Layton B. Register. Continental Legal History Series, vol. 8. Boston, Little, Brown and Co., 1928. Reedição: South Hackensack, N.J., Rothman, 1969. Um breve estudo em inglês se encontra em Paul Vinogradoff, *Roman Law in Medieval Europe*, 2. ed. Oxford, Clarendon, 1929. Reedição: Nova York, Barnes and Noble, 1968. Para um estudo mais recente, ver Harold D. Hazeltine, "Roman and Canon Law in the Middle Ages". In: *Cambridge Medieval History*, vol. 5 (1926), cap. 21, com bibliografia.

§ 1. O direito ocidental e o direito romano

Uma breve análise é necessária, no entanto, porque uma história das ideias políticas tem de acentuar aspectos do processo que não recebem a atenção devida numa história do direito. Para um estudante de história jurídica, o direito romano é o sistema jurídico que se transformou em fator comum no crescimento do direito continental europeu e que deixou marcas no direito inglês. A evolução do direito romano constitui o centro de interesse. Para o historiador de ideias políticas, é um acidente histórico que o direito romano estivesse disponível e pudesse ser revitalizado naquele tempo em que as atividades comerciais das cidades lombardas, o confronto entre forças imperiais e papais e o começo da concentração do poder e da ação nas mãos das burocracias criaram a necessidade urgente de um direito mais elaborado nos domínios civil, criminal e processual. Se o direito romano não estivesse à mão para atender a essa necessidade, o curso real da história jurídica europeia seria extremamente diferente, embora a necessidade pudesse ser eficazmente satisfeita sem ele – como mostra o crescimento do direito comum inglês em que a influência do direito romano é um fator menor.

Uma vez que se compreende que a revitalização teve apenas um papel incidental no processo histórico, ficam mais claras as peculiaridades do fenômeno. Para o historiador moderno do direito romano, os séculos subsequentes à fundação dos reinos bárbaros dentro dos limites do império são um período de decadência. Em contrapartida, os séculos que começam com a fundação da escola de Bolonha aparecer-lhe-ão como um renascimento; ele distinguirá, depois, entre o primeiro florescimento da escola de glosadores, a estagnação no período seguinte dos comentadores, e um renascimento humanístico no século XVI. Essa periodização é justificável se supusermos que o direito romano é uma entidade absoluta, com uma história própria. Mas não é aceitável se supusermos que as evocações políticas são os fatos primordiais da história, enquanto os sistemas jurídicos podem ter apenas uma função secundária de ordenar as ações humanas dentro da estrutura de evocações estabelecidas.

Com este segundo pressuposto, que é o de uma história das ideias evocativas, a história do direito corresponde aproximadamente à história das unidades políticas. Com a desintegração do Império Romano, o direito romano não "decai", mas é transformado: nos reinos germânicos passa de direito imperial a direito tribal dos cidadãos romanos conquistados, conforme a vontade dos conquistadores. Livros de direito como o *Breviarium Alaricianum*, de 506, de Alarico II (ca. 487-507) para os súditos romanos, não refletem qualquer decadência do direito romano. Provavelmente, o *Breviarium* serviu muito bem às necessidades jurídicas da população romana, e reflete a situação em que caíra a vida provincial romana no século VI em comparação com a vida urbana do primeiro império ou os padrões intelectuais e civilizacionais da Constantinopla contemporânea. Os séculos seguintes às conquistas germânicas não são de trevas sem descanso. Ao contrário, mostram o que é normal nessas circunstâncias, uma vida jurídica correspondente ao desenvolvimento econômico e civilizacional e à consolidação da nova ordem. Nossas fontes são escassas, particularmente quanto aos primeiros séculos, mas a partir de um livro como *Exceptiones Petri*, um código da Provença do fim do século XI, podemos inferir um estado do estudo e da prática jurídicas de alguma qualidade. O conhecimento do direito romano no *Exceptiones* não deriva do *Breviarium*, mas diretamente das fontes romanas.

Contudo, não apreciaremos corretamente o desenvolvimento jurídico se concentrarmos nossa atenção apenas nos direitos pessoais dos súditos romanos nos reinos germânicos. Esses direitos integravam uma ordem jurídica superior que abrangia o direito germânico dos conquistadores. O desenvolvimento mais importante nesta ordem abrangente de populações etnicamente misturadas é a aproximação entre duas ordens jurídicas de origens diferentes, como ocorreu particularmente na Lombardia. No século XI, observamos o desenvolvimento rápido do direito lombardo, a ascensão do método glossatorial na escola de direito de Pavia, e o uso crescente do direito romano pelos advogados da Lombardia para preencher "lacunas" no direito lombardo e para a modernização casuística da prática jurídica. Assim, na perspectiva da história jurídica lombarda, a chamada revitalização do direito romano em Bolonha aparece como a aplicação sistemática do método glossatorial, que fora desenvolvido pelos advogados lombardos, ao corpo principal da legislação de Justiniano, pois até então o direito romano recebera tratamento apenas incidental no trabalho casuístico e glossatorial no direito lombardo propriamente dito.

§ 2. O mito do direito romano

De acordo com os princípios de uma história das ideias, a revitalização do direito romano tem de ser interpretada sobretudo como um evento na história jurídica italiana. A penetração do direito romano na prática jurídica da Lombardia alcançara um ponto em que os advogados italianos consideraram recomendável ocupar-se sistematicamente com as fontes do direito romano.

Contudo, há um elemento na revitalização que não pode responder pela utilidade superior – para uma sociedade comercial em expansão – de um sistema jurídico dotado de direitos e ações subjetivos. A divisão da história jurídica medieval em um período de decadência seguido por um período de revitalização tem os seus méritos, porquanto reflete o mito do direito romano como o direito padrão do mundo ocidental. A periodização "romanizante" não pode ser aceita como a ordem da história, mas tem sua importância como um símbolo mítico; não fornece uma interpretação apropriada da história, pois ela mesma constitui um fato na história das ideias que requer interpretação. A ideia do direito romano como direito superior, transcendendo o nível das leis meramente históricas, não é um adendo moderno; acompanha o direito romano desde a era de Cícero, e a periodização moderna de decadência e renascimento encontra sua justificativa como o último resquício da superioridade mítica do Império Romano e do seu direito.

a. O estrato ciceroniano do mito

Os conteúdos do mito do direito romano não podem ser facilmente determinados; cresceu historicamente como um conjunto de sentimentos e ideias; neste contexto apenas podemos mencionar os elementos mais importantes que se incorporaram no século XII.

Quanto ao primeiro estrato histórico do mito, remetemos o leitor ao capítulo sobre Cícero. Na concepção ciceroniana, a *lex* de Roma foi identificada com o *nomos-logos* da especulação estoica. A corrente helênica e helenística de especulação sobre o problema de uma ordem justa foi interrompida pela primeira vez pela suposição de Cícero de que a ordem espiritual se incorporara perfeitamente à ordem intramundana finita e abolira a tensão entre ambas as ordens como fonte de especulação. Com este ato de divinização, a ordem imperial intramundana transformou-se no padrão final para avaliar a ordem política na história. Na identificação ciceroniana da cosmópolis com Roma, vemos a primeira etapa para a criação do mito de uma ordem intramundana absoluta do direito.

b. A codificação de Justiniano

aa. A canonização do direito romano

A segunda etapa decisiva surgiu com a legislação de Justiniano. Quando falamos da revitalização do direito romano, referimo-nos ao seu estudo renovado na coleção elaborada pela comissão de juristas de Justiniano. Essa coleção não foi um ato legislador criativo, mas sim uma seleção e organização sistemática de constituições imperiais e opiniões jurídicas do período clássico, suplementadas pela nova legislação destinada a preencher falhas. Foi uma realização monumental que coroou o desenvolvimento do direito romano e transformou-o em repositório cujos conteúdos influenciaram profundamente a história jurídica ocidental. Mas nem a grandeza nem a eficácia histórica desta obra devem iludir-nos acerca do fato de que o poder evocativo do direito estava ultrapassado no império; uma evocação como a regra de São Bento, contemporânea da legislação de Justiniano, é uma obra de nível superior.

Nem se pode afirmar que a codificação assinala a última fase do desenvolvimento jurídico romano sem a qualificar como uma restauração. A chamada decadência do direito romano não se segue à obra de Justiniano, mas precede-a e é dela contemporânea. A grande legislação é uma tentativa de interromper a decadência e tem de ser compreendida como parte da política geral de Justiniano para restaurar a anterior grandeza do império. É um último esforço para conservar a ideia e a realidade imperiais da destruição e desintegração progressivas. A *Constitutio omnem* revela que o estado da aprendizagem e do ensino do direito estava tão deplorável, mesmo em cidades como Alexandria e Cesareia, que o ensino da nova legislação teve de se restringir às escolas de Constantinopla, Roma e Beirute. Sente-se a atmosfera de uma finalidade fúnebre, canonizante, nas medidas que proíbem o estudo histórico do direito mediante a comparação da nova coleção com as fontes de onde foram extraídas, bem como todo o trabalho de comentário. O desaparecimento quase completo da literatura jurídica anterior a Justiniano foi explicado, e provavelmente de modo acertado, como uma destruição deliberada. Criou-se um bloco de direito fora do tempo, ligado ao processo histórico apenas mediante os privilégios imperiais de interpretação e introdução de novas constituições. A ideia ciceroniana da ordem romana como a ordem correta, além de ser uma especulação metafísica, recebera um grande fundamento numa ordem jurídica elaborada para além da interpretação histórica e sistemática.

bb. A ordem absoluta cristã

Na política de Justiniano, é difícil separar o elemento da tradição romana da ideia cristã oriental de uma ordem absoluta das coisas humanas e divinas. As guerras de restauração do Império eram sobretudo guerras do imperador ortodoxo contra os arianos na Itália e na África. E as guerras contra os heréticos ocidentais faziam parte de uma política que se manifestava no Oriente mediante a supressão das heresias orientais e dos resquícios de paganismo. O imperador teve de manter a república na guerra e na paz através da autoridade de Deus, que governa o *imperium*. Não podia confiar nem na força dos exércitos nem no seu gênio pessoal, mas sim na providência divina, porque a Trindade é a fonte "de onde procedem os elementos do universo" e pela qual é determinada a ordem dos elementos no mundo (*orbis terrarum*). O mais digno de todos os objetos no mundo, entretanto, é a autoridade do direito, a causa da boa ordem das coisas divinas e do ser humano e que expele a iniquidade. A tarefa do imperador é restaurar o sistema claro do direito que se confundira com o decurso dos séculos.

Neste argumento da *Constitutio Deo auctore* (*De conceptione digestorum*), o mundo é concebido como uma emanação da divindade, e a ordem jurídica, como a parte da ordem cósmica que causa a correta disposição das coisas divinas e humanas no *orbis terrarum*. Essa ordem intramundana não é estática. É suscetível à destruição e à restauração, e é a função do imperador na ordem cósmica expulsar a iniquidade e melhorar a ordem no todo e nas partes. Essa concepção cristã oriental de luta entre a ordem e a iniquidade divina não difere muito das antigas ideias orientais sobre a luta entre a Verdade e a Mentira, e da função do rei como propagador do reino da Verdade. A tradição oriental, viva e incorporada no império sassânida vizinho, faz-se sentir com particular força na *Constitutio tanta* (*De confirmatione digestorum*), onde se introduz a "natureza sempre apressada a criar novas formas" como o principal inimigo da ordem emanada de Deus. Quando a fertilidade da natureza causa distúrbios, o recurso deve ser o *Augustum remedium* de uma decisão imperial, porque a *fortuna imperialis* foi estabelecida por Deus sobre o mundo humano para ajustar a ordem às contingências da Natureza.[2]

cc. A amálgama das ideias romanas e cristãs

A ideia oriental de ordem não conduziria necessariamente à fixação intramundana da ordem num sistema escrito de regras para além do estudo histórico ou de comentários; este resultado só surge da combinação com a tradição romana. Os "quase 14 séculos" de história romana, a que as *Constitutiones* aludem, são o fundamento desta *Summa* conclusiva. O *De conceptione* salienta que todas as comunidades devem seguir o costume de Roma, porque Roma é a cabeça do *orbis terrarum*. A glória da velha Roma, entretanto, passara, e "Roma" tem de ser compreendida como a velha Roma e como a Roma do *basileus*. Este duplo significado de *Roma vetus* e *Roma regia* é a precondição para a estrutura da grande legislação. O direito da velha Roma, o *jus*, recebe a formulação final, inalterável, na coleção do *Digesto*; o novo direito, a *lex*, é coligido no código das constituições imperiais e está aberto a acréscimos.

Mediante esta amálgama da ordem cristã com a tradição romana, o *Digesto* alcança o grau de uma escrita sagrada, para não ser alterada ou submetida a crítica histórica, e as decisões e constituições imperiais adquirem o grau de interpretações e evoluções doutrinárias, executadas por uma autoridade carismática.

---

[2] A análise do texto é baseada nas versões latinas das constituições. As versões gregas revelam variações terminológicas que não alteram substancialmente o significado, contudo é aconselhável resistir à tentação de pressionar ainda mais as formulações. As constituições não são tratados filosóficos que empregam uma terminologia rigorosa. A edição utilizada é de Paul Krüger e Theodor Mommsen (eds.), *Corpus Juris Civilis*, vol. 1. 13. ed. Berlim, Weidmann, 1920. Reeditado em: 1965. Edição em inglês: *Civil Law*. Trad. S. P. Scott, 7 vols. Cincinnati, Central Trust, 1932.

c. A Lex Generalis – A Exposititio ad Librum Papiensem

O mito do direito romano como uma ordem absoluta à qual as leis históricas das *civitates* devem se conformar não morreu com o império no Ocidente. A par com a concepção de uma *lex romanorum*, um direito para os súditos de origem romana, persistiu a ideia da lei romana como *lex generalis*, uma lei comum a todos os homens. Naturalmente, a consciência da universalidade romana permaneceu desperta entre os praticantes da lei romana; não é surpresa encontrar no primeiro capítulo de *Exceptiones Petri* um excerto referente "à mais sagrada das leis que liga a vida de todos os homens e, por isso, deve ser conhecida de todos".[3] A tradição é mantida pela Igreja que, enquanto instituição, permaneceu sob a lei romana. Mais importante em nosso contexto, entretanto, é a vitalidade da tradição na prática da lei lombarda. A ideia da lei romana como lei geral não sucede e acompanha a revitalização em Bolonha, mas a precede. Na preexistência da ideia de generalidade no contexto da Lombardia, presenciamos um dos fatores que contribuíram de forma decisiva para um renascimento do século XII.

Essa terceira camada do mito do direito romano surge de modo mais evidente na *Expositio ad librum papiensem*, um comentário de finais do século XI referente ao livro da lei de Pavia escrito pouco antes do crescimento de Bolonha. A *Expositio* revela uma tendência para restringir, de várias maneiras, o grau de aplicação da lei lombarda a fim de substituir o estipulado pelos romanos. No caso de uma relação entre lombardos e romanos, o autor está inclinado a aplicar a lei romana aos lombardos, em vez de aplicar a lei lombarda aos romanos. Interpretará o direito lombardo de forma restrita e preencherá com o direito romano a "lacuna" gerada.

Por exemplo, a lei lombarda que refere o direito de um proprietário de matar um intruso que resiste à prisão é considerada inaplicável a um intruso romano, pois matar alguém

---

[3] Texto encontrado em Savigny, *Geschichte*, vol. 2, ap. IA, p. 319-428.

por um pequeno delito seria contrário ao espírito da lei romana – garantida aos romanos. Em inumeráveis situações o autor interpreta a lei lombarda por meio de princípios romanos. Mais característica é a inclinação do autor para encontrar "lacunas" no direito lombardo, as quais eles colmata com o direito romano. Este procedimento revela duas situações. Em primeiro lugar, um sistema legal não tem "lacunas"; uma "lacuna" pode originar-se somente quando alguém considera que certa situação social, não regulamentada pela lei de forma determinada, deve sê-lo. Surge da tensão entre a ordem legal existente e a concepção relativa aos conteúdos adequados de uma reforma legal.

O reformador repara na existência de uma "lacuna" porque quer uma lei que abarque um grupo de fatos que considera uma demanda, quando do ponto de vista da ordem jurídica existente não existe demanda alguma. Daqui, a descoberta das falhas revela, segundo a opinião do autor, que determinadas demandas romanas também devem ser demandas sob o direito da Lombardia. O direito da Lombardia é medido por padrões romanos. Em segundo lugar, o autor colmata as falhas por meio de uma comparação das duas ordens através das regras romanas. Esta função subsidiária do direito romano é justificada pela suposição de que o direito romano é um direito geral a ser usado legitimamente para esta finalidade (*Romana lex, que omnium est generalis; lex Romana generalis*; etc.).[4]

§ 3. A revitalização bolonhesa

Por volta de 1100, o direito romano, na forma da legislação de Justiniano, tinha absorvido o absolutismo das ordens romanas e cristãs orientais e, ademais, tinha adquirido a

---

[4] Os exemplos foram retirados do excelente estudo do problema em Max Conrat, *Geschichte*, p. 404 ss. O texto é a *Expositio ad Librum Papiensem*. Ed. Alfred Boretius. In: *MGH, Legum*, vol. 4. Hanover, Hahn, 1868, p. 290 ss.

dignidade de direito comum da humanidade para além das leis regionais e privadas no mundo ocidental. Tornara-se um dos fatores comuns da civilização europeia, no mesmo nível que a dignidade imperial, a Igreja e a língua latina oficial.[5] Em virtude deste acúmulo de ideias, ficou disponível para ser o modelo de uma ordem intramundana quando surgisse a necessidade de uma ordem de ação e processual mais elaborada. O que precisa ficar claro é que a revitalização não representou um estudo do direito romano com a intenção de compreender as instituições jurídicas da república romana ou do império, mas sim a aceitação de uma ordem mítica absoluta que serviria como estrutura sistemática para as necessidades práticas e casuísticas da época. Aliás, a forte preocupação com o direito romano podia levar a sua compreensão filológica e histórica, mas o propósito primário era a elaboração da ordem jurídica contemporânea.

A história do direito romano que começa com a escola de Bolonha tem uma estrutura curiosa que pode ser avaliada de diversas maneiras, de acordo com os princípios de interpretação aplicados. Do ponto da vista do estudioso de direito romano, interessado numa compreensão da legislação de Justiniano, a revitalização começa bem com Irnério († ca. 1130) e com os primeiros glosadores que tentaram fixar um texto claro e bem interpretado do escrito sagrado. Mas com o trabalho glossatorial crescente, o texto cobriu-se de glosas, até que, no tempo de Acúrsio († 1263), o texto já tinha menos interesse do que as glosas usadas na prática jurídica. A situação piorou no século XIV quando os conteúdos foram submetidos ao chamado método dialético cujos comentários quase apagaram o significado histórico das instituições jurídicas romanas. O estudo e a prática do direito romano transformaram-se, neste período, num confronto entre comentadores, resultando em citações e menções a autoridades com posições opostas e na substituição do significado do direito romano pela *communis opinio* dos comentadores.

---

[5] Savigny, *Geschichte*, vol. 3, p. 87.

Se não escolhermos o destino do direito romano como nosso ponto de orientação, mas optarmos pela perspectiva do direito ocidental, o mesmo desenvolvimento aparecerá como a absorção do texto romano pelo processo de crescimento jurídico que causou a revitalização. Os juristas da Lombardia não recuperaram o texto a fim de ter um material para estudos históricos, mas para ter um modelo absoluto do direito para uma prática cada vez mais complexa. Uma vez dominado o conhecimento do modelo, o texto passou a acumular camadas sucessivas de comentários conforme as necessidades práticas; as glosas e o comentário que constituíam o direito vivo substituíram gradualmente o texto. Com estes comentários supérfluos, que desagradavam aos romanistas, a legislação de Justiniano amalgamou-se com o direito não romano, isto é, a prática da corte, direito usual germânico e estatutos urbanos.

Os detalhes deste amálgama não cabem no presente contexto, mas um exemplo ilustrará o problema. A propósito do título *imperator* à moda de Justiniano, o glosador esclarece a posição imperial de seu tempo, em que o imperador tem de ser um *rex romanorum* antes de adquirir a dignidade completa do *imperator*. A dignidade imperial de Justiniano não interessa nem um pouco ao glosador; o importante é a estrutura da dignidade imperial como sobreposta no reino alemão.[6]

Um outro exemplo de tais amálgamas revela bem o argumento usado para afirmar a validade do direito romano em toda a comunidade cristã ocidental. Trata-se de uma glosa de Bártolo de Sassoferato († 1357) sobre o *populus Romanus* no *Digesto* 49.15.24. Os "romanos" são as nações (*gentes*) obedientes ao Império Romano. O glosador está a contradizer o argumento de que essas nações são poucas, só abrangendo os feudatários do rei alemão. Em primeiro

---

[6] Na *Accursiana*; edição utilizada: Accursius, *Digestum Vetus, seu Pandectorum Juris Civilis Tomus Primus... Commentariis Accursii et Scholis Contij, et Paratitlis Cujacij... Illustratus.* Paris, Sebastianum Ninellium, 1576. Ed. original: Veneza, Baptista de Tortis, 1488. Reeditado em: *Corpus Glossatorum Juris Civilis*, vol. 7. Turim, Ex officia Erasmiana, 1969.

lugar, existem as nações em obediência direta ao Império Romano, que pertencem, sem dúvida, ao *populus romanus*; há, em segundo lugar, as nações que não obedecem ao Império Romano em tudo, mas somente em alguns aspectos, como as cidades-estados de Toscânia e da Lombardia que vivem sob a lei imperial; há, em terceiro lugar, as que nem obedecem ao imperador nem vivem de acordo com sua lei, mas têm um privilégio, como Veneza; há, quarto, as *gentes* que não obedecem ao imperador, mas reivindicam a liberdade em virtude de uma relação contratual, como as províncias doadas por Constantino à Igreja Romana; há, finalmente, os reis e os príncipes, como na França e na Inglaterra, que reivindicam a independência, mas devem ser considerados *cives romani*, porque reconhecem o imperador como o *universalis dominus*, de modo que sua independência se deve a um privilégio ou a uma prescrição. Fora desta órbita de nações que, pelo menos, reconhecem o imperador como *universalis dominus*, estão os *populi extranei* que não podem ser considerados parte do *populus romanus*, como os tártaros, indianos, árabes, judeus e, sobretudo, o povo para quem a legislação de Justiniano foi feita, os súditos do imperador de Constantinopla.[7]

Talvez a exclusão do povo bizantino da órbita das *gentes* que constituem o *populus romanus* ilustre melhor o fato de que o direito romano não foi recuperado em sentido histórico, mas o esqueleto da ordem jurídica romana foi adotado para ser recoberto com a carne viva das instituições contemporâneas. A reflexão de Bártolo sobre o rol de *gentes* a ser incluído no império serve ao propósito de expandir ao máximo o campo das nações que, potencialmente, aceitariam este direito vivo. A combinação do mito romano com a movimentação intramundana dos advogados lombardos resultou na evocação de uma ordem intramundana, paralela com as evocações intramundanas da dignidade imperial, da conduta cristã e da vida do intelecto.

---

[7] A passagem de Bártolo é citada em Savigny, *Geschichte*, vol. 3, p. 87-88n.

§ 4. Efeitos da revitalização

a. Influência na teoria jurídica

A influência do direito romano renascido nas ideias políticas do período corresponde em sua estrutura às peculiaridades de uma revitalização. A influência na prática jurídica, centrada em Lombardia, e na evolução das instituições de direito civil e criminal foi enorme, uma vez que a ânsia por essa evolução era o incentivo para a revitalização. A influência nas ideias políticas que eram inseparáveis da evolução do *sacrum imperium* e dos reinos nacionais foi fraca. O grande desenvolvimento da teoria medieval do direito e da política, iniciado por Santo Tomás e continuado por Egídio Romano, Marsílio de Pádua e Guilherme de Ockham, mostra a influência das tradições estoica e patrística, de Aristóteles e do Pseudo-Dionísio, do espiritualismo franciscano e do averroísmo, mas dificilmente é tocado por qualquer influência do direito romano. O dado não surpreende, porque as fórmulas teóricas encontradas na legislação de Justiniano são de natureza secundária; refletem uma filosofia do direito, ou mais do que uma, mas não são em si mesmas a exposição sistemática de uma teoria.

Os juristas de Bolonha que comentaram o *Digesto* e o Código não poderiam muito mais do que assumir um dos lados no problema apresentado pelo texto. Ao comentar, por exemplo, o *Digesto* 1.3.32 poderiam afirmar: a) o costume cancela o direito estatutário, enaltecendo o costume popular sobre o estatuto do príncipe, ou: b) o costume não cancela uma constituição imperial porque o imperador é o único legislador. No que diz respeito à *lex regia*, eles poderiam sustentar a opinião de que o poder reside no povo e que tal poder, da mesma maneira que foi concedido pelo povo, poderia ser retirado, ou que a transferência dera irrevogavelmente o poder absoluto ao príncipe. Essas divergências só têm importância à medida que ambos os lados tinham seus defensores e nenhuma posição é visivelmente aquela que favoreceria um princípio de uma soberania popular ou, mais provavelmente, o poder absoluto do príncipe. Assim, o direito romano fornecia argumentos para a soberania popular e, mais obviamente, para o poder absoluto do príncipe, mas a escolha era determinada pelas posições políticas da época.[8]

b. Bolonha e política imperial

Não existe relação entre a política imperial e a escola de Bolonha. Os principais juristas bolonheses eram mais guelfos do que gibelinos, e a própria cidade de Bolonha era mais frequentemente anti-imperial do que pró-imperial. Frederico II tentou abolir a escola de direito da Bolonha, mas sem êxito, e a sua fundação em Nápoles nunca floresceu. O favor ou o desfavor imperial parece ter tido pouca influência numa instituição com raízes na vida urbana da Lombardia.

Houve alguma discussão a respeito dos eventos na *Dieta de Roncaglia* em 1158, quando uma comissão de advogados decidiu a questão dos *regalia* em favor do imperador e contra as cidades lombardas. As críticas contra os advogados – entre eles os grandes doutores de meados do século XII, Bulgarus, Martinus, Jacobus e Hugo – devido à decisão anti-italiana por suposta influência do direito romano, não têm fundamento. Savigny mostrou que o direito romano não se envolveu na questão; a decisão baseou-se no direito constitucional lombardo.[9]

c. O Decretum Gratianum

Os efeitos da revitalização bolonhesa na esfera política residem na mudança de atitude perante o problema da legislação. Sob o impacto da legislação de Justiniano, agora plenamente compreendida, ficou evidente uma tendência a fazer-se um paralelo com o direito romano por atos ocidentais de legislação. O primeiro movimento neste sentido foi a nova coleção

---

[8] Carlyle e Carlyle, *History*, vol. 2, p. 75.
[9] Ver sobre este assunto Savigny, *Geschichte*, vol. 4, p. 171-78.

sistemática do direito canônico por Graciano (fl. 1140), monge camaldulense e professor do direito canônico em Bolonha. Já tinham sido feitas várias coleções de direito canônico antes da *Concordantia discordantium canonum* de Graciano (ca. 1140-1150). Os *Falsos Decretais* do século IX tinham sido a última coleção de textos em ordem cronológica. Entre os *Falsos Decretais* e Graciano existem cerca de quarenta coleções de valor variável. Nenhuma delas foi reconhecida como texto padrão.

O trabalho de Graciano se distingue do de seus antecessores por sua integralidade e método. Enquanto as coleções anteriores dispunham os originais em ordem sistemática, Graciano organizou um tratado de direito canônico, integrando os materiais históricos na pesquisa. Ele harmonizou tanto quanto possível as contradições entre as cláusulas dos vários documentos, usando, para este fim e talvez refletindo uma influência de Abelardo, o chamado método dialético, que hoje chamaríamos de método da crítica histórica. Esta tentativa de extrair de um vasto corpo de materiais o conteúdo válido do direito e apresentá-lo em uma ordem sistemática, sem contradições, corresponde à ideia do *Digesto* em seu tratamento glossatorial. O *Decretum Gratianum* alcançou, logo que surgiu, um estatuto quase oficial como a fonte do direito canônico e como o texto padrão para seu ensino. Foi submetido ao tratamento glossatorial da mesma maneira que a legislação de Justiniano. A tendência dos canonistas de emular os doutores do direito romano revela-se no uso, desde o século XII, do termo *corpus juris canonici* para o direito canônico, em paralelo com o uso bolonhês do termo *corpus juris civilis* para o direito romano.[10]

d. *As* Constituições de Melfi *e a* Extra

O *Decretum Gratianum* tornou-se o sumário padrão do direito canônico, embora apenas fosse uma parte de legislação do *corpus juris civilis*. A segunda grande etapa no desenvolvimento

---

[10] Deve-se notar que o corpo do direito referido como *Corpus Juris Civilis* continha, além do texto de Justiniano, a lei feudal da Lombardia e, no decurso do tempo, as leis dos imperadores de Hohenstaufen.

da legislação ocidental, o decreto formal em paralelo ao código de Justiniano, surgiu um século depois. Os aspectos secular e eclesiástico dessa fase estão estreitamente relacionados. Em 1231, Frederico II promulgou as *Constituições de Melfi* para a Sicília, com intenção legislativa e estilo legislador análogos ao ato de Justiniano. A esta primeira codificação ocidental de um corpo jurídico seguiu-se em 1234 a bula *Rex pacificus* de Gregório IX, que conferia autoridade jurídica formal a uma compilação dos decretos emitidos desde o *Decretum Gratianum*. A compilação era de Raymond de Peñafort por ordem do papa, e foi enviada para as universidades de Bolonha e Paris para servir de base para o ensino do direito canônico. A codificação formal desses *Extra* (isto é, o *Decretum Gratianum*) indiretamente também conferiu um *status* formal ao *Decretum*. Permanecia a diferença técnica entre o *Decretum* e os *Extra* porque as contradições no *Decretum* tinham de ser resolvidas de acordo com o princípio *lex posterior derogat priori*, enquanto os cânones do *Extra*, apesar de sua origem temporal diversa, tiveram de ser considerados como igualmente válidos porque faziam parte de uma codificação formal de 1234.

§ 5. A Deliberatio Papae *de Inocêncio III*

A organização sistemática dos digestos e dos códigos é o sintoma mais tangível do crescimento de um campo intramundano de ação, racionalizado por regras e pela argumentação casuística. Nesta conclusão trataremos do grande documento que, pela primeira vez, submete as decisões políticas de um papa à argumentação racional e casuística, sem recurso à inspiração carismática: a *Deliberatio Papae* (1200) de Inocêncio III.[11]

---

[11] Innocent III, *Opera omnia*, vol. 3. *Registrum de negotio Romani Imperii, XXIX.* In: Migne, *PL,* vol. 216, p. 1025 ss. Edições recentes: *Regestum super Negotio Romani Imperii.* Ed. Friedrich Kempf. Rome, Pontifica Università Gregoriana, 1947; *Die Register Innocenz III.* Ed. Othmar Hageneder, Anton Haidacher, et al. Österreichisches Kulturinstitut in Rom, Historische Studien und Publikationen, Quellen, série 1, 2 vols. Graz, Böhlaus Nachfolger, 1964-1979.

A *Deliberatio* trata do reconhecimento papal de um dos três reis romanos eleitos – Frederico II, Filipe de Suábia e Otão – como imperador. Está organizado com uma indicação prévia dos princípios e do argumento apropriado. O argumento tem três partes, e cada parte trata de um dos reis. As razões a favor e contra o reconhecimento estão organizadas do seguinte modo: primeiro, são apresentados os argumentos a favor de Frederico II; depois, os argumentos contra seu reconhecimento; e, finalmente, uma refutação das objeções contra o segundo conjunto de argumentos, de modo a que a decisão final seja contra Frederico II. O mesmo procedimento, então, é seguido no caso de Filipe da Suábia. Para o último dos candidatos, Otão, os argumentos desfavoráveis são apresentados primeiro e só depois são indicadas as razões em seu favor, as quais, em última instância, motivaram o papa a reconhecê-lo.

Uma decisão política importante é, inevitavelmente, um salto para dentro das contingências da história. Nada pode abolir esse caráter contingente, embora variem os sentimentos do ator e as suas atitudes. O estadista pode confiar na sua *fortuna*, no carisma pessoal, no carisma do cargo, ou derivar a necessidade de sua ação da crença numa lei da história que o faz sentir-se chamado a executar. A *Deliberatio* é caracterizada pela tentativa de capturar a miríade de fatores determinantes numa rede de raciocínios e de tecer o argumento de modo tão cerrado que a decisão parece resultar necessariamente dela. Mas é uma tentativa fútil. Qualquer decisão poderia resultar do arranjo de razões *pro* e *contra*; mas é exatamente essa futilidade que a torna importante, porque aqui nos deparamos com um novo modo de "encobrir" a contingência da ação. Além disso, a *Deliberatio* não é um documento público; é um memorando confidencial para uso pessoal do papa; e esta privacidade acentua ainda mais a função da motivação racional como a racionalização de uma decisão cuja irracionalidade final deve ter sido sentida fortemente por seu autor. O aparato escolástico de premissas axiomáticas, argumentos casuísticos pró e contra, objeções e refutação e, finalmente, a conclusão, transforma-se num escudo intramundano que visa conferir segurança às ações decisivas que ainda na época de Gregório VII eram sentidas como transcendental e carismaticamente determinadas. O uso do método escolástico para esta finalidade esclarece, por acaso, sua função na economia dos sentimentos nos campos da teologia e da metafísica.

O conteúdo da *Deliberatio* corresponde a sua forma. Os próprios argumentos utilizados na construção deste escudo intramundano são de um tipo intramundano. Para a análise selecionaremos a introdução e um ou dois argumentos do corpo principal do documento. A introdução define ser dever da Sé Apostólica tratar com diligência e prudência a tarefa de prover a dignidade imperial. Este dever resulta do princípio de que o *imperium* pertence ao papado quanto à origem e finalidade. No que diz respeito à origem (*principaliter*), o império foi transferido pelo papado dos gregos para o Ocidente para melhor defesa. No que diz respeito à finalidade (*finaliter*), o imperador aceita a imposição da sua dignidade nas mãos do papa mediante a coroação e investidura com o *imperium*.

Em substância, esses princípios reinterpretam a constituição gelasiana do *sacrum imperium*, transformando a ordem carismática em ordem processual. A *translatio imperii* já não é mais uma época da história desejada e constituída por Deus, mas um ato jurídico da Cúria com a finalidade de ganhar um protetor mais eficaz para a Igreja. O reconhecimento cerimonial do imperador eleito como a cabeça secular do império – que segundo a concepção anterior somente poderia ser negado por causa de notória indignidade espiritual do candidato – é transformado em uma etapa processual que pode ser negada por razões políticas à discrição do papa. A primeira dessas reinterpretações, relativa à *translatio imperii*, é talvez a mais impressionante politicamente, porque implica o direito papal de transferir e conferir o *imperium*. A segunda reinterpretação, em relação ao *finis*, revela o problema teórico de modo mais completo: brincando com o duplo sentido do termo *finis*, Inocêncio III traduz a finalidade ou entelequia carismática do *imperium* como o derradeiro e mais elevado ato processual (investidura com a *palla aurea*) que deve ser ministrado pelo papa.[12] As épocas da história divinamente ordenadas e o *status* carismático do *imperium* no corpo místico são reduzidos a uma ordem por ação papal.

A deliberação só tem interesse pelo peso dado às circunstâncias que acompanham a eleição dos três candidatos a rei de Roma e por questões de expediente. Três argumentos, entretanto, merecem atenção porque foram decisivos para o resultado da deliberação. O primeiro refere-se ao medo do cerco territorial a Roma caso o *imperium* estivesse nas mãos de um rei da Sicília. O argumento é claramente de política de poder e nada tem a ver com a qualificação pessoal do jovem Frederico contra o qual investe. O segundo argumento aproxima-se do problema carismático da dignidade imperial. Inocêncio III mostra preocupação com o fato de que a dignidade imperial pode tornar-se hereditária caso haja continuidade na mesma família da série dos imperadores. Fica ameaçada a livre escolha do candidato mais apto para o cargo – o carisma da linhagem de sangue pode substituir o carisma do cargo. O argumento, saudável em princípio, não é particularmente cogente. Relações familiares sempre foram um fator na seleção de um imperador porque a nobre descendência – e nada poderia ser mais nobre do que a descendência do imperador – era importante para a qualificação do candidato. Os príncipes tinham provado ser capazes de afirmar a sua liberdade de escolha interrompendo ocasionalmente a sucessão do pai para filho ou o parente mais próximo, como na eleição de Lotário de Supplinburg (1125-1137) como o sucessor de Henrique V em vez de o duque da Suábia.

O terceiro argumento fustiga o papa com o medo da *stirps caesarea*, do *genus persecutorum* que perturbava a Igreja desde a época do Henrique V. O papa enumera as más ações de

---

[12] "*Finaliter (sc. imperium pertinet ad sedem apostolicam), quoniam imperator a summo pontifice finalem sive ultimam manus impositionem promotionis proprie accipit, dum ab eo benedicitur, coronatur, et de imperio investitur.*" Ver Innocent III, *Opera*, p. 1025.

Henrique V, Frederico I e Henrique VI e decide contra os Hohenstaufen porque a maldição de Deus, que pune os pecados dos pais nos filhos até a terceira e quarta geração, estava sobre eles. A tensão entre os dois poderes gelasianos tinha se tornado cada vez mais evidente nos conflitos entre Henrique IV e Gregório VII, entre Henrique V e Pascoal II, no estilo imperial novo e romanizante de Frederico I, e na grande construção imperial de Henrique VI. É projetada agora pelo papa a ideia de um *genus persecutorum*. Este bloco intramundano da resistência má é a contraideia à ideia do papado como a força positiva que governa a ordem da história e da finalidade do *imperium*.

A decisão do papa não resultou de deliberação; emergiu dos sentimentos que se cristalizaram na oposição da ação papal à força luciferina da família amaldiçoada (*oderunt Deum*). Nenhuma deliberação era necessária para experimentar o perigo que ameaça um papado historicamente originado e requisitado de uma família que mostrasse, por suas tentativas de criar um *imperium* hereditário, a força de sua própria movimentação histórica. A experiência do perigo motiva a decisão. Não obstante, o papa dispõe os argumentos em forma escolástica. A conspiração e a contradição entre a ordem real dos sentimentos e a ordem ilusória de raciocinar para alcançar a decisão desvendam o *momentum* da fé na argumentação casuística como uma fonte de ordem independente e intramundana.

11. Sigério de Brabante

> *Vivere sine litteris mors est*
> *et vilis hominis sepultura.*
> Sigério de Brabante

§ 1. Aristotelismo

A segunda metade do século XIII foi, até recentemente, um dos recantos mais obscuros da história das ideias políticas medievais.[1] As razões são bem conhecidas. A grande luta entre os mestres de artes da Universidade de Paris, de um lado, e os teólogos e as ordens mendicantes, do outro, centrada na atitude diante da filosofia aristotélica e do ideal de pobreza, terminou com a vitória dos últimos. Como frequentemente acontece nessas situações, os escritos do lado perdedor caíram no esquecimento e não receberam a devida atenção por mais de cinco séculos. Temos a sorte de não terem sido destruídos, como os de muitos outros movimentos medievais não ortodoxos.

O principal problema teórico diz respeito à recepção da filosofia aristotélica. A recepção do *corpus* aristotélico no Ocidente, primeiramente através dos comentadores muçulmanos e mais

---

[1] [Partes deste capítulo foram publicadas como "Siger de Brabant". *Philosophy and Phenomenological Research*, vol. 4, 1944, p. 507-26.]

tarde com o conhecimento direto dos textos gregos, perturbou a evolução do pensamento cristão, uma vez que muitas proposições metafísicas, físicas e psicológicas de Aristóteles eram incompatíveis com a doutrina cristã. A reação a este conflito seguia uma de três formas: (1) a supressão do aristotelismo; (2) o desenvolvimento de um sistema teológico e filosófico cristão que incorporasse tanto de Aristóteles quanto compatível com a doutrina cristã; ou, finalmente, (3) o cultivo da filosofia aristotélica sem considerar o perigo da posição herética resultante.

A supressão foi tentada pela igreja em 1210 com a proibição do ensino da *Física* e da *Metafísica* em Paris. A proibição foi renovada em 1215. Como essa atitude negativa se tornou praticamente impossível, em 1231 uma comissão foi encarregada da tarefa de produzir um Aristóteles expurgado; até a conclusão da tarefa, jamais completada, o ensino seria proibido. O quadro jurídico permaneceu inalterado, mas, de fato, Aristóteles foi ensinado em Paris até que, em 1255, a Faculdade das Artes regulamentou formalmente o ensino das obras proibidas, apesar da proibição papal renovada em 1263. O método mais bem-sucedido de tratar o problema foi a apresentação e a revisão enciclopédica do conhecimento aristotélico começada por Alberto Magno (ca. 1193-1280) após 1240, e continuado mais criticamente por Tomás de Aquino (1225-1274) com a colaboração filológica de Guilherme de Moerbeke (fl. 1260-1286), tendo por resultado a grande síntese da *Summa Theologiae*.[2] A terceira atitude, aquela que permitiu uma continuação direta da filosofia aristotélica transmitida pelos *Comentários* de Averróis, tornou-se muito visível após 1255, quando a Faculdade de Artes regulamentou o ensino; essa atitude é representada principalmente por Sigério de Brabante (ca. 1235-ca. 1286) e Boécio de Dácia (fl. 1270). O sucesso dessa escola tem de ser medido pela resistência do lado mais conservador assim como dos teólogos aristotelizantes. Em

---

[2] A respeito do processo de recepção, ver Martin Grabmann, *Forschungen über die Lateinischen Aristotelesübersetzungen des XIII Jahrhunderts*. Beiträge zur Geschichte der Philosophie des Mittelalters, Texte und Untersuchungen, vol. 17, fasc. 5-6. Münster, Aschendorff, 1916.

1256, encontramos o tratado de Alberto Magno, *De Unitate Intellectus contra Averroistas*; em 1270, Tomás de Aquino dirigiu um tratado com o mesmo título contra Sigério, e sua *Summa Contra Gentiles* é um trabalho sistemático detalhado contra a filosofia aristotélica islâmica. Em 1270, 13 proposições averroístas foram condenadas por Etienne Tempier, bispo de Paris, e em 1277 foram condenadas 219 proposições, de uma assentada, incluindo proposições de Averróis e de Tomás de Aquino, o qual parecia igualmente perigoso.

A literatura do lado perdedor da contenda saiu de cena, como dissemos, e o processo de edição crítica e interpretação dos seus textos ainda está em andamento. Os principais dados deste processo e os problemas específicos da teoria política são os seguintes: em 1899, foi publicada a grande monografia de Pierre Mandonnet sobre Sigério de Brabante, com alguns textos inéditos e um estudo histórico do período que continua a ser a base de todo o trabalho posterior.[3] A segunda edição adicionou alguns textos,[4] e as obras mais volumosas de Sigério foram publicadas por Fernand van Steenberghen em 1931.[5] Os elementos que nos permitem compreender a luta em torno do ideal de pobreza, luta travada entre os membros das ordens mendicantes e os mestres de artes, foram editados e interpretados criticamente por Max Bierbaum em 1920.[6]

---

[3] Pierre Félix Mandonnet, *Siger de Brabant et l'Averroisme Latin au XIIIe Siècle: Etude Critique et Documents Inédits.* Collecteana Friburgensia, vol. 8. Friburgo, Librairie de l'Université, 1899. Reedição: Genebra, Slatkine, 1976. Essa edição foi precedida por Clemens Bäumker, *Die Impossibilia des Siger von Brabant.* Beiträge zur Geschichte der Philosophie im Mittelalter, Texte und Untersuchungen, vol. 2, fasc. 6. Münster, Aschendorff, 1898.

[4] Mandonnet, *Siger de Brabant et l'Averroisme Latin au XIIIe Siècle: Etude Critique et Documents Inédits.* 2. ed., vol. I, *Etude critique,* 1911; vol. 2, *Textes inédits* (1908). Les philosophes belges, textes et études, vols. 6-7. Louvain, Editions de l'Institut Supérieur de Philosophie de l'Université, 1908-1911.

[5] Fernand van Steenberghen, *Siger de Brabant d'Après Ses Oeuvres Inédites.* Philosophes belges, textes et études, vols. 12-13. Louvain, Editions de l'Institut Supérieur de Philosophie de l'Université, 1931.

[6] Max Bierbaum, *Bettelorden und Weltgeistlichkeit an der Universität Paris: Texte und Untersuchungen zum literarischen Armuts - und Exemtionsstreit des 13. Jahrhunderts (1255-1272).* Franziskanische Studien, vol. 2. Münster, Aschendorff, 1920.

Martin Grabmann publicou seus relatórios sobre um manuscrito de Munique em 1924.[7] A primeira interpretação detalhada do período, do ponto de vista de uma história das ideias políticas, foi apresentada por Dempf em 1929 e é a base para o nosso trabalho, com algumas correções técnicas menores à luz de elementos posteriores.[8] Elementos adicionais foram disponibilizados por Grabmann em 1931 e mostram o pano de fundo por trás das figuras principais.[9] Uma interpretação adequada do *Roman de la Rose* – revelando plenamente sua importância para as ideias sociais do período – foi publicada pela primeira vez em 1933 por Matthieu-Maxime Gorce.[10]

As dificuldades técnicas oferecidas por um material ainda não explorado em todos os detalhes estão sendo rapidamente superadas; os contornos da filosofia política intramundana dos mestres de artes de Paris estão agora razoavelmente estabelecidos. Contudo, ainda persiste um desnivelamento da divisão

---

[7] Martin Grabmann, *Neuaufgefundene Werke des Siger von Brabant und Boetius von Dacien*. Sitzungsberichte der Bayrischen Akademie der Wissenschaften, Philosophisch-philologische und historische Klasse, Jahrgang, 1924, fasc. 2. Munique, Bayrische Akademie der Wissenschaften, 1924.
Os ensaios acadêmicos de Grabmann foram reeditados em *Gesammelte Akademieabhandiungen*, 2 vols. Paderborn, Schöningh, 1979. Ver também "Neuaufgefundene 'Quaestionen' Sigers von Brabant zu den Werken des Aristoteles (Clm. 9559)". In: *Miscellanea Francesco Ehrle,* Scritti di storia e paleografia, Studi e testi, vols. 37-42. Roma, Biblioteca Apostolica Vaticana, 1924. Reedição: Graz, Akademische Druck- und Verlagsanstalt, 1962, Liv. 1, p. 103-47).

[8] Dempf, "Die philosophische Renaissance". In: *Sacrum.*

[9] Martin Grabmann, *Der lateinische Averroismus des 13. Jahrhunderts und seine Stellung zur christlichen Weltanschauung: Mitteilung aus ungedruckten Ethikkommentaren*. Sitzungsberichte der Bayrischen Akademie der Wissenschaften, philosophisch-historische Abteilung, fasc. 2. Munique, Bayrische Akademie der Wissenschaften, 1931.

[10] Guillaume de Lorris e Jean de Meun, *Le Roman de la Rose*. Ed. Matthieu-Maxime Gorce. Paris, Editions Montaigne F. Aubier, 1933. Reedição recente de André Maury. Paris, Garnier-Flammarion, 1984. Edição em inglês: *The Romance of the Rose*. Trad. Frances Horgan. Oxford, Oxford University Press, 1994; Trad. Charles Dahlberg, 3. ed. Princeton, Princeton University Press, 1995. Foi-me inacessível a obra Steenberghen, *Les Oeuvres et la Doctrine de Siger de Brabant.* Academie royale de Belgique, Classe des lettres et des sciences morales et politiques, Memoires, Collection in 8, 2. sér., vol. 39, fasc. 3. Bruxelas, Palais des Academies, 1938. Fui informado de algumas de suas principais posições por meio de Martin Grabmann, "Siger von Brabant und Dante". *Deutsches Dante-Jahrbuch,* vol. 21. Weimar, Böhlaus Nachfolger, 1939, p. 109-30.

do trabalho entre acadêmicos. O aristotelismo da Faculdade de Artes se baseia nos *Comentários* de Averróis. Essa interposição islâmica não era simplesmente uma mudança doutrinal a que a filosofia de Aristóteles se submetera nas mãos dos comentadores, mas resultou numa mudança importante na posição do filósofo na sociedade política. No ambiente islâmico, mais do que no tempo de Aristóteles, a filosofia tinha se tornado uma forma de vida para uma elite intelectual. Os "resultados" da filosofia, as proposições consideradas verdadeiras, mantinham a sua importância intrínseca, mas subordinadas à função de "filosofar" como um estilo de existência.

Temos de considerar essa mudança de funções a fim de compreender as peculiaridades da história islâmica do pensamento e do averroísmo latino. Os quatro séculos de filosofia islâmica mostram relativamente pouco desenvolvimento dos problemas filosóficos de maneira independente; a principal fórmula é a do "comentário" de obras aristotélicas. Alguns estudiosos aproveitaram para falar de uma falta de talento filosófico determinada racialmente entre os árabes – uma explicação malograda porque, dos primeiros filósofos chamados árabes, só um era árabe, Abū Yūsuf al-Kindī (ca. 800-870); os outros eram persas e turcos. Parece mais razoável salientar a diferença funcional entre a filosofia no mundo islâmico, de um lado, e na Grécia e no Ocidente moderno, de outro.

O mesmo problema surge com relação a Sigério de Brabante. Ele surpreende os intérpretes ao combinar uma perspicácia filosófica incomum com uma curiosa satisfação por permanecer dentro da órbita do pensamento de Aristóteles e Averróis. Além disso, oferece um enigma psicológico dada a sua disposição para enfrentar os conflitos entre a doutrina cristã e suas próprias posições filosóficas, entre a fé e a razão, sem tentar uma harmonização ou descartar uma ou outra como inválida.[11] A chave desta justaposição aparentemente pacífica das

---

[11] "Nous avons entendu Siger placer l'enseignement de la foi au dessu de tout et déclarer y adhérer fidèlement. Il nous à appris, d'autre part, et démontré à sa façon, que la raison de l'homme démontre scientifiquement des vérités

verdades da fé e da razão mais uma vez se encontra no desenvolvimento islâmico. O problema indicado, entretanto, ainda não foi tratado de maneira satisfatória porque, em regra, os especialistas em filosofia islâmica não abordam as questões mais intricadas do pensamento ocidental, e os especialistas em filosofia medieval ocidental, em regra, não penetram na estrutura islâmica dos sentimentos filosóficos que baseiam a atitude de Sigério. Mesmo Dempf, que fez uma das mais penetrantes análises dos aspectos políticos da filosofia de Sigério, na medida do possível numa base de materiais ocidentais, não tocou na relação com a pré-história islâmica do problema.[12]

§ 2. A Faylasūf

A palavra árabe *faylasūf*, uma transliteração de *philosophos* em grego, indica os autores islâmicos que basearam seus estudos na filosofia grega, a qual, na civilização islâmica, é representada sobretudo por Aristóteles. A filosofia não é um ramo da ciência, mas uma atitude integral perante o mundo baseada em um "livro", assim como a atitude dos muçulmanos ortodoxos se baseia no Corão. A implicação sectária é evidente; os filósofos (*falāsifa*) representam um movimento religioso,

---

philosophiques qui sont la négation de l'enseignement révélé. Que faut-il conclure de ces affirmations contradictoires? Siger et ses collègues en Averroisme croyaient-ils trouver dans ces déclarations incohérentes une solution qui satisfaisait à des convictions religieuses et à des convictions philosophiques également sincères? Ou bien, un semblable procédé n'etait-il qu'un expédient destiné à pallier une absence de foi et à s'échapper aux censures et aux poursuites ecclésiastiques? C'est qu'il serait sans doute intéressant de savoir". Ver Mandonnet, *Siger*, 1911, p. 190 ss.

[12] A obra mais velha de Ernest Renan (*Averröes et l'Averroisme*, 3. ed. Paris, Levy, 1866; reedição: Hildesheim e Nova York, Olms, 1986) contém algumas páginas excelentes a respeito do caráter sectário da filosofia árabe, mas o autor não esboça qualquer conclusão em favor dos averroístas de Paris, porque suas obras eram praticamente desconhecidas na época em que foram escritas. Reimpressões recentes da 3. ed. são encontradas em: Veröffentlichungen des Instituts für Geschichte der arabisch-islamischen Wissenschaften, Reihe B: Nachdrucke, Abteilung Philosophie, vol. 1. Frankfurt, Institut Für Geschichte der arabisch-islamischen Wissenschaften, 1985.

com estrutura social e doutrina diferentes das de outras seitas islâmicas, mas pertencem ao mesmo tipo.

a. A formatação grega do problema

Esse desenvolvimento islâmico não é inteiramente independente; foi formatado a partir de determinados aspectos da filosofia helênica e helenística. Platão criou uma evocação política e, ao mesmo tempo, uma religião que tende a substituir o velho mito helênico. Aristóteles teve dificuldades teológicas porque a sua ideia de vida contemplativa (*bios theoretikos*) tendia a uma religiosidade mística que encontrou resistências. No caso platônico, poderíamos discernir o plano de uma igreja-estado político-religiosa com incursões profundas na religião da pólis; no caso de Aristóteles, surge a religiosidade intelectual que tenta não entrar em conflito com os poderes existentes. Se a Academia e o Liceu (*Lykeion*) são geralmente classificados como escolas filosóficas e não como seitas ou heresias, a razão principal é que, na civilização helênica politeísta, não existia uma igreja nem uma teologia monoteísta racional, a servir de pano de fundo diante do qual novas atitudes religiosas pudessem parecer sectárias ou heréticas. A estrutura politeísta da religiosidade helênica tinha clareiras em que se podia desenvolver uma atitude filosófica racional sem entrar em conflito aberto com um sistema religioso concorrente de igual escopo intelectual.

O "conflito entre fé e razão", aberto durante a recepção de Aristóteles no Ocidente, também existiu na Grécia, mas sem assumir formas violentas; na época de Aristóteles, a pólis desintegrara-se a tal ponto que era impossível um conflito nessa escala. Não obstante, o credo da pólis ainda era suficientemente forte para levar Aristóteles a pisar cautelosamente o terreno e a construir sua *bios theoretikos* como "ação contemplativa" num sistema de conduta apropriado ao membro da pólis. A ruptura pública só virá com os cínicos, estoicos e epicuristas; o caráter religioso sectário das "escolas" tornou-se evidente no período helenístico.

b. Misticismo neoplatônico no aristotelismo árabe

De todos os movimentos gregos, o aristotelismo parece o menos promissor no que se refere à eventual evolução para uma conduta religiosa da vida; de fato, temos de entender o aristotelismo dos *falāsifa* islâmicos com alguma qualificação. Os grandes debates filosóficos islâmicos não se centraram no *Organon* ou na *Física* de Aristóteles, mas sim no livro XII da *Metafísica* e no livro III do *De Anima*, transmitido pelo comentário de Alexandre de Afrodísias. A *Política*, maculada pelo compromisso da *bios theoretikos* com a pólis, não foi traduzida e o seu lugar foi ocupado pelas *Leis* de Platão. A pedra angular do cânon era a chamada *Teologia de Aristóteles*, uma paráfrase abreviada dos últimos três livros das *Enéadas* de Plotino. O misticismo neoplatônico e o comentário de Alexandre de Afrodísias ao *De Anima* formaram o centro dinâmico da filosofia islâmica, fornecendo os princípios de interpretação para os comentários das obras aristotélicas propriamente ditas. Possibilitaram a evolução da ideia do Intelecto Ativo como uma emanação de Deus que desperta a atividade do intelecto passivo do homem. O alvo da vida humana é, nesse sistema, a realização da união completa, a *ittiṣāl*, do intelecto humano com o Intelecto Ativo. Por trás da fórmula seca da unicidade do Intelecto Ativo em todos os seres humanos, encontra-se uma experiência mística e uma atitude religiosa desenvolvida que confere significado às questões teóricas. O choque entre fé e razão no século XIII é, no fundo, um choque entre duas religiões, entre a cristandade e o misticismo neoplatônico dos *falāsifa*.

c. O Aristóteles mítico

Foi nessas circunstâncias que a figura de Aristóteles assumiu proporções míticas. Não era só o autor de obras genuínas sobre física, lógica, metafísica e ética, mas o seu nome absorvera a glória da *República* de Platão e da teologia e do misticismo de Plotino. Na linguagem de Averróis: inventou e completou as "três artes" (física, lógica, metafísica); é o mestre através do qual os estudiosos posteriores conseguem alcançar a perfeição; estes têm de compreender suas palavras e as conclusões delas derivadas; nada pode ser adicionado a este trabalho e nenhum erro pode ser encontrado. Tais qualidades reunidas num só homem fazem-no mais divino que humano. "Louvemos a Deus que pôs este homem à parte de todos os outros pela sua perfeição e lhe concedeu o máximo de excelência humana, inalcançável por qualquer outro em qualquer idade."

E no *De Anima* nós encontramos o credo de Averróis: "Eu acredito que este homem foi a regra da natureza e o protótipo que a natureza criou a fim de tornar visível o limite da perfeição humana neste mundo (*in materiis*)".[13] É este Aristóteles mítico que dominou os *falāsifa* e através deles se tornou conhecido no Ocidente. O que perturbava não era o conteúdo de sua obra; os resultados aristotélicos podiam ser assimilados, como demonstraram Alberto Magno e Tomás de Aquino. O perigo era o Aristóteles mítico, com uma nova autoridade espiritual, do mesmo grau que a revelação e a tradição cristãs. O Aristóteles que era *regula in natura et exemplar* poderia ser um modelo que requeresse a conformidade do homem no mesmo sentido em que o Cristo de São Francisco seria o padrão de conformidade para o cristão.

d. A Faylasūf *e a ortodoxia islâmica*

Na civilização islâmica, a *faylasūf* pôde florescer devido aos elementos estruturais que não existiam, ou não existiam da mesma maneira, no mundo cristão do século XIII. A pré-condição social geral para a transformação da filosofia islâmica na religião de uma elite intelectual era o atraso cultural do fundamentalismo islâmico por trás das grandes civilizações dos países orientais conquistados: Síria, Pérsia e Egito. A ortodoxia islâmica, confiante na aceitação literal do Corão, não estava à altura das forças intelectuais e místicas

---

[13] Compilações dessas e de outras passagens são encontradas em Renan, *Averröes*, p. 54 ss, e em Mandonnet, *Siger*, 1908, p. 153 ss.

do Mediterrâneo oriental e dos rincões asiáticos. O desenvolvimento dos problemas dentro do islã ocorreu de modo extremamente lento. Doutrinas como a crença num destino divinamente ordenado, que hoje associamos automaticamente ao islã, só surgiram um século após a Hégira (622) e pela mão de teólogos persas, não árabes. Ainda no século IX, o ortodoxo Ahmad Ibn Hanbal († 855) recusou-se a dar qualquer resposta definitiva a perguntas sobre a sua crença, exceto citando o Corão – uma ampliação da ideia da citação literal quando a argumentação não é permitida. No século X, sob a pressão da difusão da filosofia e das seitas, começou a evolução de uma teologia escolástica islâmica, culminando na obra de Muḥammad al-Ghazālī († 1111).

Essa situação peculiar de um credo rígido, dominante nas regiões vencidas das grandes civilizações, deve ser levada em conta se desejarmos compreender que os primeiros *falāsifa*, al-Kindī e Abū Naṣr al-Fārābī († 950), poderiam ser aristotélicos e muçulmanos leais ao mesmo tempo. A incompatibilidade última da tradição filosófica helenística com a ortodoxia muçulmana não se manifestou nos primeiros séculos porque o conteúdo da filosofia não estava ao alcance de um credo subdesenvolvido e sem argumentação. A filosofia podia ser uma religião esotérica para homens com experiências místicas e capacidades intelectuais mais ricas, suplementar ao fundamentalismo islâmico. Por volta do século XII, com o crescimento da teologia argumentativa escolástica, a incompatibilidade tornou-se visível. Para Avempace (Abū Bakr Ibn Bājja, † 1138), a ortodoxia era uma forma imperfeita de verdade, útil como religião para a multidão, ao passo que as pessoas intelectualmente maduras seguiriam a revelação mais perfeita do aristotelismo.

Averróis tratou o problema em seu tratado *On the Agreement of Religion with Philosophy* [Sobre a Concordância da Religião com a Filosofia]. A religião do povo deve ser respeitada pelo filósofo como necessária ao bem-estar da multidão e à expressão adequada da sua piedade e moralidade; o filósofo não deve criticar a doutrina da religião estabelecida nem submeter-se a ela. A discussão racional de questões religiosas e metafísicas tem de ser cultivada num círculo pequeno de pessoas educadas que a possam compreender. Comunicar ao povo os resultados da filosofia confundi-los-ia e privá-los-ia do tipo de crença de que necessitam.

§ 3. O intelectual

a. O filósofo ocidental e a cristandade

Com a transferência da filosofia islâmico-aristotélica para o ambiente ocidental, a dinâmica da relação entre a fé e a razão mudou muito, e a nova dinâmica modificou a atitude do filósofo. No mundo islâmico, a *faylasūf* representou o elemento civilizacionalmente superior e teve o monopólio de uma compreensão racionalizada e sistemática do mundo durante séculos, antes de a teologia islâmica desenvolver um sistema moderadamente elaborado. No Ocidente, a nova atitude filosófica deparou-se com uma cristandade que evoluíra racionalmente sob influência helenística desde São Paulo e que atravessara o período patrístico com firme fundação sistemática em Santo Agostinho. No islã, os antagonismos entre a ortodoxia e a filosofia não conduziam a choques porque o Islã não criara uma hierarquia espiritual independente capaz de passar à ação direta; a tolerância ou supressão de grupos religiosos não ortodoxos estava a critério do califado. A política financeira do califado favorecia a existência de grandes grupos de não muçulmanos porque os infiéis pagavam um imposto.

Nessa atmosfera de relativa tolerância, durante o califado almóada (1159-1229), parece muito provável que a coexistência relativamente serena da ortodoxia reacionária com a filosofia praticamente agnóstica se devia a um acordo de cavalheiros entre os dois grupos; o precedente encontrara expressão na vontade dos filósofos hispano-muçulmanos de tratar a ciência como um credo esotérico para elites e não incomodar o povo com ele. No Ocidente cristão, a nova atitude filosófica adquiriu uma agressividade típica porque a autoridade da razão desafiou a autoridade do sistema espiritual estabelecido, bem institucionalizado por uma hierarquia com poderes de disciplina e decisão em matérias espirituais.[14]

---

[14] [O excurso de Voegelin sobre a civilização islâmica, em alguns aspectos, é esclarecedor, mas, como não era um especialista, Voegelin teve que confiar na informação contemporânea maculada por equívocos, alguns dos quais persistem até hoje. A sua notável contribuição ao entendimento da civilização islâmica é seu compreensão da filosofia grega como uma religião da elite intelectual medieval. Os problemas aparecem em sua abordagem da história do pensamento islâmico. Apresentamos a seguir um esboço da evolução da civilização islâmica, segundo os estudos mais recentes.
(1) Embora o imperador Constantino e seus sucessores tenham procurado transformar Roma em um império cristão, esta permaneceu uma fundação pagã e assim foi vista (por Santo Agostinho), sendo continuamente afligida pelo estigma de sua origem ilegítima. Entretanto, caso se estivesse ansioso por remover tal ilegitimidade, poder-se-ia tentar substituir o império por um "verdadeiramente" revelador, em antecipação ao dia do juízo divino. Os califas árabes do século VII podem ser vistos como os pioneiros do conceito de um império final revelador que suplanta o império "pagão" dos predecessores romanos (e persas), um conceito abraçado um século mais tarde também por Carlos Magno. Assim, o novo período dos impérios ortodoxos – cristão ocidental e islâmico, e o chinês neoconfuciano, com o "ilegítimo" Império Bizantino entre ambos – foi inaugurado, sucedendo ao período precedente de impérios "ecumênicos" pagãos. Cf. Garth Fowden, *Empire to Commonwealth: Consequences of Monotheism in Late Antiquity*. Princeton, Princeton University Press, 1993, p. 20, onde se diz que "Constantino tentou, e Maomé conseguiu unir o ímpeto imperial ao monoteísmo missionário". A feliz distinção entre "império ecumênico" e "ortodoxo", naturalmente, é tomada emprestada de Voegelin (ver a introdução, p. 28-29).
(2) Sem surpresa, os dois impérios ortodoxos – a saber, o império islâmico que emergiu das conquistas árabes, após cerca de 690, e a sua contrapartida cristã ocidental, após cerca de 800 – partilham diversas semelhanças estruturais. Ambos foram organizados em torno de doutrinas que podiam ser formuladas de muitas maneiras, variando desde o literalismo escritural até à mística alegórica; e ambos evoluíram gradualmente para civilizações, depois do papel de guardião da doutrina ter passado dos califas/imperadores para o estabelecimento religioso e do poder político se ter deslocado dos califas/imperadores para uma multiplicidade de sultões e/ou de reis. Cf. Ira M. Lapidus, "The Separation of State and Religion in the Development of Early Islamic Society". *International Journal of Middle East Studies*, vol. 6, 1975, p. 363-85.
(3) Há poucas evidências de que o literalismo escritural tenha sido mais rígido ou hostil à filosofia na civilização islâmica do que na civilização cristã ocidental. Desde o início, o literalismo foi acompanhado pelo misticismo, carecendo de um aristotelismo básico para ser articulado. De fato, o literalismo e o misticismo foram-se acomodando um ao outro ao longo dos séculos da mesma forma espiritual e institucional do Ocidente: quem desejasse escapar da rigidez doutrinal encontrava seu lar na flexibilidade espiritual das irmandades islâmicas (*tarīqa*) ou das ordens cristãs. Embora permanecessem algumas tensões (por

b. Fé e razão

A marca agressiva não se suavizou, antes se tornou mais exasperante, pelas repetidas garantias de que Sigério de Brabante dá preferência à verdade da fé mesmo que esta se oponha aos resultados da filosofia. Não há razão para supor que o reconhecimento de duas verdades opostas implique insinceridade por parte do filósofo. Significa simplesmente uma confusão de sentimentos em consequência do reconhecimento de duas autoridades que não precisam estar em conflito no que diz respeito à doutrina, embora esteja em ascensão a autoridade da razão intramundana. Talvez o conflito de sentimentos fique mais claro pela comparação de algumas passagens de Sigério de Brabante, dispostas numa sequência que mostra o peso crescente da razão: "Afirmamos que é esta a opinião do

---

exemplo, as controvérsias que cercam o pensamento de Muhyī Al-Dīn Ibn al-'Arabī [† 1240] ou São Francisco), muçulmanos e cristãos ocidentais exprimiram sua ortodoxia doutrinal numa mesma escala, oscilando entre o literalismo e o misticismo. Para uma visão geral recente e abrangente das doutrinas literalistas cristãs, ver Caroline Walker Bynum, *The Resurrection of the Body in Western Christianity, 200-1336*. Nova York, Columbia University Press, 1995.
(4) Sem dúvida foi injetado mais aristotelismo na ortodoxia cristã ocidental do que em suas contrapartidas islâmicas, xiita ou sunita. Contudo, não entendo como esta maior aristotelização modificou "a dinâmica da relação entre a fé e a razão". O aristotelismo não escritural de Sigério fracassou e o aristotelismo cristianizado de Tomás de Aquino contribuiu pouco para o pensamento da Idade Média tardia. Qualquer mudança "decisiva" deve ser datada de meados de 1600, quando Galileu, com a sua nova física do movimento, desafiou a doutrina da fé na interpretação literalista.
Como está atualmente bem estabelecido, Galileu não atingiu a sua nova física adicionando os toques finais a quatro séculos de conciliação entre escolástica e aristotelismo, mas rejeitando-a como tal. Em outras palavras, abandonou toda a discussão cristã ocidental e islâmica sobre a compatibilidade entre a doutrina religiosa e o aristotelismo e desafiou Aristóteles no seu próprio domínio. O ponto crítico sobre o aristotelismo não é, consequentemente, em que medida ele penetrou ou não a ortodoxia, mas até que ponto foi percebido como dotado de sentido em seu mundo de natureza. Sobre o papel do aristotelismo em retardar mais do que promover o advento do pensamento mecânico moderno, ver Paul Lawrence Rose, *The Italian Renaissance of Mathematics: Studies on Humanists and Mathematicians from Petrarch to Galileo*. Genebra, Librairie Droz, 1975, e, mais recentemente, H. Floris Cohen, *The Scientific Revolution: A Historiographical Inquiry*. Chicago, University of Chicago Press, 1994.
A questão de por que não foi um muçulmano, mas um cristão que começou a revolução científica ultrapassa o escopo deste volume, mas teria de ser respondida por uma investigação do crescimento histórico da matemática não geométrica, e não da especulação física e metafísica aristotélica no mundo pós-helênico.]

filósofo sobre a união da alma intelectiva com o corpo; mas se a opinião da santa fé católica for contrária à opinião do filósofo, gostaríamos de preferi-la neste caso como noutros".[15] Noutra ocasião, à garantia de preferência segue-se uma afirmação mais impaciente: "Não é preciso falar dos milagres de Deus quando debatemos naturalmente sobre coisas naturais (*de naturalibus naturaliter*)".[16]

A situação alcança o ponto crítico na discussão sobre a imortalidade da alma, que Sigério nega em termos racionais: se qualquer *filósofo* disser o contrário, a resposta seria que, tal como o homem pode compreender coisas que os animais não compreendem, há "homens proféticos" que têm o conhecimento de coisas que "a razão comum" do homem não alcança, tendo de aceitar o testemunho dos profetas.[17] Este último acesso e a ocasião em que ele ocorre, a questão da imortalidade da alma, revela que está em jogo mais do que um sereno debate racional. Sentimos aqui a paixão que aspira por resultados e que considera homens de classe inferior aqueles que não conseguem seguir a nova revelação.

A negação da criação do mundo no tempo, a negação da alma individual imortal, a negação de uma vida no além, a negação da recompensa ou punição sobrenatural para a ação neste mundo, a negação de um *summum bonum*, com exceção da felicidade alcançável na escala da existência terrena, são as principais negações que organizam o mundo como uma estrutura imanente sem relação com uma realidade transcendental no sentido cristão. O conteúdo positivo da nova atitude não foi desenvolvido em um sistema abrangente, mas pode ser reconstruído a partir de várias fontes. A ajuda mais importante para esta tarefa é a lista de 219 proposições condenadas pelo bispo Tempier em 1277.

---

[15] Siger de Brabant, *Quaestiones de Anima Intellectiva*. In: Mandonnet, *Siger*, 1908, p. 156 ss. Nova edição: Siger de Brabant, *Quaestiones in tertium De anima, De anima intellectiva, De aeternitate mundi*. Ed. Bernardo Bazán. Louvain e Paris, de Vrin, 1972.

[16] Mandonnet, *Siger*, p. 154.

[17] Ibidem, p. 164.

Seus méritos são manifestos na ordem das proposições editadas por Mandonnet.[18] A lista é uma enumeração circunspecta da condenação, cobrindo praticamente todos os axiomas de um sistema filosófico e teológico completo.

c. O elogio do filósofo

O primeiro tópico, na sequência de Mandonnet, diz respeito à existência do filósofo. São condenadas as sentenças segundo as quais não há vida mais excelente do que devotar-se à filosofia e que os filósofos são os únicos homens sábios deste mundo. Essas condenações mostram, mais uma vez, que o conflito não surgiu simplesmente de uma divergência a respeito de opiniões teológicas, mas penetrou os sentimentos que determinam a atitude fundamental perante a vida. A atividade intelectual é uma força intramundana que tenta, como um absoluto, determinar os padrões da existência humana. Na obra de Sigério, encontramos a sentença: "Acordarás, estudarás e lerás, e das dúvidas restantes serás conduzido a mais estudo e leitura, porque a vida sem letras (*vivere sine litteris*) é a morte e o túmulo do homem vulgar".[19]

Boécio de Dácia compusera um elogio do filósofo que alcança o *summum bonum* mediante a devoção à vida intelectual. A existência humana é mais perfeita se, com o exercício do intelecto especulativo, o homem procurar o conhecimento da ordem verdadeira do mundo que culmina no *ens primum* (o termo com que Aristóteles designa Deus) e, com o exercício do intelecto prático, procurar viver de acordo com a verdade reconhecida. A vida do filósofo, *vita philosophi*, conduz à

---

[18] *Propositions condamnées par Etienne Tempier, évêque de Paris*. In: Mandonnet, *Siger*, 1908, p. 176 ss. A ordem original é encontrada em Heinrich Denifle, Emile Chatelain e Charles de Samaran (eds.), *Chartularium Universitatis Parisiensis*, vol. I. Paris, Delalain, 1889-1897. Reedição: Bruxelas, Culture et Civilisation, 1964, p. 543 ss. Uma contribuição importante para a compreensão dos problemas sistemáticos também se encontra em *Incerti Auctoris Tractatus de Erroribus Philosophorum*. In: Mandonnet, *Siger*, 1908, p. I ss.

[19] Mandonnet, *Siger*, p. 171.

maior felicidade atingível pelo homem. Esquecem-se a ideia cristã de existência humana e o significado cristão da vida e da ordem da sociedade.[20] O *pathos* do intelectual intramundano independente irrompe aqui com a mesma veemência que o *pathos* do indivíduo intramundano em João de Salisbúria, da personalidade histórica em Joaquim de Fiore, do cristão intramundano em São Francisco, do governante intramundano em Frederico II. No campo das expressões literárias, temos de acrescentar o elogio da inteligência autônoma por Boécio aos elogios anteriores das criaturas e do imperador. Com os averroístas regressa o padrão dialético da sustentação mútua da existência filosófica e do conteúdo da doutrina, já observado em Joaquim de Fiore: a existência intelectual imanente é parte da estrutura imanente do mundo como revelada pela atividade intelectual intramundana.

d. A unidade intramundana da espécie

A concepção intramundana de homem requer uma ideia de humanidade contrária à concepção transcendental cristã. A ideia da humanidade como o corpo místico de Cristo é substituída pela ideia da espécie humana como unidade coletiva que existe pelo processo de geração desde a eternidade.[21] Nenhuma alma individual dá forma ao corpo, mas o intelecto *uno in numero* opera sobre os seres humanos.[22]

---

[20] Boethius of Dacia, *De Summo Bono sive de Vita Philosophi*. Edição em inglês: *On the Supreme Good, On the Eternity of the World, On Dreams*. Trad. John F. Wippel. Mediaeval Studies in Translation, vol. 30. Toronto, Pontifical Institute of Mediaeval Studies; Leiden, Brill, 1987.

[21] Siger de Brabant, *De Aeternitate Mundi*. In: Mandonnet, *Siger*, 1908, p. 132 ss. Nova edição: *Quaestiones in tertium De anima*. Ed. Bazán. Edição em inglês: Saint Thomas Aquinas, Siger de Brabant, and Saint Bonaventure, *On the Eternity of the World (De aeternitate mundi)*. Trad. Cyrill Vollert, Lottie H. Kendirski e Paul M. Byrne. Mediaeval Philosophical Texts in Translation, vol. 16. Milwaukee, Marquette University Press, 1964.

[22] Siger de Brabant, *Quaestiones de anima*, p. 164 ss; *Quaestiones in libros Aristotelis De anima, III, 7*. In: Steenberghen, *Siger*, p. 131 ss. [Fernand van Steenberghen repudiou a identificação, feita em 1931, de Sigério de Brabante como o autor de *Quaestiones in libros Aristotelis De anima, III, 7* numa edição posterior, intitulada *Un Commentaire Sémi-averroiste du Traité de l'Âme*. In: *Trois Commentaires Anonymes sur le Traité de l'Âme d'Aristote*. Philosophes médiévaux II.

Esse pressuposto metafísico da existência coletiva da humanidade, tanto biológica quanto intelectualmente, marca a primeira aparição das divindades intramundanas ocidentais para as quais Hegel encontrou a fórmula clássica do "Espírito Objetivo".[23] Com Sigério, o intelecto objetivo é ainda a alma da humanidade; no curso da posterior fragmentação ocidental da humanidade, veremos a ascensão de uma pluralidade de almas coletivas nas unidades nacionais (o *Volksgeist*), em grupos particulares determinados racialmente, e classes sociais funcionalmente determinadas.

Há também tendências reconhecíveis para uma ordem hierárquica da coletividade, diferenciando os homens conforme o grau de participação no intelecto objetivo. Em Averróis, Sigério e Boécio, observamos a tendência a tratar o homem não filosófico como um tipo inferior e a compará-lo aos animais; essa atitude nasce logo que se abandona a visão cristã da dignidade espiritual de todos os homens. A ideia elitista na obra de Sigério confina-se à esfera intelectual da *vita philosophi*, mas a ideia liberal do homem educado como um tipo social superior ao homem comum sem educação, o *vilis homo*, já está presente. As implicações burguesas são óbvias, porque o ideal da vida intelectual se liga à ideia de que o homem com substância é moralmente superior ao homem pobre.[24] É já um esboço de que propriedade e instrução são as duas qualidades que conferem prestígio e distinção à sociedade burguesa liberal. Na evolução da sociedade ocidental, a construção elitista

---

Louvain, Publications Universitaires, 1971, p. 121-348. Nenhum outro autor foi identificado desde então. Ver nota 30 adiante.]

[23] A teoria de Sigério do intelecto *uno in numero* é tecnicamente chamada de "monopsiquismo". Evitei o termo no texto porque pode dar uma impressão incorreta. A teoria de Sigério concerne quer ao corpo quer à mente. É um exemplo de "monossomatismo" e "monopsiquismo". A concentração terminológica no aspecto intelectual com frequência impede a plena compreensão do averroísmo latino. [O problema filosófico do monopsiquismo é investigado detalhadamente por Philip Merlan, *Monopsychism, Mysticism, Metaconsciousness: Problems of the Soul in the Neo-Aristotelian and Neo-Platonic Tradition*. The Hague, Nijhoff, 1963.]

[24] Etienne, *Propositions*, n. 212: "*Quod pauper bonis fortunae non potest bene agere in moralibus*".

será transferida para as entidades coletivas particulares do tipo nacional, racial e de classe.

e. A ética utilitária

A teoria geral intramundana da sociedade realiza-se no campo da ética. A ideia de humanidade como uma espécie que existe através da passagem das gerações conduz a uma nova moralidade sexual. A partir das *Propositions Condamnées* [Proposições Condenadas], podemos deduzir que os averroístas sustentavam que: a fruição do ato sexual não danifica o uso do intelecto (n. 207); a continência não é essencialmente uma virtude (n. 208); a abstinência perfeita corrompe a virtude e a espécie (n. 210); e as relações sexuais pré-maritais não são pecaminosas (n. 205). Seria um erro interpretar essas fórmulas como expressão de libertinismo ou de moralidade sexual lassa. A humanidade, como vimos, é uma unidade coletiva, tanto biológica quanto intelectualmente. Torna-se essencial, portanto, harmonizar ambas as esferas no reino da ação. As regras que regem as relações sexuais não podem ser julgadas pelos padrões da moralidade cristã, mas têm de ser compreendidas no contexto sistemático da nova teoria social. Em sua interpretação do *Roman de la Rose*, Gorce formulou a ideia de que o elogio da Alegria não indica uma "laicização"; pelo contrário, é a esfera de relações sexuais que se torna "teologizada". O ato procriador assume sua função numa metafísica intramundana da humanidade.[25]

É necessário interpretar corretamente este problema para compreender a regra geral que rege as boas e as más ações. Um ato humano é bom se for orientado para o bem da espécie.[26]

---

[25] Além da já citada monografia de Gorce (*Roman*), ver Jan Huizinga, *The Waning of the Middle Ages: A Study of the Forms of Life, Theory and Art in France and in the Netherlands in the XIVth and XVth Centuries*. Trad. Frederik Jan Hopman. Londres, Arnold, 1927. Reedição: Harmondsworth e Baltimore, Penguin, 1976, particularmente cap. 8, "Love Formalized". O *Roman* é uma obra extremamente complexa, e a interpretação de Gorce, embora isole o problema principal, que é importante em nosso contexto, de maneira alguma o esgota.

[26] Siger de Brabant, *Impossibilia*. In: Mandonnet, *Siger*, 1908, p. 87.

As regras especiais citadas acima são aplicações desta regra básica. O ato não é bom por sua natureza, nem pela referência a partes extra-humanas do universo, mas exclusivamente pela referência à comunidade humana, de maneira que, como consequência do ato, "os homens possam viver bem". Há aqui a sugestão de um cálculo social do bem e do mal; para Sigério, um ato pode ter consequências más para um grupo de homens; todavia, terá que ser julgado como bom se o mal parcial for feito no interesse de toda a comunidade civil (*civitas*).[27] A ética utilitária, que toma o bem-estar do grupo como axioma principal, tem raízes no coletivismo averroísta.

Essa estrita construção imanentista do mundo é incompatível com a ideia de um ato criador divino inicial e com a intervenção divina posterior. O mundo existe desde a eternidade, e sua existência no tempo é governada pelas leis da sua estrutura interna fixa. A ideia cristã da história é substituída pela ideia babilônico-helênica do eterno retorno. A espécie retorna aos primórdios e prepara-se para um novo ciclo idêntico. Regressam as mesmas "opiniões, leis e religiões", embora os ciclos anteriores não sejam recordados por causa da distância temporal a que estão.[28] Dempf observou corretamente que existe uma nova situação social por trás dessa nova atitude perante a história. Não reflete o otimismo espiritual da comunidade monástica, nem a vitalidade revolucionária e antifeudal das comunas urbanas, nem o individualismo espiritual de São Francisco; reflete a submissão do súdito na monarquia absoluta que vê o processo do poder na história passar por cima de si sem qualquer intervenção ativa.[29] A atitude floresceu em Paris, e não entre os patarenos de Milão, nem na Úmbria ou na Calábria.

Para além desta visão, entretanto, não é fácil determinar o significado preciso da teoria de Sigério; os elementos são

---

[27] Ibidem, p. 86; como exemplo de um grupo que podia sofrer males Sigério menciona os *panifices* [padeiros; cf. adiante, p. 231]; seria interessante saber se ele estaria disposto a usar os *philosophi* como exemplo.

[28] Siger de Brabant, *De aet.*, p. 139 ss.

[29] Dempf, *Sacrum*, p. 345.

demasiado escassos. Uma situação social não determina de modo inequívoco um fenômeno intelectual. Se uma atitude intelectual se encaixa numa situação social, podemos falar de uma coincidência funcional, mas não de um efeito causal, a menos que a atitude seja escolhida deliberadamente por razões oportunistas. Uma teoria social que não se fundamenta na esfera criativa do governo, mas na esfera dos objetos passivos da ação governamental, certamente corresponde à posição de um sujeito numa monarquia absoluta. A vida contemplativa do misticismo intelectual, por outro lado, sempre tenderá a uma atitude apolítica e a-histórica, quer o místico viva em monarquia absoluta ou não. O misticismo intelectual, ademais, é um pilar apropriado para a vida não só numa monarquia absoluta, mas mesmo nos períodos de desintegração política, como o presente. Portanto, preferimos distinguir entre a coincidência funcional do intelectualismo averroísta com a ascensão da monarquia absoluta, os elementos tradicionais resultantes da posição da *faylasūf* e o elemento ocidental do intelectualismo intramundano como uma nova força que quebra o *corpus mysticum*.[30]

---

[30] [A recente publicação de textos adicionais de pensadores aristotélicos do século XIII tornou os acadêmicos mais cautelosos quanto a toda a questão do averroísmo latino. Parece, hoje, que o averroísmo latino foi muito mais um espantalho do que até agora se supôs, construído pelos teólogos das ordens mendicantes contrários ao estudo de Aristóteles fora das faculdades de teologia. Muitos clérigos regulares ensinaram Aristóteles nas faculdades de artes liberais, usando as obscuridades e contradições da obra do estagirita para exercícios nos cursos de retórica e dialética. Consideraram mais importante o esclarecimento dos argumentos aristotélicos nestes cursos do que a explicação de sua conformidade ou falta de conformidade com a doutrina cristã, problema que deixaram para os teólogos.
Foi precisamente contra essa relativa desatenção à doutrina cristã por parte dos professores regulares nas artes liberais que os professores mendicantes de teologia montaram os seus ataques. Sem surpresa, os professores de artes começaram a tratar as questões teológicas e produziram tratados cada vez mais sofisticados, em particular sobre a questão da alegada incompatibilidade entre Aristóteles e as doutrinas de salvação pessoal no reino dos céus e da criação do mundo por Deus. Procedendo assim, extravasaram do seu mandato de ensino das artes liberais e intrometeram-se na teologia. Inevitavelmente, as conclusões dos professores de artes pareceram menos autorizadas do que as dos teólogos, mesmo que fossem mais sutis e sofisticadas.
Tendo em vista esta rivalidade institucional entre professores de teologia e de artes, não surpreende que estes tenham sido censurados em 1270 e 1277, tal como mencionado por Voegelin. Foi então, na década de 1270, quando as acusações e contra-acusações circulavam em Paris, que a Inquisição real começou a investigar

membros da faculdade das artes na Sorbonne, incluindo o proeminente Sigério de Brabante, que acabara de escrever o *Liber de Causis* (cerca de 1274-1276). Neste tratado sobre os conceitos de alma imortal e natureza criada, Sigério responde com cuidado ao seu principal antagonista intelectual, Tomás de Aquino, e, naturalmente, procura refutar as acusações da Inquisição contra ele.
O tratado só foi redescoberto em 1966 (Antoine Dondaine e Louis-Jacques Bataillon, "Le Manuscrit Vindob. Lat. 2330 et Siger de Brabante". *Archivum Fratrum Praedicatorum*. v. 36, 1966, p. 153-215) e só ficou disponível em edição a partir de 1972 (Siger de Brabant, "Les Quaestiones super librum De Causis". Ed. Antonio Merlasca. *Philosophes Médiévaux*, Louvain e Paris, De Vrin, vol. 12, 1972). Não restam dúvidas de que, no decurso da sua carreira docente, Sigério alcançou um conhecimento considerável a respeito das limitações do pensamento de Aristóteles e Averróis. Embora Sigério não partilhe as soluções teológicas de Tomás de Aquino para os problemas da alma e da natureza, admite, não obstante, que a obra de Aristóteles e de Averróis não são coerentes o bastante para permitir soluções filosóficas unívocas favoráveis ou contrárias à doutrina religiosa. Averróis é, inclusive, descrito como irracional e herético. Consequentemente, tal como sugerido recentemente por Richard C. Dales, não há razão para duvidar da sinceridade da perspectiva do próprio Sigério de que "devemos piedosa e firmemente, e sem mais investigação adicional, acreditar que a explicação repousa na autoridade da fé cristã" (*The Problem of the Rational Soul in the Thirteenth Century*. Leiden, Brill, 1995, p. 176-77, 192-202).
Sigério admite a convergência talvez de modo mais aberto do que Boécio de Dácia, o outro suposto averroísta latino discutido por Voegelin. Não obstante, apesar de partilhar de uma posição fortemente antitomista, Boécio também nega expressamente a validade da filosofia fora de sua própria esfera. Esta negação emerge num manuscrito de 1270-1273, que também foi redescoberto recentemente, em 1971. Dales apresenta fortes razões para Boécio ser o seu provável autor (p. 154-59). Ver "Un Commentaire Averroiste sur les Livres I et II du Traité de l'Âme". Oxford, Merton College 275, p. 108-21. Ed. Maurice Giele. In: *Trois Commentaires Anonymes*. Philosophes medievaux, vol. 12. Louvain, Publications Universitaires, 1971. De acordo com registros dominicanos, Boécio juntou-se à ordem em algum momento depois de 1273. Ver Boethius of Dacia, *Un Traité Récemment Découvert de Boèce de Dacie: De Mundi Aeternitate*. Ed. Géza Sajó. Budapeste, Akadémiai Kiadó, 1954, p. 18-19.
Embora qualquer cristão interessado na exploração da natureza necessariamente tenha de ter interesses "intramundanos", quase não se justifica a conclusão de que Sigério de Brabante e Boécio de Dácia são os primeiros a dar uma ideia – no século XIII – de um intelectual secular moderno imbuído de visões utilitárias. Parece antes que os devemos considerar, mais cautelosamente, como os primeiros representantes de uma comunidade escolar sofisticada numa civilização cristã, rumo a uma aculturação ao nível da civilização islâmica. Nessa civilização, a gama de tipos humanos é obviamente muito mais larga e inclui os pensadores desejosos de suplementar a rigidez intelectual da doutrina religiosa com a especulação filosófica ou mística. Se a sua ânsia for *de bona fide*, não há razão para hoje pensarmos de outra maneira.
Mesmo Averróis (apesar das observações depreciativas de Sigério, que, em retrospectiva, têm que ser descritas como mal-informadas) pode ser visto como partilhando da mesma *bona fides*. Por exemplo, Averróis nunca viu contradição entre ser o juiz principal de Córdova e realizar os seus três famosos comentários de Aristóteles – longo, médio e curto – por encomenda dos califas almóadas.

f. A estrutura da história imanente

Há outros pontos a serem considerados. Dempf salienta o paralelo entre a causalidade imanente dos ciclos eternos e o padrão rígido da história em Joaquim de Fiore. Em ambos os casos, o curso da história é governado por uma lei inexorável, seja qual for a ação individual. A comparação é boa e, para dar-lhe mais precisão, deve ser ligada à filosofia da história que, em ambos os casos, tem a função de dar significado à existência intramundana do pensador. Fiore toma parte ativa no processo da história ao assumir o importante papel de profeta do Terceiro Reino; Sigério de Brabante retira-se do processo histórico para a esfera a-histórica de uma estrutura geral sem a qualidade da singularidade histórica.

g. O ativismo ético

A posição de Sigério é a-histórica, mas não é desprovida de ativismo. Já assinalamos o elemento de cálculo social na ética utilitária. Sigério possui uma escala de valores e sabe o

---

Claro, ele também teve problemas com os literalistas doutrinários que o denunciaram fortemente. Mas, tal como Sigério e Boécio, ele estava disposto a admitir as limitações da filosofia. É difícil, portanto, sustentar a verdade recebida de que ele foi o originador da infame teoria da dupla verdade que leva o seu nome. A respeito da afirmação de Averróis sobre a primazia da revelação veja o seu *Al-Kashf'an manāhij al-adilla fī'aqā'id al-milla* (Exposição da prova a respeito das crenças da comunidade; tradução parcial em George F. Hourani, *The Harmony of Religion and Philosophy*. Londres, Luzac, 1961; reeditado em 1977). Esta obra não estava disponível aos cristãos ocidentais do século XIII. Assim, a *bona fides* de Averróis, tal como a de Sigério e de Boécio, ainda estão à espera de maior reconhecimento pelos eruditos.

De acordo com o nosso conhecimento atual do debate no século XIII a respeito da alma e da natureza, não há uma única obra na civilização islâmica ou cristã que endosse sequer uma pequena parte das teses condenadas em 1270 e 1277. Portanto, se de fato nenhum verdadeiro averroísta latino acredita numa dupla verdade, podem-se extrair duas conclusões que modificam o retrato traçado por Voegelin no início da década de 1940. (1) Conflitos a respeito das muitas conclusões ambíguas ou contraditórias de Averróis e de Aristóteles eram inevitáveis, dada a organização institucional específica das faculdades de Paris e outras universidades (teólogos *versus* professores de artes liberais, monges mendicantes *versus* o clero regular). (2) No decurso de cerca de cinquenta anos de debate, ocorreu uma convergência gradual de perspectivas, em que se concordou que Aristóteles e Averróis não eram os exemplos de clareza que alguns talvez esperassem e que a fé era indispensável.]

que deve ser feito na comunidade. Sabe, por exemplo, que regulamentar um negócio de padaria é justificável se isso servir para o bem-estar da comunidade como um todo, ainda que prejudique os interesses dos proprietários. Essa tendência intervencionista aparece frequentemente vinculada a uma atitude intelectual segura de seus valores, mas cega para a estrutura histórica da vida humana e social. Podemos dizer que, na posição de Sigério, o intelecto ocidental, a-histórico e eticamente ativo anuncia sua pretensão de validade objetiva e o direito de distinguir entre o bem e o mal social, sem consideração pelos valores históricos. Podemos discernir as raízes da atitude que mais tarde se ramificará em duas; de um lado, a reforma social; do outro, a prontidão devastadora dos intelectuais para organizar o mundo – uma prontidão que é hoje considerada construtiva.[31]

§ 4. Pobreza

a. O ideal de pobreza

O confronto entre os artistas e as ordens mendicantes sobre o aristotelismo articula-se com outro confronto, também amargo, sobre o ideal da perfeição cristã, em particular o problema da pobreza. A ideia franciscana de uma vida em conformidade com Cristo sofria de uma dificuldade inerente: os conselhos evangélicos só têm pleno sentido num ambiente de expectativas escatológicas; seu significado secundário, de princípios orientadores da vida de uma elite cristã, era postulado como absolutos da vida intramundana para todos os cristãos. Na vida cotidiana, entretanto, a pobreza escatológica pode facilmente parecer com vadiagem e pedintaria, um problema que já preocupava São Paulo. Era inevitável que a questão fosse brandida contra as ordens mendicantes assim que surgiu uma oportunidade. As ordens mendicantes tinham atacado demasiados

---

[31] [Vogelin está se referindo ao ativismo liberal, nazifascista e comunista de meados do século XX.]

interesses instalados: dos bispos, através das isenções papais da jurisdição diocesana; dos párocos, que viam o interesse dos paroquianos desviado para os frades peregrinos; do clero intelectual secular, porque as cátedras de ensino desses mendicantes em Paris atraíam os estudantes que, doutra maneira, teriam ido aos artistas. A luta resultante, quando emergiu de forma aberta na literatura, produziu um padrão intrincado de problemas que saltam de um ponto de ataque favorável ao seguinte. Selecionamos alguns dos tratados proeminentes deste confronto.

b. Gerardo de Borgo San Donino – O Evangelium Aeternum

A ocasião formal de confronto surgiu com a publicação do *Evangelium Aeternum* de Gerardo de Borgo San Donino, um membro do círculo de João de Parma, prior da ordem franciscana em 1247-1257. O *Evangelium Aeternum* deveria consistir das três principais obras de Joaquim de Fiore com um *Introductorius* de Gerardo. O *Introductorius* e o primeiro livro foram publicados em 1254. Em 1255, uma comissão inquisitorial tratou da publicação; as poucas sentenças condenadas presentes no relatório da comissão são tudo o que possuímos da obra.[32] O *Evangelium* assumia que as profecias de Joaquim tinham sido cumpridas com a vinda de São Domingos e São Francisco. Os dois santos e Joaquim são os três iniciadores do Terceiro Reino. A ordem franciscana é a realidade do novo reino. A dificuldade de um paralelo entre São Francisco e Cristo foi evitada pela interpretação de que o santo era apenas um dos doze companheiros que fundaram a ordem, o que impedia a divinização de São Francisco. Mas a ordem deveria ser o novo *corpus mysticum*, seguindo, como terceira *ordo*, às duas anteriores – dos clérigos e dos leigos. Com o cumprimento da profecia, os escritos de Joaquim transformaram-se em escritos canônicos do novo reino, o *evangelium aeternum* final.

---

[32] Heinrich Denifle, "Das Evangelium aeternum und die Commission zu Anagni". *Archiv für Literatur- und Kirchengeschichte* I, 1885, p. 99-102. Reedição do periódico: Graz, Akademische Druck- und Verlagsanstalt, 1955-1956.

c. Guilherme de S. Amour – A ética do trabalho

A obra expôs a ordem franciscana aos ataques do clero secular contra a pretensão do *Evangelium* de monopolizar a cristandade verdadeira para um grupo de espirituais. Em 1256, apareceu o tratado de Guilherme de S. Amour, *De Periculis Novissimorum Temporum*. A parte relevante para o nosso problema é o capítulo 12, que contém o ataque contra o ideal de pobreza. De acordo com Guilherme, a mendicância conduz à lisonja, maledicência, mentira e roubo. O conselho evangélico de tudo deixar para seguir Cristo e imitá-lo em sua boa obra significa bom *trabalho*, mas não mendicância, que é proibida expressamente por São Paulo.[33]

À questão de como um homem viverá após se despojar de tudo, responde que deve trabalhar com as suas mãos ou entrar para um mosteiro. A sugestão tem outro alvo: eliminar da profissão docente em Paris os teólogos mendicantes (Alberto, Tomás, Boaventura, etc.) e pô-los para cuidar da terra e lavar pratos nos conventos. Este ataque é característico da pervasividade do novo *ethos* da vida intramundana. Teologicamente, o argumento de Guilherme é muito fraco porque o conselho da pobreza pertence, juntamente com os de castidade e obediência, aos conselhos (*não* mandamentos) para a vida cristã perfeita, que tem sua validade como a vida da elite cristã. Esta refutação foi feita por Santo Tomás[34] e São Boaventura.[35] A fraqueza teológica do argumento, que Guilherme decerto não desconhecia, não o impediu de considerar o *ethos* do trabalho como o elemento relevante da pobreza evangélica.

---

[33] William of Saint Amour (*De Periculis Novissimorum Temporum*. In: Bierbaum, *Bettelorden*, p. 28-30) apresenta uma grande coleção de citações sobre o tema "trabalho" tiradas das Epístolas de São Paulo.

[34] S. Thomas Aquinas, *Contra Impugnantes Dei Cultum et Religionem*. In: *Opera Omnia*, vol. 15. Parma, Fiaccadori, 1852-1873. Edições recentes: Vernon Joseph Bourke, 25 vols. Nova York, Musurgi Publishers, 1948; e Stanislaus E. Frette e Paul Mare, 35 vols. Roma, Commissio Leonina; Paris, Librairie Philosophique Jean Vrin, 1982.

[35] S. Boaventura, *Quaestiones Disputatae de Perfectione Evangelica*. In: *Opera Omnia*, vol. 5 (Ad Claras Aquas [Quaracchi]: Ex Typographia Collegii S. Bonaventura, 1901), p. 117-98.

d. Bertrand de Bayonne – A hierarquia espiritual

Se exceturamos as duas figuras proeminentes do período, Santo Tomás de Aquino e São Boaventura, os autores que participaram da discussão parecem agir sob o impulso de subverter cada tópico numa direção intramundana. Gerardo de Borgo San Donino desviou a interpretação da ordem franciscana para um *corpus mysticum* intramundano, composto pelos espirituais. Guilherme de S. Amour transformou a pobreza evangélica numa ética do trabalho. O franciscano Bertrand de Bayonne, ao responder a Guilherme, mostrou-se um teólogo conservador na questão da pobreza, mas, a fim de justificar as funções de estudo e pregação da sua ordem em cerca de 1256-1257, ele desenvolveu uma teoria intramundana da hierarquia eclesiástica e do papado.[36]

O poder papal de conferir os privilégios de pregar sem permissão do prelado é fundado no poder legislador discricionário e na sua liberdade divina (*libertas divina*) mediante as quais pode derrogar as decisões dos Concílios e Decretos e criar precedentes novos. A noção de poder papal ilimitado deriva de uma concepção nova da hierarquia eclesiástica que abole a distinção entre os poderes carismáticos que emanam de Cristo e a função puramente administrativa do papado. O instrumento teórico usado por Bernardo é retirado dos tratados pseudodionisíacos sobre as hierarquias celestiais e eclesiásticas admitidas na escola de São Vítor em Paris e agora aplicadas pela primeira vez à solução de problemas institucionais.[37] A hierarquia eclesiástica é um análogo da hierarquia dos anjos. A "influência da virtude" emana do topo da hierarquia (*prima persona in hierarchia*) para as ordens e pessoas

---

[36] Bertrand de Bayonne, *Manus, que Contra Omnipotentem Tenditur.* In: Bierbaum, *Bettelorden*, p. 37-168.

[37] Pseudo-Dionysius Areopagita, *De Coelesti Hierarchia.* In: Migne, *PC*, vol. 3, p. 177 ss; *De Ecclesiastica Hierarchia.* In: Migne, *PC*, vol. 3, p. 371 ss. Sobre os dois tratados, ver também *Des heiligen Dionysius Areopagita angebliche Schriften über die beiden Hierarchien.* Trad. Joseph Stiglmayr. Bibliothek der Kirchenväter, vol. 2. Kempten e Munique, Joseph Kösel, 1911. Edição em inglês: In: *The Complete Works.* Trad. Colm Luibheid. Nova York, Paulist Press, 1987.

inferiores; a hierarquia culmina em Deus, o hierarca supremo, de quem a substância da luz divina desce para a primeira pessoa da hierarquia.[38] Na igreja, o papa é um *hierarcha homo*, o *vir divinus in Deo manens*, de quem os poderes emanam e são distribuídos aos membros da *ecclesia*.

A importância desta concepção dificilmente poderá ser hiperestimada. A ideia cristã pluralista dos *charismata* dados por Deus aos homens, de maneira que dos resultados da distribuição divina resulta o *corpus mysticum* articulado da humanidade cristã, não é expressamente abolida, mas é afastada da ribalta pela ideia do poder luminoso divino que desce através dos graus da hierarquia, tornando os poderes de cada grau dependentes da hierarquia na "influência" que vai descendo para o grau seguinte. A hierarquia engoliu a comunidade; o termo *ecclesia*, que originalmente significava a comunidade, praticamente mudou de significado para hierarquia. Sigério apresentou uma interpretação naturalista da sociedade intramundana; Bertrand está dando uma interpretação supranaturalista da sociedade não menos intramundana. A evocação de Bertrand constitui uma comunidade fechada, organizada como uma pirâmide, com a substância do poder fluindo do topo para a base. É uma teoria da substância da comunidade espiritual fechada; mas, em princípio, apresenta o padrão que pode ser transferido para a comunidade política fechada do estado, com a substância do poder descendo do príncipe, passando pelos graus da hierarquia burocrática e chegando até o povo, como veremos na evocação de Bodin.

Em ambos os casos, a construção bem-sucedida da ideia hierárquica resulta de influências mediterrânicas orientais: no caso de Bertrand, das concepções pseudodionisíacas que vêm do ambiente monofisista; no caso de Bodin, das ideias hierárquicas transmitidas do helenismo neoplatônico via muçulmanos e Maimônides. No ambiente ocidental, entretanto, a hierarquia não é absoluta como no Oriente; serve antes como

---

[38] Esta citação e a seguinte foram retiradas de Bertrand de Bayonne. In: Bierbaum, *Bettelorden*, cap. 17, p. 151-55.

o veículo para os movimentos dos análogos da liberdade: no campo do poder espiritual, para o movimento que vai do individualismo espiritual dos séculos XII e XIII até "a liberdade divina" do papa e de volta para a liberdade do *Christenmensch* [Cristo Homem] na Reforma; no campo do poder temporal, para o movimento que parte do individualismo revolucionário de João de Salisbúria e das comunas urbanas até à liberdade do príncipe absoluto independente e de volta para a liberdade do indivíduo democrático. Em ambos os casos, o pêndulo parece balançar no sentido de uma nova hierarquia espiritual-temporal nas comunidades totalitárias.

No tratado de Bertrand, a teoria da hierarquia parece servir para a justificação das ordens mendicantes, do seu ideal de pobreza e dos seus privilégios de estudar, ensinar e pregar. O *homo hierarcha*, o papa do qual todos os poderes emanam, tem o direito e o dever de conceder privilégios, rompendo com a ordem regular, se assim julgar necessário para a saúde espiritual da comunidade. O caráter incidental da teoria não diminui a importância desta; ao contrário, revela uma característica distintiva da situação intelectual. Na forma, a teoria de Bertrand é uma teoria da comunidade cristã e do papado; na substância, é a ideologia de um partido. Usamos a palavra *ideologia* por falta de um termo melhor; neste contexto, pretende indicar uma teoria política que seja uma teoria geral da sociedade, como neste exemplo da teoria geral da estrutura da comunidade espiritual cristã; nessas circunstâncias, tem a função de trabalhar pela vantagem política de um grupo particular da comunidade maior e negligenciar o equilíbrio de forças na comunidade.

e. Gerardo de Abbeville – A autoridade episcopal

O caráter particularístico e ideológico da teoria de Bertrand conduziu às *Exceptiones* de Gerardo de Abbeville.[39] A construção

---

[39] Gérard of Abbeville, *Incipiunt exceptiones contra librum qui incipit: Manus, que contra omnipotentem etc.* In: Bierbaum, *Bettelorden*, p. 169-207.

hierárquica é criticada devido aos defeitos óbvios. O poder ilimitado do papa destruiria a organização prelatícia da Igreja e perturbaria o *statum totius ecclesiae*. Os prelados recebem seu poder não de um homem, mas de Cristo, o Senhor (p. 200). O espírito não desceu apenas sobre Pedro, mas sobre todos os que estavam reunidos no Pentecostes (p. 202). Assim, o poder dos graus inferiores não deriva completamente do papa, "mas, antes, de Cristo, o cabeça de toda a Igreja". De outro modo, os poderes da hierarquia iriam perecer quando o papa morresse (p. 203). O papa pode visitar ou pregar em toda a parte, seja pessoalmente seja através dos seus delegados, mas "não deve pôr a foice em seara alheia". A jurisdição episcopal não deriva apenas do direito canônico, mas da ordenação de Deus e dos apóstolos (p. 204). A terceira epístola de Clemente é citada: clero e povo devem obediência aos bispos, ou serão expulsos do Reino de Deus. Quem resiste à autoridade dos bispos, resiste ao Redentor de quem são embaixadores (p. 205). A independência protestante dos *Tratados de York* alcançou um novo patamar de precisão. A crítica de Gerardo é uma afirmação definitiva da autoridade episcopal em matérias jurisdicionais contra as reivindicações papais exageradas; é um prelúdio aos movimentos Galicano e Conciliar dos séculos seguintes. A atividade particularista de um grupo provoca o particularismo do outro. O *sacrum imperium* desapareceu inteiramente dessas controvérsias. Os distúrbios do sistema de poder já não se referem às relações entre os poderes espiritual e temporal, mas são esforços jurisdicionais dentro do *status ecclesiae*, tendo a palavra *status* o significado da organização moderna de Estado.

§ 5. Conclusão – As bases do renascimento político

Uma palavra final deve ser dita a fim de evitar mal-entendidos. Esses confrontos sobre aristotelismo e pobreza podem criar a impressão de que o *sacrum imperium* pertence ao passado e que até a Cristandade está à míngua. Nada disso. Como Gorce demonstrou, Sigério de Brabante era heterodoxo, mas não um renegado. A evocação da hierarquia espiritual de Bertrand é incompatível com a ideia cristã de poderes espirituais que descem de Cristo sobre os membros da comunidade, mas Bertrand era tão cristão quanto São Francisco, embora transformasse radicalmente a imagem de Cristo. Todavia, o processo de desintegração da cristandade imperial medieval estava em curso; as forças intramundanas de pessoas e grupos particulares rompiam cada vez mais profunda e intensamente a velha evocação. O período entre a Controvérsia das Investiduras e Santo Tomás é medieval, mas assentou a base para o tipo de pensamento a que costumamos chamar de moderno. O Renascimento político do século XIV é incompreensível a menos que conheçamos as suas raízes nos dois grandes séculos revolucionários que o precedem.

C - O CLÍMAX

12. Santo Tomás de Aquino

> *Sic enim est dispositio rerum*
> *in veritate, sicut in esse.*
> Santo Tomás, *Contra Gentiles*

§ 1. História

a. Verdade e Ser

A obra de Santo Tomás de Aquino (1225-1274) absorveu-o literalmente – morreu exausto antes de completar 50 anos – e absorveu-o existencialmente, porque foi a expressão de uma vida a serviço da investigação e ordenamento dos problemas da sua época. Afirmar que ele foi um grande pensador sistemático é uma meia-verdade. Ele tinha uma mente excepcionalmente ordenadora e sabia aplicar essa mente à multiplicidade de materiais que entravam em sua órbita devido a uma personalidade que se destaca pela receptividade sensorial, grandeza de alma, energia intelectual e sublimidade de espírito. A vontade de ordenamento, sozinha, poderia ter produzido um sistema mais admirável por sua coerência do que pela captação da realidade. A extraordinária receptividade às coisas do mundo poderia ter originado uma enciclopédia. Mas as duas faculdades combinaram-se para criar um sistema que assinala o impulso dinâmico de Deus para o mundo, através da causalidade criadora, e do mundo para Deus, através do *desiderium naturale*. A origem desta combinação deve-se ao sentimento que fez de Tomás um santo: a experiência da identidade entre a verdade de Deus e a realidade do mundo.

"A ordem das coisas na Verdade é a ordem das coisas no Ser." Esta frase da *Summa Contra Gentiles* significa, do ponto de vista ontológico, que o intelecto divino, como causa primeira do universo, está impresso na estrutura do mundo. Do ponto de vista metodológico, significa que a descrição ordenada do mundo resultará num sistema que descreve a verdade de Deus. Do ponto de vista prático, isso quer dizer que todos os seres, e o homem em particular, têm sua *ratio*, seu sentido, na hierarquia da criação divina e encontra a realização de sua existência ordenando-se ao fim último, isto é, Deus. A afirmação não deve ser entendida apenas de modo genérico, mas também se aplica ao homem individual, e em particular ao próprio Tomás de Aquino. Ontologicamente, o seu intelecto detém a marca do intelecto divino; metodologicamente, o uso do intelecto revela a verdade de Deus manifestada no mundo; em termos práticos, a utilização do intelecto significa a orientação da mente para Deus. Quando Santo Tomás analisa a função do intelecto, a discussão de problemas teóricos fundamentais se torna, portanto, um autorretrato intelectual do santo.

b. O intelectual cristão

O mais elaborado desses autorretratos é apresentado nos capítulos de abertura da *Summa Contra Gentiles*. Santo Tomás de Aquino concebe a filosofia como a arte de ordenar e gerir as coisas para um fim. Entre todas as artes, a filosofia é a mais alta porque contempla a finalidade do universo, ou seja, Deus, e apresenta os conteúdos do mundo a Ele ordenados. Deus, a causa primeira e destino final do mundo, é Intelecto. A finalidade da filosofia é, portanto, o bem do intelecto – que é a Verdade. No termo *veritas* fundem-se os significados da verdade revelada da fé, a verdade da automanifestação de Deus na criação e a verdade que resulta do trabalho intelectual do filósofo que rastreia as manifestações do intelecto divino. A verdade de Deus se manifesta de três formas: a criação, a encarnação de Cristo (com referência a João 18,37) e o trabalho do intelecto humano na exposição, feita pelo filósofo, do princípio primeiro do ser.

O conceito de verdade é importante como contraposição cristã ao *pathos* averroísta do intelectual. A autoridade do intelecto não é de modo algum questionada; antes, detém uma dignidade adicional porque o intelecto humano é a *ratio* da existência humana, conforme criada por Deus. Por meio de seu intelecto, o homem fica mais perto de Deus e, na vida intelectual, ele se aproxima da divindade no sentido aristotélico do termo. Mas o intelectual agora tem de encontrar seu lugar na sociedade cristã. Ele ainda sabe mais que o homem comum, mas este não é um *vilis homo*. Para designar o homem comum, Santo Tomás usa o termo *idiota*, no qual não há distinção entre o sentido de leigo cristão e leigo no saber, embora às vezes também empregue *rudis homo*. A distância entre o intelectual e o leigo não se compara à distância entre homens e animais, mas, antes, à distância entre os anjos e os homens. Já se destacou devidamente que a distância dos anjos para os intelectuais é muito maior do que a outra distância que, no fim das contas, pertence à variação da espécie humana. Ademais, o homem comum não é deixado sem conhecimento. Aquilo que o filósofo conhece através da atividade do intelecto, o leigo conhece através da revelação de Deus em Cristo. A manifestação sobrenatural da Verdade em Cristo e sua manifestação natural no intelectual enquanto homem maduro ficam lado a lado.

c. Fé e razão

Essa justaposição poderia levar ao conflito entre fé e razão que observamos na obra de Sigério. Santo Tomás evita-o mediante uma interpretação engenhosa. Fé e razão não podem estar em conflito porque o intelecto humano detém a marca do intelecto divino. É impossível que Deus seja culpado de enganar o homem ao conduzi-lo pelo intelecto a resultados que contradizem a fé revelada. Segue-se que o intelecto humano, embora capaz de errar, chegará a verdades aonde quer que vá. A fé revelada, entretanto, contém, além das verdades acessíveis ao intelecto natural, como a existência de Deus, outras verdades, como o caráter trinitário da divindade, que são inacessíveis à razão.

A teoria é um princípio dinâmico primordial. Ela separa as esferas natural e sobrenatural da teologia. A parte sobrenatural é removida do debate intelectual e pertence à esfera da Revelação e das decisões dogmáticas da Igreja. A parte natural fica livre para ser integrada num sistema de conhecimento humano sob a autoridade da razão. Não é exagero dizer que a autoridade de Santo Tomás e sua soberba capacidade pessoal de atingir a harmonização influenciou decisivamente, em seu tempo, o destino da ciência no mundo ocidental. Ele mostrou na prática que a filosofia pode funcionar no sistema cristão e que a verdade revelada é compatível com a filosofia; ele formulou o princípio metafísico que confere legitimidade à filosofia na cristandade. Ambas as realizações têm de ser vistas à luz do fato de que a filosofia, na época, dependia dos clérigos para sua evolução. Isso não significa que as relações entre fé e razão foram suavizadas no pensamento de Tomás; vimos que na *Condemnation* [Condenação] de 1277 algumas teses tomistas ainda eram consideradas heréticas. O avanço da compreensão empírica e intelectual do mundo requer uma permanente redefinição da linha que separa a verdade sobrenatural e a natural. Nessa tarefa, ambos os lados responsáveis pelo desenvolvimento intelectual de nossa civilização, a igreja e os intelectuais, evidentemente fracassaram. A estagnação intelectual das igrejas desde o século XVI e a penetração da vida intelectual secular com princípios metafísicos opostos ao cristianismo produziram uma situação que hoje parece quase sem esperança. No entanto, Santo Tomás deu a melhor formulação e solução possível no seu tempo por meio de sua obra. Ainda estamos para ver formulação e solução melhores.

O retrato do santo emerge da construção metafísica no ambiente do seu tempo. Ele enfrenta as forças intramundanas que ameaçam destruir o mundo cristão, e é bem-sucedido em sua busca por uma síntese. Tal como Sigério, Tomás é um intelectual, mas não tem nenhum desejo de fazer do intelecto uma autoridade independente. A autoridade do intelecto é preservada, mas, com sua orientação transcendental, deixa de ser um rival intramundano da fé e passa a ser uma expressão legítima do homem natural. A vida intelectual é a forma mais elevada de existência humana porque orienta a criatura racional na direção de seu criador. O seu orgulho intelectual não é mais fraco que o de Sigério; podemos perceber isso na descrição da filosofia como arte regente e ordenadora, bem como na justaposição do filósofo (em quem se manifesta a verdade natural) com o Cristo (em quem a verdade se encarna sobrenaturalmente). Mas é um orgulho temperado pela espiritualidade que reconhece a revelação e não pode conceber um conflito entre a razão natural e o espírito.

d. Propaganda intelectual

A mesma vontade de harmonia permeia a transformação dos problemas suscitados por Joaquim, São Francisco e pelos espirituais franciscanos. Santo Tomás era um mendicante, e a agressividade espiritual do esforço missionário e pregador era uma característica essencial de sua atitude. Mas o anti-intelectualismo de São Francisco foi vencido. O Cristo de Tomás não é um Cristo apenas para os pobres no espírito e em bens, mas um Cristo que expande o Seu reino através da propaganda intelectual. A *Contra Gentiles* foi escrita para que as missões dominicanas na Espanha enfrentassem a influência intelectual muçulmana em seu território. Santo Tomás afirma no *Prooemium* que é possível argumentar com os judeus com base no Antigo Testamento e com hereges com base no Novo Testamento; diante dos muçulmanos, contudo, é preciso apelar à autoridade do intelecto. A situação assemelha-se à de São Paulo. As três leis paulinas correspondiam civilizacionalmente ao cristianismo no ambiente judaico e helenístico. Para Santo Tomás, os muçulmanos tomaram o lugar dos pagãos, com uma importante diferença: os primeiros cristãos eram ex-pagãos suficientemente familiarizados com a civilização pagã para opor-se, em defesa do cristianismo, aos pagãos em seu próprio terreno, ao passo que os cristãos do século XIII não estavam suficientemente familiarizados com a civilização islâmica para fazerem o mesmo. E o intelecto que pode produzir resultados cristãos se torna o instrumento da propaganda cristã numa escala intercivilizacional.

O fundamento repousa na alegação de que a civilização ocidental é a mais elevada em terrenos racionais, uma alegação que sobreviveu à estreita relação com a espiritualidade cristã e atingiu toda sua agressividade apenas na era posterior, a era da razão secular. Para compreender a dinâmica internacional da civilização ocidental, temos de estar cientes dessas raízes na posição de Tomás de Aquino. Não é da validade da razão que a alegação retira suas forças, mas da harmonia das operações intelectuais com a espiritualidade cristã. Quando essas fontes secam e a razão se torna um hieróglifo, a vitalidade interna da alegação se enfraquece e a convicção que poderia conter externamente se perde. No presente, chegamos a uma situação em que a revolta contra a razão pode apelar em nome de quase qualquer espiritualidade e encontrar resposta, porque o *momentum* cristão do intelecto em nossa civilização está à míngua.

e. As hierarquias

Em relação às hierarquias, o horizonte de Santo Tomás era mais amplo que o dos franciscanos, mas sua atitude diante do poder espiritual não era a mesma que diante do poder temporal. A função do príncipe como fundador e governador da comunidade terrena está bem elaborado. O retrato do príncipe em *De Regimine Principum* mostra a impressão deixada em Tomás de Aquino pela figura de seu antepassado Frederico II. Sua compreensão do conselho aristotélico ao governador bem-sucedido é determinada pelo surgimento do governador intramundano em seu próprio tempo e pela observação de suas ações. A ideia de comunidade, evocada como experiência por João de Salisbúria, é agora plenamente desenvolvida com o aparato da *Política* de Aristóteles. Quanto à igreja, por outro lado, sua posição é muito semelhante à franciscana. A igreja é aceita como a instituição que administra os sacramentos e, na hierarquia dos poderes, o poder espiritual tem primazia sobre o temporal; mas a igreja não foi construída no sistema de Tomás de Aquino. Santo Tomás nunca escreveu um tratado sobre a igreja comparável ao *De Regimine Principum* sobre o governo temporal. E, embora tenha uma parte volumosa sobre o governo e a lei (I-II, 99.90-114), a *Summa Theologiae* não trata explicitamente da igreja. Mesmo a teoria do direito simplesmente ignora o direito canônico. Que uma teoria possa ser montada a partir de passagens esparsas de sua obra não compensa a omissão, que certamente não é um descuido.[1]

A intensidade do interesse mudou significativamente. O *sacrum imperium* com os poderes gelasianos já não está na pauta do dia; estamos num período de interregno. O poder temporal, que na época da Controvérsia das Investiduras ainda era implicitamente compreendido como o poder imperial, é agora substituído pela pluralidade de unidades políticas com sua estrutura natural imanente, e o poder espiritual recua de seu lugar como uma ordem dentro da unidade do império cristão para a posição de superestrutura espiritual da multidão de *civitates*. A *Política* de Aristóteles, que não teria feito qualquer sentido no ambiente do *sacrum imperium*, podia agora ser aceita como uma teoria adequada ao pluralismo político.

f. O Evangelium Aeternum – *Imperialismo ocidental*

A redistribuição das ênfases mostra que Tomás podia ser maleável quando confrontado com as exigências da realidade

---

[1] Para uma apresentação da teoria da igreja, ver Martin Grabmann, *Thomas Aquinas*. Trad. Virgil G. Michel. Nova York, Longmans, Green, 1928, cap. 13, "Thoughts on Christianity and the Church". Reedição: Nova York, Russel and Russel, 1963. Ver também Grabmann, *Die Lehre des Heiligen Thomas von Aquin von der Kirche als Gotteswerk: Ihre Stellung im Thomistichen System und in der Geschichte der Mittalterlichen Theologie*. Regensburg, Manz, 1903.

histórica. Sua grande flexibilidade deve ser medida como um fator na avaliação de sua atitude diante de Joaquim de Fiore e do *Evangelium Aeternum*. A ideia de um Terceiro Reino do Espírito é severamente condenada como insensata.[2] A era de Cristo é também a era do Espírito; não se pode conceber nenhum estado mais perfeito que a vida sob a *lex nova*. Mas essa condenação não significa destruir o elemento dinâmico de uma história progressiva. Para Santo Tomás, a era de Cristo é diversificada de acordo com o espaço, o tempo e as pessoas, à medida que a Graça do Espírito pode ser retida por alguns de modo mais perfeito que por outros; e essa diversificação não é despropositada, pois pode-se discernir uma tendência para uma realização mais completa do Evangelho. O evangelho foi anunciado ao universo de uma vez por todas, mas para que essa anunciação seja efetiva, é necessária a pregação contínua até que a igreja se estabeleça em todas as nações (I-II.106.4, ad. 4).

Às vezes, os historiadores acusam Santo Tomás de carecer de uma filosofia da história. A acusação é justificada se supusermos que a história significa ou a história do *sacrum imperium* ou a história das nações que estavam surgindo. Tomás vive entre duas épocas: morreu a unidade medieval da cristandade imperial, mas ainda não nasceu o mundo dos estados nacionais. Assim, ele não tem uma filosofia da história de nenhum dos mundos políticos; o simbolismo de Joaquim de Fiore e o princípio renascentista das nações como os agentes da história são igualmente impossíveis em sua situação. No entanto, seu senso histórico é muito forte, e ele exprimiu perfeitamente a força histórica em que estava vivendo – isto é, a imperialista vontade de poder da civilização intelectual cristã. Ela já não pode mais simbolizar o

---

[2] "Stultissimum est dicere quod Evangelium Christi non sit Evangelium regni." *Summa Theologiae*, pt. I-II, qu. 106, art. 4. Sobre as edições recentes em *Opera Omnia*, ver acima, p. 233, n. 34. Ver também *Summa Theologiae: Latin Text and English Translation*. Trad. Blackfriars, 60 vols. Nova York, McGraw Hill; Londres, Eyre and Spottiswoode, 1964. Edição em inglês: *Summa Theologica*. Trad. Padres da Província Dominicana, 22 vols. Londres, Burns, Oates and Washburn, 1912-1936. Reedição: Nova York, Christian Classics, 1981. Essa tradução também está disponível em 17 CDs, Pittsborough, N.C., InteLex Corp., 1992.

cumprimento da história cristã pela ideia de uma nova descida do Espírito, agindo por meio de uma fraternidade elitista, pois é mais do que um espiritualista medieval: sua personalidade é grande o bastante para abraçar os conteúdos naturais do mundo bem como do intelecto humano e da humanidade organizada numa pluralidade de comunidades. A filosofia da história corresponde ao poder e à amplitude de sua mente, que examina a expansão da cristandade intelectual em todo o universo de povos através das atividades de sua ordem. No sistema de forças históricas e políticas ocidentais, Santo Tomás representa a vontade de domínio imperial do homem intelectual e espiritualmente maduro.

A evocação de Tomás de Aquino continua em nossa história das ideias como um componente do imperialismo no período dos estados nacionais. No século XVI podemos identificá-lo em combinação com o imperialismo espanhol nas teorias de Francisco de Vitória bem como no imperialismo inglês elizabetano. No século XVII, é visto em combinação com o imperialismo comercial holandês de Hugo Grócio e, em geral, nas lutas subsequentes por impérios coloniais que implicam a ideia de uma dominação providencial do Ocidente sobre o resto do mundo.

g. O espírito histórico

Agora estamos em posição de esclarecer o caráter do pensamento tomista. Tomás não era um pensador teórico, se por teoria entendermos a ordenação sistemática de um campo a-histórico de problemas. Suas soluções teóricas, como a análise da relação entre fé e razão, são ao mesmo tempo harmonizações de forças históricas. A verdade de Deus se manifesta no mundo, mas o mundo não é uma estrutura estática; é, antes, um organismo de forças históricas mutáveis. Desse modo, o trabalho intelectual do filósofo não se esgota em especulações aprioristas; deve recriar no arcabouço de um sistema a unidade do mundo historicamente concreto num dado momento.

A forma das *quaestiones* da *Summa Theologiae* é o instrumento ideal para a execução dessa tarefa, pois permite a organização do material numa grande estrutura estável e oferece uma ampla oportunidade de preencher de detalhes históricos as notas polêmicas que precedem e seguem o corpo da *quaestio*. A *Summa*, portanto, graças a sua riqueza de detalhes, está longe de ser um tratado sistemático. Discursos e *obiter dicta* da maior importância para a compreensão das intenções do filósofo estão escondidos nos corolários e às vezes são encontradas nos lugares mais improváveis, de modo que sua descoberta é uma grande sorte. As transições de um assunto para o outro, ademais, são frequentemente obscuras, quando não ausentes. Nesse sentido, Santo Tomás em grande medida lembra Hegel, que mantém os níveis de sua filosofia do espírito habilmente distintos, embora as transições de um nível a outro sejam de caráter duvidoso. Esse sistema muito pouco rígido, em alguns pontos salientes e inundados pelo excesso de digressões, é o símbolo perfeito de uma mente que não é apriorista nem empirista, mas é um ser histórico que vivencia sua harmonia com a manifestação de Deus no mundo histórico. À convicção de Santo Tomás de que as partes do mundo divino se entrelaçariam correspondeu o seu desejo de prová-la com sua obra. Essa convicção deu aos seus escritos um tom magnífico de autoridade, mas teria tido um efeito paralisante a menos que o esforço incessante de tornar a verdade manifesta pelo intelecto tivesse sido, no sentimento do santo, um ato de orientação rumo a Deus e uma incumbência das criaturas racionais.

§ 2. Política

a. A recepção de Aristóteles – Humanismo

Na apresentação da política tomista topamos, pela primeira vez desde a recepção de Aristóteles, com a maldição da teoria política ocidental – a maldição de não sabermos exatamente o que os nossos símbolos significam. A *Política* de Aristóteles é, definitivamente, uma teoria da pólis helênica; ela exclui de seu escopo as organizações governamentais de nações sobre uma base territorial como a Pérsia. Embora numa penetrante análise de um tipo particular de organização política seja impossível não tocar nos problemas gerais da política, as categorias aristotélicas se formaram com especial consideração pelas experiências da cidade-estado dos séculos VI a IV a.C. Quando Santo Tomás assumiu os conceitos aristotélicos fundamentais, ele favoreceu, até certo ponto, a um exercício humanista com pouca relevância para os novos problemas políticos de seu tempo.

As dificuldades ficaram visíveis na tradução do termo pólis. Tomás emprega o termo *civitas* como equivalente, mas também *gens*, *regnum* ou *provincia*. Nos termos *gens* e *regnum* as organizações políticas dos povos estão incluídas. *Provincia* provém do vocabulário imperial romano, onde designava, por exemplo, as províncias da Gália, da Espanha, África e Egito. O termo *provincia* era geralmente aceito na época, e João de Salibúria usou-o quando se referiu a países como, provavelmente, França e Inglaterra. O suspense em relação ao tipo de organização política a que a teoria se aplica é marcado pela dedicação do *De Regimine Principum* ao rei de Chipre. Na Terceira Cruzada, a ilha de Chipre fora conquistada por Ricardo I da Inglaterra e por ele vendida a Guy de Lusignan. A dedicatória de Chipre a um rei Lusignan mostra o alcance do horizonte político da época. Mas o fato de o tratado não ter sido dedicado nem ao imperador nem a um rei ocidental mostra também quão longe estava a nova teoria quer dos problemas imperiais da Controvérsia das Investiduras quer dos problemas políticos do estado nacional. Começa a surgir a curiosa estrutura da teoria política com que ainda hoje, notoriamente, sofremos: nenhuma teoria do governo é genérica o bastante para abarcar os elementos de todas as formas políticas nem suficientemente específica para ser aplicada sem ambiguidades a uma unidade política concreta. Ainda hoje não ultrapassamos a vagueza e o irrealismo humanístico que atribui validade geral ao reino das categorias resultantes da recepção de Aristóteles.

b. A dedicatória a Chipre

Há, entretanto, um elemento de realismo na dedicação a Chipre que para nós não é fácil captar, agora que o futuro incognoscível para Santo Tomás se tornou o passado conhecido por nós. Parte da força da teoria política helênica resultou do fato de que as *poleis* mais antigas se empenhavam em fundar novas cidades. A possibilidade de criar novas unidades políticas desde a seleção de um lugar, passando pelo planejamento da cidade, até chegar ao esboço da constituição são o pano de fundo para a construção de estados ideais tanto para Platão quanto para Aristóteles. O horizonte de novas fundações somente seria novamente aberto em larga escala com a descoberta da América e o estabelecimento de colônias ocidentais. No século XIII surgiu uma situação comparável, não pela abertura de novos territórios para assentamentos, mas por meio das migrações normandas e das Cruzadas com sua profusão de novas instituições governamentais. Discutimos anteriormente os efeitos revolucionários das conquistas normandas na Sicília e na Inglaterra sobre o cenário político europeu. Temos de acrescentar agora efeitos similares da fundação da Ordem Teutônica no Oriente, da consolidação dos governos nórdicos e eslavos e, particularmente, da cadeia de principados exóticos estabelecida fora dos domínios islâmicos e bizantinos pelos Cruzados.

Não era ainda previsível nesta época que a expansão dos fundamentos políticos ocidentais no Mediterrâneo oriental logo entrariam em colapso com o avanço turco nem que o peso da política ocidental se deslocaria para o Ocidente e cruzaria o Atlântico.[3] Aqui, o Oriente era uma fronteira de fundações políticas,

---

[3] O *De Regimine Principum* é datado de 1265-1266. Constantinopla foi reconquistada em 1261 por Miguel VIII Paleólogo, mas na Europa o império bizantino estava territorialmente restrito ao entorno imediato da capital. Edições recentes: *De Regimine Principum*. Ed. Stephen Baron. American University Studies, series 17: Classical Languages and Literature, vol. 5. Nova York, Lang, 1990; e *De Regimine Principum*. Milão, Editoria Elettronica Editel, 1992. A edição de 1992 é um arquivo de texto num CD. Edição em inglês: *On Kingship: To the King of Cyprus*. Trad. Gerard B. Phelan e I. T. Eschmann. Mediaeval Sources in Translation, vol. 2. Toronto, Pontifical Institute of Mediaeval Studies, 1949. Reedição: 1982.

aparentemente apontando para uma expansão da civilização ocidental entre as *gentes*, de acordo com a visão imperialista de Santo Tomás. Contudo, o livro II do *De Regimine Principum*, com o seu conselho de uma pólis construída à melhor maneira aristotélica, parece meio estranho em comparação com os verdadeiros problemas dos fundamentos governamentais da época.

c. O príncipe – O análogo divino

No problema da fundação, havia mais do que o desejo de assumir a todo custo parte da doutrina aristotélica. No sistema de Tomás, a teoria da fundação assume o lugar que no sistema aristotélico é ocupado pela teoria da evolução das formas sociais: da família para a aldeia e da aldeia para a pólis. No capítulo sobre Aristóteles vimos que a ideia platônica da fundação por forças anímicas tinha se perdido e que a ideia da pólis como o cristal cósmico tinha sido substituída pela ideia da unidade *autarkic*; a evolução "por natureza" foi substituída pela fundação pelo espírito. Santo Tomás inverte a escala aristotélica. Ele remonta à interpretação platônica sistematicamente superior e traça uma série de analogias: Deus como o governante do universo; a alma como governante do corpo; e o príncipe como o governante da *civitas*. Paralelamente às funções divinas de criar e governar o universo, as funções principescas são fundar e governar a *civitas* (*De reg. pr.*, 13).

A inversão para o governante como análogo de Deus inevitavelmente subverteu a visão aristotélica da pólis "por natureza". Perde sentido a sequência obrigatória de comunidades (família, aldeia, pólis), pela simples razão de que Santo Tomás não está, e não poderia estar, interessado na pólis. Preserva o naturalismo aristotélico à medida que aceita a ideia de que o homem tem de viver em comunidade porque, quando isolado, ou mesmo na família, não desenvolve as suas capacidades racionais de forma plena.[4] Para Tomás existe algo como

---

[4] "*Naturale autem est homini ut sit sociale et politicum, magis etiam quam omnia alia animalia: quod quidem naturalis necesitas declarat.*" Ver *De Regimine*, liv. I, cap. 1.

a *perfecta communitas*, a comunidade perfeita, que atende às necessidades naturais de subsistência, de defesa e de vida intelectual. Entretanto, o modelo sociológico da "comunidade perfeita" permanece indeterminado com ele. Para além da família, o vocabulário de Tomás de Aquino fica meio obscuro: a sequência aristotélica é traduzida por *familia, civitas, provincia* (I.1), mas *rex*, definido como o governador da comunidade perfeita, pode ser *rex* da *civitas* ou da *provincia*. O padrão aristotélico é reduzido a dois tipos: o chefe de família e o rei.

A introdução do rei como figura central da unidade política não é simplesmente um retorno ao rei-filósofo de Platão. Essa possibilidade foi excluída depois da aparição de Cristo. A função régia de Tomás não é espiritual, mas natural. Na distribuição dos dons, um indivíduo pode se destacar por possuir a *regia virtus*, a virtude régia (I.9). A *regia virtus* não é a platônica sabedoria do governante, pois não detém a autoridade espiritual. Também não é a aretē de Aristóteles, pois não é a virtude do cidadão ideal, mas uma habilidade específica no sistema dos dons naturais. É quase a *virtù* maquiavélica, mas não se iguala a ela porque não contém o elemento demoníaco maquiavélico. Contudo, aproxima-se de uma evocação do príncipe da Renascença, e carrega a marca de Frederico II.

d. A comunidade de cristãos livres

O rei atua como governante de uma comunidade de homens livres (*liberorum multitudo* I.1). Talvez seja este o mais importante desvio do sistema aristotélico. Tomás faz da liberdade e da servidão critérios do bom e mau governo. Se os membros da comunidade cooperam livremente nas tarefas da existência comum, o governo é bom, tenha forma de monarquia, aristocracia ou politeia. Se um ou muitos são livres e conduzem o governo em proveito próprio, explorando os restantes, o governo é mau. O vocabulário aristotélico das formas de bem e mal é preservado, mas, segundo Santo Tomás, mesmo o bom regime de Aristóteles seria mau, porque a teoria da pólis admitia, sob qualquer circunstância, "escravos por natureza". Para Santo Tomás não existem escravos por natureza. Sua antropologia opera com a ideia do homem cristão livre e maduro, e em sua ideia magnânima de liberdade podemos sentir um toque do igualitarismo aristocrático de São Francisco.

Tomás sente intensamente a liberdade do cristão, mas não coloca o homem numa comunidade natural com obrigações próprias. Os livres são uma *multitudo*, uma multidão, e a comunidade surge como resultado da livre cooperação criadora. Tomás não apresenta uma teoria do contrato social que institui obrigações nem uma teoria da organização política do povo. Seus reis são os príncipes do *populus christianus* que transcende os limites de qualquer unidade política particular. As dificuldades que se seguem dessa fraqueza podem ser traçadas da *Summa Contra Gentiles* até a *Summa Theologiae*. A *Contra Gentiles* ainda não tinha adotado plenamente a sociologia aristotélica. O homem é o *naturaliter animal sociale* (III.117), e é naturalmente inclinado para o amor mútuo e a solidariedade, mas a finalidade social não reside na esfera natural.

O que constitui a comunidade humana é a finalidade comum de amar a Deus e a ordenação da vida para a beatitude eterna. Entre aqueles que têm uma finalidade comum deve haver "laços de afeição" (III,117); e dessa necessidade se seguem as regras para a vida do homem em comunidade conforme dadas por Deus (III.111-46). Na *Summa Theologiae* (I-II.90.2), Santo Tomás desenvolve pela primeira vez a mesma posição com relação à finalidade espiritual como o determinante da vida comunitária. Então, Tomás deixa cair do céu a citação de Aristóteles segundo a qual a *civitas* é a comunidade perfeita porque conduz à felicidade, apesar do fato de que, para Aristóteles, a pólis historicamente concreta é um absoluto em que a "ação contemplativa" do *bios theoretikos* se constrói com consideráveis esforços de interpretação, ao passo que, na *Summa*, a *beatitudo* é o absoluto que anexa a si uma vida comunitária natural sem qualificação política. Apesar da incorporação de Aristóteles, a figura simbólica da política tomista não é o *zoon politikon*, mas o *homo christianus* (*De reg. pr.* I.14).

A tradução e adaptação do termo aristotélico *animale politicum* não implica uma adaptação do sentido. O homem de Aristóteles encontra a realização de sua existência na *pólis* e nada mais é do que o *zoon politikon*, ao passo que o *homo Christianus* está orientado a um fim transcendental espiritual e é, entre outras coisas mais importantes, também um *animal politicum*.

Portanto, a sequência de analogias – Deus no universo; o príncipe na *civitas*; a alma no corpo – não pode continuar sendo a palavra final na política tomista. A ordem da multidão de cristãos tem de viver sob o governo daquele que é o rei espiritual da humanidade – isto é, sob Cristo. O ministério deste reino espiritual é confiado aos sacerdotes, a fim de mantê-lo separado dos assuntos mundanos, e em particular ao pontífice romano, "ao qual todos os reis de povos cristãos estão subordinados como ao próprio Senhor Jesus" (I.14). Nas mãos de Santo Tomás, o termo *política* começa a assumir seu sentido moderno; a dicotomia gelasiana entre poder espiritual e poder temporal começa a ser substituída pela dicotomia moderna entre religião e política. Com Tomás, a esfera política, no sentido moderno, ainda está completamente orientada para o espiritual, mas pode-se identificar o início da enérgica evolução que levou – através da privatização da religião (à maneira de Locke) e da atribuição de um monopólio público à política – à integração totalitária de uma espiritualidade intramundana na esfera pública da política.

e. A teoria do governo constitucional

No plano das instituições governamentais, o caráter humanístico da teoria de Santo Tomás é tão forte que mal se pode falar de um sistema. Os princípios do governo constitucional se desenvolvem pela referência às instituições israelitas e aristotélicas, e continua incerto em que medida podem ser aplicados à situação política do século XIII. A única referência clara a uma estrutura social da época está na tese de que toda comunidade perfeita (*multitudo perfecta*) tem de estar socialmente estratificada nas três ordens: os *optimates*, o *populus honorabilis* e o *populus vilis* (*Summa Theologiae* I.108.2). O modelo das três ordens, obviamente, é dado pela estratificação típica das cidades italianas – nobreza, *popolo grasso* e *popolo minuto*.[5] Isso nos dá uma ideia das potencialidades de uma teoria política conduzida pelo sentimento de liberdade cristã e que tenta desenvolver instituições governamentais para o *homo christianus* como homem político. Se as ideias de governo constitucional e de sufrágio universal fossem aplicadas a uma comunidade constituída pelas três ordens, não apenas o Terceiro Estado, o burguês, seria integrado no sistema político, mas também o proletariado. Pois as cidades italianas pretendiam uma representação adequada de tais elementos sociais, como a *Pataria* de Milão, ou as corporações menores e os *ciompi* de Florença. Não sabemos, entretanto, qual seria a política de Santo Tomás na situação concreta de uma cidade italiana, nem como seus princípios teriam operado em unidades territoriais complexas como a Inglaterra, que tinha acabado de chegar ao estágio Montfort de parlamentarismo, ou na França, com sua estrutura feudal e com movimento comunal.

No *De Regimine Principum*, a teoria do governo constitucional surge ligada ao problema da tirania (I.6). Tomás não aprova o tiranicídio, como o faz João de Salisbúria. A deposição do governante injusto recai sobre a *auctoritas publica* coletiva. A maneira mais adequada de lidar com o perigo da tirania é sua prevenção por meio da delimitação do poder régio. O *De Regimine Principum* permaneceu inconcluso, e a seção sobre a monarquia limitada não foi elaborada.

Na *Summa Theologiae*, o problema vem à baila duas vezes. Na primeira vez, aparece numa breve enumeração das formas aristotélicas de governo (I-II.95.4), concluindo com a afirmação de que o *regimen conmixtum* é a melhor forma de governo. A passagem é meramente uma adoção verbal; para

---

[5] Não se compreendem as três ordens meramente como grupos empíricos. Supostamente, eles correspondem a um padrão necessário de ordem hierárquica. É por isso que este importante protótipo político se encontra na *quaestio* sobre a hierarquia dos anjos, onde o problema geral da hierarquia é discutido.

além da citação de Santo Isidoro, segundo a qual sob um regime misto patrícios e plebeus cooperam na legislação, nada pode ser extraído daí. A segunda ocasião surge na discussão das instituições israelitas (I-II.105.1). Este artigo é de especial interesse porque mostra a quase inacreditável desatenção de Tomás quando chega à análise sistemática estrita. A monarquia é considerada, tal como em *De Regimine Principum*, a melhor forma de governo porque é análoga ao governo divino do mundo. Por outro lado, não é a melhor forma de governo porque, empiricamente, os homens são fracos e a ameaça da tirania requer instituições que a impeçam. Este conflito na avaliação de formas de governo, que por si só representa um problema sistemático melindroso, é ainda mais agravado porque a democracia primária de Israel não comporta reis. Deus considerou a realeza tão ruim que confiou a guarda do seu povo aos juízes e recebeu com desagrado a expressão da vontade popular de ter um rei (I-II.105.2). A dificuldade é resolvida com a explicação de que os judeus são particularmente cruéis e avarentos e que Deus tinha de tomar precauções. A construção mostra que as coordenadas do sistema estão bem fixas: os problemas suscitados pelos fatos da história são registrados, mas não sugerem uma revisão dos axiomas.

Entretanto, o caso israelita oferece a oportunidade de elaborar a forma constitucional ideal com mais detalhe. O princípio orientador é a regra aristotélica de uma politeia estável: todos devem ter participação no governo. A politeia (Tomás usa o termo *politia*) deve ter como seus magistrados o rei, os chefes da nobreza e os representantes do povo eleitos por sufrágio geral. É um projeto constitucional que, em princípio, seria realizado pela Constituição Inglesa na segunda metade do século XIX. Nada se diz sobre as funções e os poderes relativos dos "príncipes". Contudo, as normas constitucionais não devem ser aplicadas incondicionalmente. O objetivo do governo constitucional é a prevenção da tirania. Se o sufrágio democrático resultar em uma tirania da parte inferior da escala social, será indicado regressar a formas aristocráticas de governo. Os critérios para uma tirania feita de baixo são:

compra de votos, eleição de figuras questionáveis (I-11.97.1) e a espoliação dos ricos (*De reg. Pr.* I.1).

Como fontes principais de onde deriva o pensamento político de Tomás, podemos indicar a teoria política aristotélica, a constituição romana, a democracia original e a monarquia de Israel, a experiência de democracia das cidades italianas e o sentimento da liberdade cristã. Esses elementos não estão integrados num sistema estrito; coexistem, lado a lado, relativamente desligados, ao estilo harmonizador do pensamento de Santo Tomás. O que resulta dessa amálgama de elementos é a evocação da ideia de governo constitucional baseada em dois princípios: o axioma psicológico natural de que a estabilidade de um governo depende da participação do povo, e o princípio espiritual cristão da liberdade do homem maduro. A evocação é humanística porque as operações intelectuais, na terminologia de Aristóteles, ainda não penetraram suficientemente nos problemas concretos da política. Nessa época, a evocação era esotérica, porque a sua eficácia pública não ia, perceptivelmente, além da ordem dominicana. Ainda assim, representa a síntese de natureza e espiritualismo cristão na política, e, como símbolo desta síntese, dominou, com ou sem referência explícita ao seu autor, a evolução da política ocidental, até hoje.

§ 3. Direito

a. Os quatro tipos de direito

Para uma compreensão adequada da teoria tomista do direito, é essencial atentar para o lugar em que ela é tratada na *Summa Theologiae*. A primeira parte da *Summa* trata de Deus e da Sua criação; a segunda, do Homem; e a terceira, da redenção através do Cristo. A *Prima Secundae* (I-II), em particular, trata das ações humanas. Primeiro aborda a finalidade da vida humana, que consiste na beatitude (I-II.1-5); depois trata dos meios pelos quais o homem pode chegar a tal fim. Os meios consistem em ações humanas, que se subdividem em ações voluntárias, especificamente humanas (6-21), e as paixões, que são tipos de ação que os homens têm em comum com os animais (22-48). Por fim, os princípios da ação humana são contemplados e subdivididos em internos e externos. Os princípios internos são os poderes e hábitos (48-89). O princípio externo que move o homem para o bem é Deus. Deus pode mover o homem por meio da instrução da lei (90-108), ou com a assistência da Graça (109-14). Desse modo, a teoria do direito é a teoria da instrução dada por Deus ao homem para motivar os seus atos com vistas ao objetivo último – a beatitude.

Este esboço geral da teoria do direito segue como uma aplicação dos princípios ontológicos discutidos antes de o problema ser assim formulado. O mundo, incluindo o homem, é uma criação de Deus e detém a marca do intelecto divino; o significado da existência criada é o movimento de retorno a Deus. A regra que motiva a ação humana de retorno a Deus é a *ratio* da criação no intelecto do próprio Deus. A *ratio* divina é chamada de *lex aeterna*. Por meio do processo de criação, a *lex aeterna* é impressa na natureza do homem; os ditames da razão que vivem no homem são chamados de *lex naturalis*. Como o homem é imperfeito, ele possui a *lex aeterna* apenas em seus princípios gerais; a adaptação e a elaboração para as contingências da existência humana pelo próprio homem produz a *lex humana*. Se o homem fosse apenas um ser natural, que encontra a realização de sua existência no desempenho terreno, essa instrução seria suficiente. Uma vez que ele, todavia, se orienta para a beatitude espiritual transcendental, foram necessárias revelações especiais da lei divina no Antigo e no Novo Testamentos, e estes são chamados de *lex divina*. As quatro leis – eterna, natural, humana e divina – são assuntos da teoria do direito.

b. A definição de direito

A tese ontológica se combina com a teoria das analogias (Deus no universo, o príncipe na comunidade) a fim de chegar a uma definição de direito. O direito é definido como o ordenamento da razão (*ratio*) para o bem comum, feito por aquele que tem a guarda da comunidade e promulgado por ele (90.4). A definição é importante porque soa como uma definição do direito positivo, mas pretende ser uma definição dos quatro tipos de direito mencionados há pouco. A ambiguidade mostra que a tônica do interesse recai intensamente sobre a comunidade política e os órgãos constitucionais de legislação, mas o problema da autoridade política legislativa ainda não está separado da autoridade da ordem legal por virtude da justeza dos seus conteúdos. Como consequência, os quatro elementos da definição não se enquadram nas variedades de direito – eterno, natural, humano e divino – igualmente bem. Os elementos da razão e bem comum inevitavelmente se enquadram porque são estritamente especulativos; uma regra que é despropositada, ou que não se volta ao bem comum, simplesmente não é uma lei. O elemento de promulgação pode adaptar-se ao interpretar a manifestação da *lex aeterna* no espírito do homem, na forma de *lex naturalis*, como sua promulgação (90.4 ad. 1).

A *lex divina* é uma promulgação da lei eterna pela Escritura. E a *lex humana* é promulgada pela autoridade política adequada, embora aqui não fique claro de que lei a *lex humana* é uma promulgação: da lei eterna, da lei natural, ou simplesmente da lei humana mesmo? Assim, surgem sérias dificuldades com a "feitura" da lei pelo representante da comunidade. Supostamente, o elemento refere-se a Deus e ao príncipe, e de fato encontramos em 91.1 a analogia presente na esplêndida figura de Deus como o príncipe da *civitas perfecta* do mundo, que rege o universo por sua lei eterna. Mas a analogia se quebra porque a *lex aeterna* não pode ser "feita" em qualquer sentido concebível, mas existe na mente de Deus desde a eternidade. Por outro lado, observamos que em 90.3, onde o elemento de "feitura" é discutido explicitamente, Tomás se refere exclusivamente à comunidade natural perfeita. A "feitura" da lei está confiada à multidão ou a seu representante (*vicis gerens*); e o aquinate discute como exemplo a função legislativa de patrícios e plebeus sob a constituição romana.

Obviamente, Santo Tomás está tentando desenvolver uma teoria do direito positivo. A tentativa deve levar, no contexto de então, a um conflito com a teoria dos conteúdos da ordem jurídica dada na classificação das quatro variedades. Quanto ao conteúdo, toda lei é criada por Deus, com exceção da *lex aeterna* incriada. Os homens podem participar dessa criação somente através da "feitura" da *lex humana*. Mas esta "feitura" humana consiste em encontrar os elementos retos da lei de acordo com a lei divina e natural. Essa "feitura" é parte do retorno do homem a Deus, e a "feitura" humana tem a estrutura dialética de uma elaboração da lei por Deus tendo como instrumento a ação humana, ou, vista desde outra perspectiva, de uma orientação do homem a Deus através da criação de regras de conduta de acordo com a vontade legislativa divina. A dialética da lei positiva resultante da posição ontológica inicial de Tomás nunca é tratada adequadamente. Em vez disso, de um lado encontramos a desconcertante identificação da lei positiva com a "essência" da lei em 90.4 e, de outro, com *lex humana* em 95.1-2. A confusão neste ponto corresponde a uma lacuna no sistema, a qual observamos na seção anterior sobre a *Política* quando a comunidade aristotélica perfeita cai do céu na discussão da multidão livre e sua finalidade comum. A comunidade perfeita, sua constituição e a ação legisladora são recebidas factualmente no sistema, mas, para Tomás, não era possível uma integração teorética conclusiva.

c. A teoria do direito natural

A força da filosofia jurídica tomista reside na teoria dos conteúdos da lei e particularmente da lei natural. A lei eterna é impressa nas criaturas racionais e dota-os de uma inclinação para as ações e fins corretos. Essa participação da criatura racional na lei eterna é chamada de lei natural. A luz da razão natural pela qual distinguimos entre o bom e o mau é a refração da luz divina em nós (91.2). Toda lei, na medida em que participa dessa razão, é, portanto, derivada da lei eterna (93.3). De acordo com as limitações da natureza humana, o conhecimento direto se retringe apenas aos princípios gerais, a saber: a autopreservação, a preservação da espécie por meio da procriação e educação, a preservação da natureza racional através do desejo de conhecimento de Deus e a inclinação para uma vida comunitária civilizada (94.2). A interpretação está metafisicamente no plano da teoria estoica do direito natural ou comum, o *koinos nomos*, e da participação nele através do *apospasma*, a centelha do *nomos* no homem individual, embora a antropologia se tenha tornado cristã.

A concepção estoico-helenística poderia conduzir, por um lado, a uma teoria neoplatônica da iluminação individual, que ainda é identificável em Santo Agostinho; ou, por outro, à hipótese coletivista da *anima intellectiva*, que observamos na teoria averroísta de Sigério de Brabante. Para Tomás, a participação na *lex aeterna* é objetiva na medida em que não depende da iluminação individual; e confere peso à singularidade da pessoa porquanto concebe a comunidade juridicamente ordenada como o esforço cooperativo dos *homines christiani* livres.

Sistematicamente, o fundamento ontológico de uma teoria do direito natural de Tomás de Aquino é provavelmente a única posição defensável para uma filosofia do direito. Caso não recorramos à *lex aeterna* transcendental, temos de escolher entre duas alternativas: ou não ter qualquer fundamento ontológico para os conteúdos da ordem jurídica e aceitar como válida qualquer ordem jurídica positiva que possa compelir à submissão; ou erigir como absolutos elementos intramundanos, tais como instintos, desejos, carências, razão secular, vontade de poder, sobrevivência dos mais aptos, etc. A primeira opção é niilista; a segunda é incapaz de integrar as experiências religiosas transcendentais na filosofia da ética e do direito. A teoria tomista é a solução clássica na medida em que fornece um fundamento religioso a uma ordem jurídica que respeita a estrutura ontológica da existência humana.

A fundação transcendental não determina o tipo de comunidade a ser ordenada. A filosofia tomista do direito tem uma importância duradoura no pensamento político ocidental porque harmoniza a personalidade espiritual cristã com a comunidade natural perfeita. A "comunidade perfeita" é uma fórmula elástica com potencialidades imprevisíveis. No sistema de Tomás, já não é idêntica à pólis helênica, mas continua em sua maior parte sem descrição no que diz respeito ao tipo social a que aponta. O povo político foi criado, mais tarde, para preencher a fórmula em esqueleto, e nela podem entrar também outros tipos que podem adquirir o estatuto de "perfeição", tais como federações de povos. A este respeito, a teoria de Tomás é eminentemente dinâmica; sua função na civilização ocidental, na medida em que esta é cristã, de maneira alguma chegou ao fim.

Historicamente, o paralelo com a teoria estoica da participação no *koinos nomos* merece alguma atenção. Ambas as teorias são universalistas no sentido de que assumem a igualdade espiritual dos homens e entendem que os homens iguais são os elementos constitutivos da comunidade. Não é por acaso que as teorias universalistas aparecem no momento em que as instituições mais antigas começam a se desintegrar. A dissolução da pólis forma o pano de fundo do estoicismo assim como a dissolução do *sacrum imperium* constitui o cenário da ontologia transcendental de Tomás. Em ambos os casos, além disso, a teoria universalista é absorvida pela filosofia política das novas evocações que surgem: a teoria estoica na cosmópolis romana de Cícero, e a história tomista na teoria do direito natural do período dos estados nacionais.

d. Lei humana – Direito positivo

Uma vez que a lei humana é determinada pelas contingências naturais e a lei divina pelas contingências sobrenaturais da vida humana, as leis divinas e humanas podem ser classificadas juntas como conteúdos contingentes da lei. A discussão da *lex humana* na questão 95 suscita mais uma vez o problema do direito positivo, na medida em que a *lex humana* se identifica com a *lex positiva*. A confusão técnica resulta do fato de Santo Tomás não distinguir suficientemente entre o conteúdo da ordem jurídica e a autoridade legislativa e o poder de coação.

O termo *lex humana* na verdade abarca dois conceitos diferentes. A *lex humana* como conteúdo da lei é descrito como *lex adinventa*, cujo sentido é que a ação racional humana inventa as regras detalhadas que preenchem o arcabouço geral da lei natural por derivação desta e por sua aplicação a uma situação concreta. A *lex humana* como corpo de regras feitas pelos órgãos legislativos e impostos pela sanção governamental é chamada de *lex humanitus posita* ou *lex positiva*. A *lex ab hominibus inventa* domina a questão 91.3; *a lex humanitus posita* domina a questão 95.

Deixando de lado a terminologia equívoca, os problemas são muito claros. Sob o título de *lex humanitus posita*, são tratados os dois problemas: (1) a generalidade da lei e (2) a coerção. A regra jurídica não pode permanecer informulada até o momento em que surge um caso, pois "a justiça viva do juiz" se encontra em muito poucos homens. É preferível estabelecer regras gerais para o futuro, porque então as regras podem ser formuladas com tempo e com a devida consideração pelos problemas envolvidos; além disso, a formulação tem mais chance de ser imparcial, e, por fim, a elaboração legislativa pode ser confiada a pessoas competentes selecionadas. A coerção é necessária porque a natureza do homem é fraca e as sementes da virtude precisam do apoio da "força e do temor" para crescerem (95.1). Sob o título *de lex ab hominibus inventa* trata-se do problema da adequação da lei às contingências da vida natural. A este respeito, Tomás segue o conselho de Santo Isidoro (*Etimologias* 5.21): a lei deve ser conforme à religião e aos princípios do direito natural. Não deve exigir o que é humanamente impossível nem contradizer as tradições locais; antes, devem respeitar as circunstâncias de tempo e lugar, ser necessárias, servir ao bem comum e ser claras (95.3).

e. *A lei antiga – A sociedade de proprietários*

A lei divina foi dada por Deus porque a finalidade sobrenatural do homem exige uma orientação que este não pode encontrar apenas com suas faculdades naturais, uma vez que o juízo humano é incerto. Na elaboração da lei humana, o homem precisa do apoio de regras indubtáveis, porque (1) a lei humana só pode punir atos, não intenções; (2) uma proibição exaustiva dos maus atos pela lei humana também destruiria o bem da vida comunitária; e (3) a lei divina tem de regular e sancionar o mal que inevitavelmente escapa à regulamentação humana (91.4). A lei divina é uma só; as sucessivas revelações da Antiga e da Nova Lei correspondem aos estágios da maturidade humana. A Antiga Lei equivale ao estágio imperfeito da infância humana; a Nova Lei ao estágio da maturidade espiritual. A Antiga Lei ordena o homem a bens terrenos, regulando atos externos e compelindo à obediência por temor do castigo. A Nova Lei conduz o homem ao reino celeste, regulando atos internos e induzindo a obediência através do amor de Deus instilado no coração do homem pela Graça (91.5).

A posição assumida por Tomás implica uma filosofia da cultura. Ela cria uma relação entre o conteúdo de uma ordem jurídica e o estágio civilizacional geral de um povo. A discussão da Antiga Lei permitiu que Tomás tratasse das instituições israelitas de modo extensivo, formando praticamente uma monografia à parte (questão 98-105). Dempf destaca corretamente que essa monografia é o primeiro tratado sobre uma civilização antiga concebida no espírito humanístico do Renascimento. Abrange uma penetrante análise da vida civil, política e cerimonial de Israel.

Já apresentamos, na seção sobre a *Política*, a teoria do governo constitucional, desenvolida nesta ocasião. Num nível similar, está a teoria da propriedade privada, elaborada em conjunto com a análise da ordem civil. Tomás distingue dois tipos de relações na comunidade perfeita: a relação governamental entre o príncipe e seus súditos, e as relações privadas e civis entre os próprios súditos. A autoridade governamental sobre súditos se manifesta em compelir à ordem jurídica. As relações privadas entre súditos resultam da autoridade do cidadão sobre os seus bens privados, *res possessae*. Os súditos podem ter relações comerciais uns com os outros, exercendo sua autoridade de proprietário, expressando-se na compra, venda, doação, etc. Hoje a teoria pode parecer trivial, mas, na época, era revolucionária porque punha de lado a estrutura feudal dos direitos de propriedade e promovia a sociedade de proprietários e suas relações comerciais para o centro de uma teoria jurídica. A teoria da sociedade de proprietários tem o mesmo toque intemporal e humanista que a teoria do governo constitucional, mas teve também a mesma portentosa relevância para a evolução futura do pensamento político.

f. A nova lei – justificação pela fé

Comparado com o volumoso tratado sobre a Antiga Lei, a discussão da Nova Lei, que no fim das contas devia ser mais importante para a existência do cristão maduro, é surpreendentemente breve (três *quaestiones* curtas, 106-108, com cerca de um quinto do tamanho da Antiga Lei). A concisão, entretanto, não impede a discussão de chegar às raias do revolucionário, como fizeram as teorias do governo constitucional e da sociedade dos proprietários. A *lex nova* é inscrita pela Graça do Espírito nos corações dos fiéis; apenas secundariamente é lei escrita. Com um giro radical, sem eliminar mas também sem mencionar a igreja, a essência do cristianismo é colocada diretamente na fé, na *pistis* em sentido paulino. Para excluir qualquer outro princípio de justificação, Tomás (I-II.106.1) cita Romanos 3,27: "Onde está, então, o motivo de glória? Fica excluído. Em força de que lei? A das obras? De modo algum, mas em força da lei da fé". Trata-se da passagem que precede a famosa declaração: "Porquanto nós sustentamos que o homem é justificado pela fé, sem a prática da lei". O princípio da justificação pela fé se torna a essência da *lex nova*. Dentro do arcabouço da teologia católica ortodoxa, essa é talvez a expressão mais forte do princípio da espiritualidade cristã livre.[6]

---

[6] O texto toca num problema fundamental da doutrina católica e talvez seja necessário precaver-se de possíveis equívocos. É claro que não há nada de luteranismo na teologia de Tomás de Aquino. A questão em discussão não é, estritamente falando, de doutrina, mas de ênfase e de tensões. Nas *quaestiones* que tratam da *lex nova*, Tomás de Aquino enfatiza ao máximo o elemento espiritual da fé em detrimento da mediação eclesiástica. As formulações mais

Somente se levarmos em consideração o espiritualismo independente de Santo Tomás poderemos entender plenamente a força dos sentimentos que se exprimem na concepção da comunidade dos cristãos livres e maduros, de sua participação no governo através do sufrágio universal e na constituição de uma livre sociedade de proprietários.

§ 4. Conclusão

O lugar de Santo Tomás na história do pensamento político tem de ser fixado com relação à irrupção das forças intramundanas a partir da Controvérsia das Investiduras. A nova era, que se anunciava na agitação dessas forças, podia ser caracterizada pela entrada do "mundo" na órbita do espiritualismo sobrenatural da cristandade. Tomás de Aquino se encontra na linha que divide as eras, no sentido de que seus poderes de harmonização foram capazes de criar um sistema espiritual cristão que absorveu os conteúdos do mundo agitado em todos os seus aspectos: do povo revolucionário, do príncipe natural e do intelectual independente. Seu sistema é medieval enquanto manifestação do espiritualismo cristão com sua pretensão de validade universal. É moderno porque expressa

---

contundentes, que expressam espiritualismo, se encontram na questão 113.4: "*[i]deo motus fidei requiritur ad justificationem*" e "*[e]x quo patet quod in justificatione impii requiritur actus fidei quantum ad hoc quod homo credat Deum esse justificatorem hominem per mysterium Christi*". As formulações são tão fortes que na edição que estou usando (Regensburg, 1876), o editor julgou aconselhável incluir uma nota: "*Fides quae ad justificationem requiritur est fides Catholica, qua redimus vera esse quae per gratiam ejus, per redemptionem quae est in Christo Jesu. Non vero requiritur, ut volent lutherani, fides illa qua unusquisque in speciali credit vel certissime confidit sibi remissa esse peccata* (cf. *Concilium Trid.*, Sess. VI, can. 12)". A advertência foi considerada necessária, embora não haja dúvida de que nenhuma interpretação luterana dessas passagens pode ser feita se levarmos em conta a investigação sobre o *actus fidei* em II-II.2 e o artigo sobre Cristo como o cabeça do *corpus mysticum* em III.8.6. O conceito de justificação pela fé em I-II.106 e 113 continua bem inserido no sistema da doutrina católica, a menos que seja tirado do contexto da *Summa theologiae* como um todo – mas na investigação da *lex nova*, tomada isoladamente, o espiritualismo de Tomás de Aquino, de fato, fica algo desatento às instituições.

as forças que vão determinar a história política do Ocidente até aos nossos dias: o povo organizado com constituição, a sociedade comercial burguesa, o espiritualismo da Reforma e o intelectualismo da ciência.

Santo Tomás pôde alcançar essa espantosa concentração do passado e do futuro de uma civilização elevada mediante o milagre da sua personalidade. Os sentimentos de seu tempo eram fortes o bastante para dar forma separadamente a personalidades imponentes e distintas, de João de Salibúria a Sigério de Brabante. Santo Tomás absorveu-os e manteve-os em equilíbrio. Comparando-o a Frederico II, podemos dizer que ele compartilhava da empatia do imperador com as forças da época, mas ultrapassava-o em inteligência e qualidades espirituais. O individualismo de caráter de João de Salisbúria se eleva ao personalismo espiritual do homem político cristão; o humanismo de Santo Tomás integra Aristóteles e cria como subproduto o estudo das instituições israelitas. O individualismo espiritual de São Francisco aparece ainda mais radical no espiritualismo quase protestante de Santo Tomás; o populismo franciscano é continuado pela evocação da comunidade dos homens politicamente livres, enquanto as limitações do Cristo dos pobres são superadas pelo reconhecimento da nova função do príncipe. A consciência secular de Joaquim de Fiore é traduzida na ideia de uma expansão da igreja em todo o mundo; o horizonte estreito da irmandade monástica é alargado à visão imperialista de um mundo de comunidades cristãs perfeitas. O intelectualismo de Sigério e Boécio está plenamente presente, mas é equilibrado por uma orientação espiritual igualmente forte.

Através de seu domínio sobre as forças e da harmonização entre elas, Santo Tomás tornou-se a única figura capaz de dar voz ao *pathos* da cristandade imperial medieval na linguagem do Ocidente moderno. Ninguém, depois dele, representou – com o mesmo estilo grandioso – o homem ocidental espiritual e intelectualmente maduro.

ÍNDICE REMISSIVO

A

Abelardo, 202
Abel e Caim, 108
Abraão, 148-149
actus, 157
Acúrsio, 25-26, 197
Ad Gebhardum liber (Manegold de Lautenbach), 103n13
África, 39, 41, 251
Agostinho
   caracteriologia de, 132-133, 133n3, 134, 135
   Carlos Magno e o Espelho de Santo Agostinho, 74
   e abismo entre as comunidades cristãs e a organização imperial, 163
   e evocação política, 45
   e iluminação individual, 263
   e o fim da cristandade romana, 78
   e Pedro Damião, 97
   fundação sistemática da cristandade, 219
   séculos "estéreis" após, 78
   sobre a *civitas Dei* e *civitas terrena*, 132-133
   sobre a estrutura da história, 112, 113, 146-147, 130
   sobre a Igreja, 160
   sobre as pequenas nações livres protegidas pelo papado, 105
   sobre o *amor Dei* e *amor sui*, 132-133
   sobre o Império Romano, 220n14
   sobre o *saeculum senescens*, 123, 151
Alanos, 56-57
Alarico II, 189
Alberto Magno, 94, 210, 211, 217
Alcuíno de York, 72-73
Alemanha, 53-54, 167-168, 170, 172, 174, 181
Alexandre de Afrodísias, 216
Alexandre de Halles, 94
Alexandre II, 104
Alexandre, o Grande, 38
Afonso VII de Castela, 173
Afonso VIII de Castela, 168-169
alma
   Aristóteles sobre, 179
   e cardeal Humberto, 107
   imortalidade da, 222
   Platão sobre a, 44, 140, 253
   pneumática paulina, 107
   Sigério de Brabante sobre a, 225, 229n30
Amazonas, 52-53
amor Dei, 132, 133
amor sui, 132, 133

anglos, 104
anima intellectiva, 263
animal politicum, 256
Annales Laureshamenses, 69n5
anônimo normando, 24, 109-117, 110n20, 121-122
  veja também Tratados de York
Anselmo de Cantuária, 110, 112
Anselmo de Havelberg, 147
Anticristo, 151
Antiga Lei, 265-267
Antigo Testamento, 56, 113-114, 114n26, 154, 177, 184, 245-246, 261
Apocalipse, Livro de, 114n26, 154
apospasma, 263
Apuleio, 132
Aquino *veja* Tomás de Aquino
árabes, 40-41, 41n2, 199, 213, 218, 220n14
areté, 254
arianismo, 44
Aristóteles
  conhecimento de, retorno ao, 26, 94, 124, 127-128, 129, 200, 209-214
  De Anima de, 216, 217
  e *bios theoretikos*, 215, 216, 255
  e escolas dominicanas, 94
  e Frederico II, 178
  e religiosidade intelectual, 215
  e Tomás de Aquino, 94, 210, 211, 217, 220-221n14, 250-256, 259, 269
  Física de, 210, 216
  Metafísica de, 210, 216
  mítico, 216-217
  místico, 215
  Organon de, 216
  Política de, 216, 247, 250-251
  sobre a alma, 179
  sobre a pólis, 26, 78, 215, 216
  visão muçulmana de, 26, 214-219
aristotelismo, 26, 94, 124, 127-128, 200, 209-219, 220-221n14, 228-230n30, 231, 237-238, 243, 250-256, 258-259, 262

Arnold de Bríxia, 99
arte de governar/diplomacia, 172-173
Asciburgium, 51
Aspect, Alain, 31
aspecto não experienciável da realidade, 30n26
assembleia de Aix-la-Chapelle de 802, 71
Assis, Francisco de *veja* Francisco de Assis,
Assize de Clarendom, 180, 181
atitude do místico-guerreiro, 88-90
A Todos os Cristãos (Francisco de Assis), 159
auctoritas (autoridade), 20, 73
auctoritas publica, 257
auctoritas sacrata pontificum, 63
Auge, 53
Augusto, 37
Aulo Gélio, 132
autoridade episcopal, 236-237
avaros, 38
Avempace, Abū Bakr Ibn Bājja, 218
Averróis (Ibn Rushd), 26, 179, 210-214, 216, 217, 218-219, 225, 228-230n30
averroísmo, 178-180, 200, 211, 213, 224, 226-228, 228-230n30
averroísmo latino, 213, 225n23, 228n30
Avitus, Imperador, 66

B

Bacon, Roger, 94
Bártolo de Sassoferato, 198-199
Beatitudo, 255
Becket, Thomas *veja* Thomas Becket
begardos, 91
Belisário, 39
bem e mal, 159, 227
Bento de Núrsia, 74
Bernardo de Claraval, 83-84, 95, 153
Bernheim, Ernst, 111n22
Bertrand de Bayonne, 234-236
Bíblia *veja* Novo Testamento; Antigo Testamento

Bierbaum, Max, 211
bios theoretikos, 215, 216, 255
Blackstone, Sir William, 136
Boaventura, 233, 234
Boccaccio, Giovanni, 132
Bodin, Jean, 93, 141, 151, 235
Boécio de Dácia, 41-42, 210, 223-224, 225, 229-230n30, 269
Böhmer, Henrich, 110n20
bolcheviques, 90
Bonizo de Sutri, 98-99, 111
Borgia, Cesare, 176
Borgonha, 81
borgonheses, 53-54
Bouvines, Batalha de, 171, 173
Breviarium Alaricianum (Alarico), 189
Bryce, James, 12, 43, 44, 65
Büchner, Maximilian, 70n6
budismo, 88, 93
Bula de Ouro de Rimini, 87-88
Bulgarus, 201
Bünde, 90

C

Caim e Abel, 108
Calábria, 104
Califado Almóada, 219-220
calvinismo, 153
Calvino, João, 81
Camaldoli, 82-83
Cântico das Criaturas (Francisco de Assis), 165, 185
Cantor, Georg, 31
capitular de 802, 71
caracteriologia, 131-135
caritas concorda membrorum, 101n8
Carlos II, rei, 73
Carlos Magno
    coroação de, 23-24, 68-69, 77-80
    divisões do Império depois da morte de, 40
    e Espelho de Santo Agostinho, 74
    e juramento de lealdade, 138
    e os avaros, 38
    guerra da Saxônia de, 55
    reino lombardo incorporado por, 39
    teocracia de, 44
    título de, como governador, 19n17
Carlos Martel, 66-67
Carlyle, Alexandre, 102-103, 104, 111n22
Carta a Jesi (Frederico II), 175-176, 184
carta caritatum (Harding), 84
carta de caridade, 83-84
casamento dos sacerdotes, 112
Cassandra, 53
Cassiodoro, 41-42, 52
César, 37
césaro-papismo, 71, 72
Châlons, batalha de, 38
charismata e monarquia carismática, 73-74, 79, 137, 183, 206, 235
Childerico, 67
China, 14, 37, 42n2, 93
Chipre, 252-253
Christenmensch, 236
Chronicon Moissiacence (Crônica de Moissac), 68-69
Cícero, 191, 192-193
Cimbros, 37
cínicos, 215
ciompi, 257
Ciro, Rei, 53
Cister, 83-84
citas, 53
cives Romani, 199
civitas (comunidade civil), 26, 227, 251, 253, 254, 255
civitas Dei, 132-133, 133n3
civitas diaboli, 108
civitas perfecta, 261
civitas terrena, 132-133
civitates, 195, 247
clã de Minamoto, 88-89

Claraval, 83-84
classes sociais, 225
Clef, 56
Clemente, 237
Clóvis, 40, 66
Cluny e a reforma cluniacense, 81-83, 86-87, 95, 121
comentário (Alexandre de Afrodísias), 216
Comentários (Averróis), 210, 213
commune consilium regni, 139
communis opinio, 197
"compromisso com o mundo", 21, 125
Comte, Auguste, 150
comunidade, 140-141, 183-184, 246-247
  veja também ecclesia (comunidade)
comunidade temporal e espiritual, formulação da, 72-75
comunismo, 90, 152, 231n31
Concílio da Calcedônia, 62
Concílio de Clermont, 85
Concordantia discordantium canonum (Graciano), 202
concordata de Worms, 80, 106, 121, 125
concordia novi ac veteris testamenti, 151
conquista normanda, 128, 138, 151, 167-168, 172, 252
conregnans, 115-116
consciência nacional, 55, 172, 173
Constança da Sicília, 169, 171
Constâncio II, 65
Constante II, 64
Constantino, Imperador, 18, 23, 65, 69-71, 220n14
Constituições de Melfi (Frederico II), 25, 26, 174-182, 202-203
Constitutio Deo auctore (*De conceptione digestorum*), 193-194
Constitutio Lotharii, 96n4
Constitutio omnem, 192
Constitutio tanta (*De confirmatione digestorum*), 193-194
contrato social, 138n10, 255
Controvérsia das Investiduras
  argumentos papais e imperiais sobre a, 99-101, 101-102n8
  como cume espiritual da Idade Média, 36
  e Cardeal Humberto, 106-109
  e Concordata de Worms, 80, 106
  e declínio e reforma do papado, 95-96
  e Gregório VII, 80, 96, 102-106
  e movimento da Pataria, 98-99
  e ordem beneditina, 81-82
  e os *Tratados de York*, 109-117
  e papado, 24, 95-96, 99-106
  e simonia, 24, 99-101
  literatura concernente, 45
  questão essencial da, 80
  raízes da, 72
  transformação das evocações pela, 22, 24, 27, 78
conversi (irmãos leigos), 83
Corão, 26, 214-215, 217-218
Coríntios, Epístola aos, 19
corpo místico de Cristo *veja corpus mysticum*
corpus diaboli, 107, 116
corpus juris canonici, 202
corpus juris civilis, 177, 202
corpus justiniano do direito romano, 25-26, 190-194, 196-197, 198
corpus mysticum (corpo místico), 18, 73-74, 100-101, 101n8, 127, 140, 154-155, 166, 179, 181, 183, 224, 228, 232, 234, 235, 267-268n6
corpus mysticum Francisci, 127
Corte de Karakorum, 92, 93
Cosmas Indicopleustes, 18
cosmion, 15, 15n10, 17, 124
cosmópolis, 137
cristandade
  cesareana, 182-185
  cismas na, 114, 116
  cristianismo franciscano, 164
  cristianismo oriental, 193-194
  cristologia monofisista, 62, 63-64

diferenciação entre governo e, 13-14
e aristotelismo, 94, 209-210, 217, 220-221n14, 228-230n30
e Carlos Magno, 44
e cristandade cesareana, 182-185
e filósofo ocidental, 219-220
e igreja como corpo místico de Cristo, 19-20, 73-74, 97, 101n8, 140, 154-155, 179, 182, 232, 268n6
e intelectualismo, 242-246
e mosteiros, 23-24, 74-75
e ordens mendicantes, 91-94
e pobreza, 159-160, 161, 209, 211, 231-237
e reino do céu, 44
e tribos germânicas, 38
fé e razão, 213-214, 215, 216, 221-223
ideal de existência humana, 223-224
ordem absoluta da, 193-194
Tomás de Aquino sobre a comunidade de cristãos livres, 254-256
veja também Cristo, Igreja, papado
cristianismo oriental, 193-194
Cristo
como sacerdote, função redentora de, 114
como sofredor, 163-166, 175, 182
conformidade com, e Francisco de Assis, 163-166, 174-175, 182, 217, 231, 238
e autoridade episcopal, 236-237
e Segundo Reino da história, 145, 148-149
e separação dos poderes espiritual e temporal, 62-63
Frederico II e Cristo como *cosmocrator*, 182
função real de, 24, 114
igreja como corpo místico de, 19-20, 73-74, 97, 101n8, 140, 154-155, 179, 182, 232, 268n6
intramundano, 165-166
no Getsêmani, 143
Tomás de Aquino sobre, 245, 248
cristologia monofisista, 62
cruzadas, 36, 84, 85-86, 87, 122, 180, 251, 252
culto a "Marte", 52
culto de Odin, 51

D

Dales, Richard C., 229n30
Damião, Pedro *veja* Pedro Damião
Daniel, livro de, 68
Dante Alighieri, 124, 145
Dário, 53
Darré, Ricardo Walter, 55
De Anima (Aristóteles), 216, 217
De conceptione, 193, 194
De consideratione libri quinque ad Eugenium (Bernard), 84
de naturalibus naturaliter, 222
De periculis novissimorum temporum (Guilherme de Saint Amour), 233
De regimine principum (Tomás de Aquino), 246-247, 251, 252n3, 253, 257, 258
De sancta trinitate et operibus eius (Rupert de Deutz), 146-147
De unitate intellectus contra Averroistas (Alberto Magno), 211
De unitate intellectus contra Averroistas (Tomás de Aquino), 211
decadência, 150-151
declaração gelasiana, 62-63, 69-72, 77, 95, 100, 121, 122-123, 172, 207, 247, 256
Decretum Gratianum, 26, 201-202
Defensio Henrici IV regis (Pedro Crasso), 101n8
Dei gratia, 183
Deliberatio Papae (Inocêncio III), 203-207
Dempf, Alois, 70n6, 103n13, 212, 227, 230, 266
derrota, mito da, 53-54

Deus
    caráter trinitário de, 193, 244
    e hierarquia espiritual, 234-236
    sentido aristotélico de, 223-224, 243
    Tomás de Aquino, 241-243, 249-250, 253-255
Deusdedit, Cardeal, 98n6
Dictatus papae (Gregório VII), 102
Dieta de Roncaglia, 201
Digesto, 194, 198-199, 200, 202
Dignitas concessa, 138-139n10, 183
dinastia sung, 14
Diocleciano, 65
direito
    canônico, 201-203, 237, 247
    Cícero sobre o, 191, 192-193
    codificação de Justiniano do, 25-26, 191-194, 197, 198
    e Graciano, 201-202
    influência do direito romano renascido nas ideias políticas, 200-201
    lombardo, 190, 195, 196, 201
    ocidental e romano, 188-190
    positivo, 261, 262, 264-265
    relação entre a política imperial e a escola de direito de Bolonha, 201
    revitalização bolonhesa do direito romano, 25-26, 187, 190, 195, 196-199
    romano, 25-26, 55, 124, 129, 132, 139n11, 142, 187, 188-202
        amálgama das ideias romanas e cristãs, 194
        canonização do, 191-193
        Cícero sobre, 190-193
        e direito lombardo, 189-190, 195-196, 201
        e direito ocidental, 188-190
        e Igreja, 195
        e João de Salisbúria, 132, 139n11, 142
        e ordem absoluta cristã, 193-194
        Exceptiones Petri, 189, 195
        Expositio ad librum papiensem, 195
        legislação de Justiniano do, 25-26, 191-194, 196-197, 198
        lex generalis, 195-196
        lex Romanorum, 195
        mito do, 190-196
        movimento contra o direito romano "estrangeiro", 55
        renascimento do, 25-26, 123-124, 129, 187-190, 195-202
    teoria cristã do, 178
    teoria do, de Tomás de Aquino, 27
    teoria tomista do, 259-268
doação
    de Constantino, 69-71, 70n6, 104, 199
    de Pepino, 67, 70
dominicanos, 86, 91-94, 245
dominus mundi, 174
Dostoiévski, Fiodor, 151
doutrina católica, 55, 267, 267n6
doutrinações, 29
Dove, Alfred, 57
Duns Escoto, 94
Dux e Babylone, 149
dux (líder), 149, 151, 152, 157, 184

E

ecclesia (comunidade), 19, 162-163, 181-182, 235
Écloga (Virgílio), 174-175
efésios, Epístola aos, 19
Egídio Romano, 200
Egito, 63, 217-218, 251
Ekthesis (exposição da fé), 64
Eleonor de Aquitânia, 168-169
Elogio das Virtudes, 157-159
Em Busca da Ordem, 30, 30n25, 30n26
Encyclica imperatoris, 184n5
Enéadas (Plotino), 216
ens primum, 223-224
epicuristas, 215
Epistola ad capitulum generale (Francisco de Assis), 159n4

Epistola ad populorum rectores
(Francisco de Assis), 159n4
epístolas, 19-20
Epistula ad Herimannum Metensem
(Gebhardt de Salisburgo), 101-102n8
Epistula ad Hildebrandum (Wenrich de
Trier), 101N8
Epistula XII (Gelásio I), 62-63
eremitas, 82-83
Ermanarico, 39-40
eros platônico, 84
escatologia, 20, 21n19, 24, 54, 108, 109, 111, 143, 159-160, 231-232
eschaton (fim), 20
escolas de Bolonha, 25-26, 187, 188-189, 196-201, 203
escravatura, 135, 254-255
escravos, 135, 142-143, 182, 254-255
escrituralismo protestante, 116-117
Espanha, 41, 56-57, 122, 245, 251
Espelho do Papa, 84
espelhos do príncipe cristão, 74
Espírito Objetivo, 225
Espírito Santo, 91, 107, 108, 127
espiritualidade, definição de, 22
Estácio, 132
estadista, 172, 173, 204
Estevão II, Papa, 67, 70n6
Estilicão, 66
estirpe cesariana, 183-184
estoicos, 127, 132, 191, 200, 215, 263, 264
ética utilitária, 226-229, 229n30
ética, 226-228, 230-233
Eugênio III, papa, 84
Eurípilo, 53
eurocentrismo, 11-14
Eusébio, Bispo, 18-19
evangelhos, 142-144, 154, 157-158, 160, 248
Evangelium aeternum (Gerardo de Borgo San Donino), 154, 232, 247-249
evangelium regni, 154

evocação
como formulações da totalidade, 17
crescimento de uma, 77-80
de Francisco de Assis, 166
definição de, 15, 16-17
do Império Carolíngio, 78
do império medieval, 78
dos "reinos nacionais", 23
e predomínio do espírito, 79-80
e tensão entre a ideia e a realidade, 78-79
platônica, 215
política, 15, 124
Sacro Império como, 35-36, 45, 77-80
transformação de uma, pela Controvérsia das Investiduras, 22, 24, 27, 78
Exceptiones (Gerardo de Abbeville), 236-237
Exceptiones Petri, 189, 195
existência
coletiva da humanidade, 224-226, 227
nacional e monarquia nas tribos germânicas, 55-58
Êxodo, Livro do, 114n26
Exousia, 73-74
Expositio ad librum papiensem, 195

F

Falsos Decretais, 202
familia, 253-254
Fārābī, Abū Naṣr al-, 218
fasci, 90
fascismo, 90, 231n31
Faylasūf, 214-219
fé
e razão, 213-214, 215, 216, 219, 221-223, 243-245, 249
justificação pela, 267-268, 268n6
Félix III, papa, 62-63
feudalismo, 104-106, 108, 127, 136-139, 138n10, 153, 267

Fichte, Johann Gottlieb, 55, 150, 151
fidelitas (juramento de lealdade), 102-106, 108, 127
fides (lealdade), 58, 104
Filipe de Macedônia, 53
Filipe de Suábia, 170, 171, 204
Filipe II Augusto, 169-170, 171, 173
Filipe IV, o Belo, 87
filosofia
   e fé e razão, 221-223
   e intelectualismo cristão, 242-246
   elogio do filósofo, 223-224
   filósofos hispano-muçulmanos, 219-220
   helênica e helenística, 215, 218, 219, 245-246, 263
   islâmica, 211, 213-219
   o filósofo ocidental e a cristandade, 219-220
   veja também filósofos específicos
filósofos árabes, 213-219, 214n12
Fiore, Joaquim de *veja* Joaquim de Fiore
Física (Aristóteles), 210, 216
Flora, Joaquim de *veja* Joaquim de Fiore
foederatus, 67
Fontebuono, 83
fortuna, 204
fortuna imperialis, 194
França
   estrutura feudal e movimento comunal na, 257
   integração do passado germânico na consciência nacional, 54-55
   João de Salisbúria na, 251
   monarquia na, 57-60
   movimentos populares heréticos, 93-94
   no século XIII, 171-172
   templários em, 86-87
franciscanos, 86, 91, 92-93, 94, 127, 162, 164, 200, 23, 245, 246, 269
Francisco de Assis
   anti-intelectualismo de, 245-246
   Cântico das Criaturas de, 165, 185
   cartas abertas aos fiéis, de, 159, 159n4
   como cume espiritual da Idade Média, 36
   como figura proeminente, 126-127
   comparado com João de Salisbúria, 158
   comparado com Tomás de Aquino, 254-255, 269
   doutrina *versus* ações de, 157-158
   e conformidade com Cristo, 163-166, 174-175, 182, 217, 231-232, 237-238
   e cristão intramundano, 224
   e Cristo intramundano, 165-166
   e *ecclesia* dos leigos, 162-163
   e Joaquim de Fiore, 157-158, 159-160
   e natureza, 164-165
   e submissão à igreja, 161-162
   e vida de pobreza, 159-160
   Elogio das Virtudes, 157-159
   em *Evangelium aeternum*, 232
   estigmatização de, 166
   importância de, 91
   organização da Ordem Franciscana por, 91
   panorama do pensamento de, 25, 269
   personalidade de, 162-163
   Primeira Regra de, 160
   Regra de, 160, 161, 162
   testamento de, 161
francos, 23, 39-40, 50, 51, 57-58, 61, 66-69
   veja também Império Carolíngio; Carlos Magno; reino dos francos
Frederico I Barba-Ruiva, 19n17, 169, 170-171, 172-173, 207
Frederico II
   Carta a Jesi de, 175-176, 184
   como Anticristo, 128, 166, 174
   como figura proeminente, 122-123, 168, 174-177, 269
   Constituição da Ordem Teutônica de, 87-88
   disputas com os papas, 128, 169-170, 176, 183-184
   e Batalha de Bouvines, 171, 173

e *Constituições de Melfi*, 25, 26, 174-182, 202-203
e Cristandade Cesareana, 182-185
e *Deliberatio Papae* de Inocêncio III, 203, 204
e lei de *resignandis privilegiis*, 172
e Tomás de Aquino, 246-247, 254, 269
papéis de, 175, 224
Privilegium in favorem principum ecclesiasticorum, 172
qualidades pessoais de, 174-176
tentativa de abolir a escola de direito da Bolonha, 201
Frederico III, 19n17
Frontino, 132

G

Gaguin, Robert, 51
Gália e gauleses, 37, 39-40, 51, 66, 68, 74, 251
Galileu Galilei, 221n14
Gebhardt de Salisburgo, 101n8
Gelásio I, papa, 23, 62-63
Genebra, 81
Gênesis, Livro de, 177-178
Gengis Khan, 38
genoveses, 85
gens veja nação (*gens*)
Geoffrey de Anjou, 168-169
George, Stefan, 54n7
gépidos, 56
Gerardo de Abbeville, 236-237
Gerardo de Borgo San Donino, 232, 234
Gerardo de York, arcebispo, 110, 110n20
Germania 3 (Tácito), 51
Gestis Caroli (monge de São Gall), 68
Ghazālī, Muhammad al-, 218
gibelinos *veja* guelfos
Giovane Italia, 90
Gobineau, Joseph-Arthur de, 5
godos, 49, 52-53, 52n5, 53n6, 56-57
Gontram, Rei, 58
Gorce, Matthieu-Maxime, 212, 226, 226n25, 238

governo
constitucional, 256-259, 266-267
diferenciação entre religião e, 12-13
veja também pólis, política
Grabmann, Martin, 212
Graciano, 201-202
Grande Chartreuse, 83
Grandmont, 83
Grassaile, Charles de, 51n3
Grauert, Heinrich, 70n6
Gregório de Catina, 101n8
Gregório I, o Grande, papa, 64-65, 70, 101n8
Gregório III, papa, 66-67
Gregório IX, papa, 128, 162, 170, 203
Gregório VII, papa, 80, 96, 102-106, 167-168, 205, 207
Grócio, Hugo, 249
Grosseteste, Roberto, 94
guelfos, 169, 170, 171, 201
guerras albigenses e cruzadas albigenses, 122, 162, 180
guerras dos marcomanos, 37
guerreiro-monge, 89
Guilherme de Moerbeke, 210
Guilherme de Ockham, 94, 200
Guilherme de Rubruck, 93
Guilherme de S. Amour, 203
Guilherme II da Sicília, rei, 168-169
Guilherme, o Conquistador, Rei, 104, 168
Guiscard, Robert, 104
Guy de Lusignan, 251

H

Habsburgos, 19n17
Harding, Stephen, 84
Harrington, James, 99
Hauriou, Maurice, 59, 60
Hegel, G. W. F., 78, 150, 151, 225, 250
Henoticon, 62
Henrique I, rei, 168-169
Henrique II, rei, 131, 168-169

Henrique III, imperador, 95-96
Henrique IV, imperador, 80, 96, 102, 103n13
Henrique, o Leão, 168-169
Henrique V, imperador, 206-207
Henrique VI, imperador, 22-23, 35, 169-171, 173, 207
Heptaplomeres (Bodin), 93
Heráclio, 64
Heráclito, 124
Hércules, 52-53
hereges e heresias, 100-101, 152, 180, 181, 193, 245
    veja também heresias específicas
Hermann de Metz, 102
Hérulos e reino dos hérulos, 38, 39, 54, 56
Hesíodo, 78
hierarcha homo, 235
hierarquia
    eclesiástica, 234-236, 238
    espiritual, 234-236, 238
hierarquias, 234-236, 237, 246-247, 257n5
Hincmar de Reims, 73-74
hindu, hinduísmo, 13-14
história
    Agostinho sobre a, 112, 113-114, 146-147, 150
    Cardeal Humberto sobre a, 107-108
    categoria paulina de, 113-114
    como "curso", 27-31
    filosofia da, 248-249
    ideia babilônico-helênica do eterno retorno dos anos do mundo, 227
    Joaquim de Fiore sobre, 145-151
    teoria kantiana da, 150
    Tomás de Aquino sobre, 241-250
    três idades da história nos *Tratados de York*, 113-114, 126
História das Ideias Políticas (Voegelin), 14, 27-28
História dos Godos (Cassiodoro), 52

História dos Godos (Jordanes), 52
História dos Lombardos (Paulo, o diácono), 56
História dos Visigodos (Isidoro), 53n6
Hobbes, Thomas, 59, 116, 134, 134-135n6, 180-181
Hodges, Richard, 13, 42n2
Hohenstaufen, 19n17, 125, 169, 170, 171, 183, 202n10, 207
homem comum, 225-226, 243
homo Christianus, 255, 256, 257
Honório de Autun, 147
Honório III, papa, 170
Honório, imperador, 66
Horácio, 132
Hospitalários 86
Hugo, 201
Hugo, Abbot, 82
Hugo Capeto, 57-58
humanos
    Aristóteles sobre, 255-256
    caracterologia de João de Salisbúria, 132-135
    como unidade coletiva, 224-225, 226
    tipos agostinianos de, 133-134
    Tomás de Aquino sobre, 255-256
Humberto da Silva Cândida, 24, 106-109, 110, 111, 113, 164
humiliati, 91
hunos, 37-38, 40, 49-50, 52, 53-54, 53n6, 54, 57

I

Ibn Bājja, Abū Bakr, 218
Ibn Hanbal, Ahmad, 218
"Idade das Trevas", 78
Idade Média
    Bryce sobre o caráter "apolítico" da, 12, 43-44
    definição de, 11-12
    diferencial entre religião e governo na, 13-14

e "compromisso com o mundo", 21, 22, 125, 166
e as obras posteriores de Voegelin, 27-31
e direito romano, 25-26
e feudalismo, 104-106, 108, 136-139, 266-267
e isolamento do Ocidente, 40-42, 42n2
e migrações, 19n17, 22-23, 36-40
enquadramento teórico de Voegelin sobre, 15-22
esboço de Voegelin do conteúdo sobre a, 22-27
estrutura geral da, 35-36
estudos medievais e "a Alta Idade Média", 11-14
fase preparatória para o Sacro Império, 22-23, 36
Império Carolíngio, 19-20, 23-24, 42n2, 61-75
modernidade na, 22
política espiritual em geral, 43-45
tese de Pirenne sobre a, 13, 42n2
veja também pensadores específicos
idée directrice, 60
ideias
definição de, 16
diferentes de evocações, 16
"lacuna" ou "intervalo" nas, 77-78
tensão entre realidade e, 78-79
identidade helênica, 50
idiota (leigo), 158, 162, 243
Igreja
Agostinho sobre, 160
como corpo místico de Cristo, 19-20, 73-74, 97, 101n8, 140, 154-155, 179, 182, 232, 268n6
como *corpus diaboli*, 116
e a capitular de 802, 71
e aristotelismo, 209-210
e autoridade episcopal, 236-237
e direito romano, 195

e hierarquia espiritual, 234-236, 238
e *varietas religionum*, 147
Francisco de Assis sobre a, 161-166
função de emergência da Igreja
Romana, 114, 116
nacional inglesa, 116
Romana nos *Tratados de York*, 114-117
territorial, 71
Tomás de Aquino sobre, 246-247
veja também cristandade, papado
Ilíria, 63
imanência, 22, 26, 30, 150-151
imanentismo maniqueísta, 159
imanentização, 29-30
imperator in regno suo, 177
império (*imperium*), 99, 100, 108, 110, 162-163, 193, 205
Império
Abássida, 42n2
Sassânida, 193-194
Bizantino, 35, 39, 40-42, 63-66, 72
Carolíngio
após a morte de Carlos Magno, 40
como Sacro Império, 18-19, 68-69, 163
criação do, por Carlos Magno, 23-24, 68-69
declínio do, 95-96
e coroação de Carlos Magno, 23-24, 68-69, 77-80
e Império Abássida, 42n2
e juramento de lealdade ao imperador, 71, 138
e ondas de migração, 79
evocação do, 78
processo de construção do, 23-24, 61-72, 77-80, 105
refundação do, pelos imperadores saxônicos, 79-80
veja também francos
Huno, 38

Romano
    clímax do, após a Terceira
        Cruzada, 35
    como Sacro Império (*sacrum
        imperium*), 19n17, 21, 22-24,
        35-36, 44-45
    comparado com o império
        islâmico, 220n14
    construção jurídica do, no período
        da migração, 65-66
    e juramento da clientela, 71
    e migrações, 36-40, 42n2, 49-60
    e totalidade, 18-20
    e totalidade unitária do reino de
        Cristo, 20, 21
    fim do, 65-66
    fundação pagã do, 220n14
    movimento lento de cisão do
        velho Império Romano, 78-79
    período preparatório para o Sacro
        Império, 22-24, 36
    transferência do Império e
        coroação de Carlos Magno, 61
impérios
    ecumênicos, 28-29
    ortodoxos, 28-29, 220n14
imperium veja império (*imperium*),
Índia, 13-14, 42n2, 199
infidelitas, 108
Inglaterra
    autoridade régia na, 138
    Constituição da, 258
    e a conquista normanda, 37, 128, 138,
        151, 168, 172-173, 252
    e Magna Carta, 139, 171-172
    feudalismo na, 136
    igreja nacional na, 116
    João de Salisbúria sobre a, 251
    parlamentarismo na, 257
    reis durante o século XII, 168-169
    Revolução Inglesa, 99
Inocêncio II, papa, 170

Inocêncio III, papa, 122, 128, 160, 162,
    170, 171, 173, 180, 203-207
Inocêncio IV, papa, 170
inquisição, 180, 228-229n30
Institutio Traiani (Plutarco), 140
Intelecto Ativo, 216
intelectualismo
    e Averroísmo, 219-231, 243
    e Sigério de Brabante, 219-231, 269
    intelectual cristão, 242-243
interregno, 170
"investigação régia", 180
Irene, imperatriz, 68
irmandade das pessoas autônomas,
    152-155
Irnério, 25-26, 197
Isaac, 140
Isaías, Livro de, 114n26
Isidoro, Santo, 53n6, 56-57, 258265
Islã, 13-14, 20, 64, 85, 92, 94, 173, 211,
    213-219, 288-289n14, 246
israelitas, 54, 56, 58, 256-257, 258, 259,
    266, 269
    veja também judeus
Ístria, 63
Itália
    democracia das cidades, 259
    império ostrogodo na, 39, 62, 63
    invasão germânica da, 62-63
    lombardos na, 36-40
    movimento da Pataria na, 98-99, 111,
        122, 180, 227, 257
    movimento popular herético na,
        93-94
    ordens anacoretas, 82-83
    poder bizantino quebrado na, 64-65
    regra normanda na, 168
    reino lombardo na, 39, 56, 57-58, 65
    Renascimento na, 41-42
    visigodos na, 53n6
    veja também papado
Itinerarium (Guilherme de Rubruck), 93

J

Jacó, 149
Jacobus, Jurista, 201
Jafé, 53n6
Jaime I, rei, 99
Japão, 88
João Batista, 149
João de Monte Corvino, 93
João de Parma, 232
João de Piano Carpini, 92-93
João de Salisbúria
  caracteriologia de, 131-135
  como figura proeminente, 123
  comparado com Francisco de Assis, 158
  e comunidade como organismo, 140-141, 183-184, 247
  e direito romano, 132, 139n11
  e indivíduo intramundano, 224, 236, 269
  influências sobre, 139n11
  Policraticus de, 131-135, 140-144, 145
  poucos traços do feudalismo encontrados em, 136-139
  provincia como termo usado por, 251
  sobre o tiranicídio, 141-144, 257
  visão geral do pensamento de, 24-25, 154-155
João, Evangelho de, 143, 243
João, rei, 170
Joaquim de Fiore
  como figura eminente, 123, 174-175
  comparado com Tomás de Aquino, 269
  e estrutura da história cristã, 145-149
  e Francisco de Assis, 157, 159-160
  em *Evangelium aeternum*, 232, 247-248
  e os três reinos da história, 129, 145-149
  e significado da história, 150-151, 224
  e Terceiro Reino do espírito, 129, 145, 148-152, 232, 248
  homem espiritualmente maduro de, 155
  panorama do pensamento de, 25
  sobre a decadência, 150-151
  sobre a função do pensador político, 151
  sobre a irmandade das pessoas autônomas, 152-155
  sobre o dirigente do terceiro reino, 152
Jonas de Orleans, 74
Jordanes, 52, 57
judaísmo, 20
judeus, 42n2, 54n7, 199, 245, 258
  veja também israelitas
Juliano, o Apóstata, 65
juramento de lealdade, 71, 102-106, 108, 127, 138
Justiniano, 25-26, 63, 63n2, 177, 190-194, 196-197, 198
Juvenal, 132

K

Kant, Immanuel, 22, 30, 31, 150
Kindī, Abū Yūsuf al-, 213, 218
koinos nomos, 263, 264
Krimm-Beumann, Jutta, 111n22

L

La Bruyère, Jean de, 132
La Cava, 82-83
Landeskirche (igreja territorial), 71
Lauresheim, 68
Leão I, papa, 62
Leão III, papa, 63
Leão IX, papa, 96, 107
Leão, o Isáurio, imperador, 64
Lechfeld, Batalha de, 38
"legalidade" do governante, 60
lei
  antiga e nova, 265-268
  Constituições de Melfi de Frederico II, 25, 26, 171-172, 174-182, 202-203

Decretum Gratianum, 26, 201-202
Deliberatio papae de Inocêncio III, 203-207
divina, 142, 260, 264, 265-266
eterna, 27, 260-262
Frederico II e lei de *resignandis privilegiis*, 172
humana, 261, 264-265, 266
mosaica, 113-114n25, 148
natural, 25, 27, 103, 148, 178, 262-264
pagã, 113-114n25
pneumática, 113-114n25
Rex pacificus de Gregório IX, 203
leigos, 162-163, 243
Leis (Platão), 216
Lênin, V. I., 152
Leviatã (Hobbes), 116
lex, 191, 194
   veja também direito, direito, romano
lex ab hominibus inventa, 265
lex adinventa, 265
lex aeterna, 112, 113, 260-263
lex divina, 260, 261
lex generalis, 195-196
lex humana, 260, 261, 262, 264-265
lex humanitus posita, 265
lex naturalis, 260, 261
lex nova, 248, 267, 267-268n6
lex positiva, 264-265
lex regia, 139, 139n11, 200-201
lex Romanorum, 195
Libellus contra invasores et symoniacos et reliquos schismaticos (Deusdedit), 98n6
Liber Augustalis (Frederico II), 177
Liber de causis (Sigério de Brabante), 228-229n30
Liber de controversis inter Hildebrandum et Henricu Imperatorem (Wido de Osnaburgo), 101n8
Liber de una forma credendi et multiformitate vivendi (Anselmo de Havelberg), 147

Liber de unitate ecclesiae conservanda (Walram de Naumburgo), 101n8
Liber gratissimus (Pedro Damião), 97
Liber qui inscribitur ad amicum (Bonizo de Sutri), 99
liberdade, 135
liberorum multitudo, 254
libertas divina (liberdade divina), 234
Libri tres adversus simoniacos (Humberto), 107
liga lombarda, 173
literalismo, 220-221n14
Locke, John, 256
lombardos, 36-40, 56, 57-58, 64, 65
Lotário de Supplinburg, imperador, 206
Louvor do Imperador (Piero della Vigna), 184-185
Lucano, 132
Ludendorff, Mathilde de, 55
Luís, o Pio, imperador, 73, 74
Luís X, rei, 57-58

M

magiares, 38, 42n2, 54, 85, 95
magister militum, 66
Magna Carta, 62-63, 103n13, 139, 171-172
Magog, 53n6
Maimônides, 235-236
Maitland, Frederic William, 136
mal, 107, 159, 206-207, 227, 231, 254-255
Mandonnet, Pierre, 211, 223
Manegold de Lautenbach, 103n13, 138-139n10
Maquiavel, Nicolau, 74, 125, 135, 254
Marcial, 132
Marco Aurélio, 37
Marsílio de Pádua, 200
Martinho I, papa, 64
Martinus, jurista, 201
marxismo, 153

Mateus, Evangelho de, 143, 144, 154, 160, 184
Matilda, Condessa de Anjou, 168-169
Mazzini, Giuseppe, 90
Mesopotâmia, 40-41
Metafísica (Aristóteles), 210, 216
Metanoia, 107
migrações
   asiáticas, 22-23, 37-38, 39-40, 42n2
   e Império Carolíngio, 79-80
   e isolamento do Ocidente, 40-42, 42n2
   germânicas, 19n17, 22-23, 36-39, 49-60
   Grande Migração, 36, 37, 38, 40, 50
ministerium non dominium, 84
missi, 138
misticismo, 216,
mito
   da derrota, 53-54
   de Borgonha, 53-54
   de Virgílio, 50
   franco, 50-51
   germânico em geral, 49-54
   greco-romano, 49-51
   homérico, 50
   ostrogodo, 52-53
modernidade, 22, 112, 125
monarquia, 257, 258
   hebraica, 56, 58, 137
monge de São Gall, 68
monges irlandeses, 74
mongóis, 38, 42n2, 92-93, 95
monopsiquismo, 225n23
Monreale, 83
Montano, 146-147
Monte Athos, 83
Montesquieu, Barão de, 55
mosteiros
   e cristianização da população, 23-24, 74-75
   e reforma monástica, 81-84
   e regra beneditina, 74-75, 81-82, 82-83, 153
   e Terceiro Reino do Espírito, 129
   reforma anacoreta e intensidade espiritual, 82-83
   reforma cisterciense e mosteiros cistercienses, 83-84, 153
   reforma cluniacense e ordem soberana, 81-84, 86-87, 95, 121
mosteiros beneditinos *veja* mosteiros
Movimento Conciliar, 237
Movimento da Pataria, 98-99, 111, 122, 180, 227, 257
movimento galicano, 237
muçulmanos, 13, 26, 85, 86, 94, 95, 173, 179, 209-210, 214-215, 218, 219, 221n14, 235-236, 245-246
multitudo (multidão), 255
multitudo perfecta, 256-257
mundo *veja mundus; saeculum*
mundus (mundo), 115, 158, 160
Muret, 83
Mussolini, Benito, 90

N

nação (*gens*), 51, 55, 56, 57, 59, 180, 251
nacional-socialismo, 55, 89-90, 180-181
Napoleão III, imperador, 59
Narses, 39
naturaliter animal sociale, 255
natureza, 163-165, 193-194, 217
nazismo *veja* nacional-socialismo
neoconfucianismo, 14
neoplatonismo, 216, 235-236, 263
nestorianos, 64, 93
nibelungos, *Nibelungenlied*, 23, 53-54
Nicolau II, papa, 96, 104
Nietzsche, Friedrich, 176
nomos empsychos, 166
nomos-logos, 191
nórdicos, 37, 40, 79, 252
normandos, 85, 167-173, 252
Nova Lei, 266, 267-268, 267n6
Novo Testamento, 27, 113-114, 143, 144, 154, 160, 184, 243, 245, 247-248, 260

O

ocidente, isolamento do, 40-42, 42n2
oderunt Deum, 207
Odilo, 82
Odoacro, 39, 65, 66
oikumene (mundo habitado), 18
On the Agreement of Religion with Philosophy (Averróis), 218-219
optimates, 256-257
orbis terrarum, 174, 193, 194
Ordem e História (Voegelin), 14n8, 27-28, 30n25
ordem fiorense, 153
ordem militar
 comparado com místico-guerreiro de Kamakura, 88-89
 ordem teutônica, 87-88
 soldado político, 89-90
 templários, 86-87
Ordem Terciária, 162
Ordem Teutônica, 87-88, 252
ordens mendicantes, 85-86, 91-94, 209, 211, 228-230n30, 231-232, 236
Organon (Aristóteles), 216
Oriente Médio, 42n2
origem contratual do estado, 103n13
Orthodoxa Defensio Imperialis (Gregório de Catina), 101n8
ortodoxia, 29-30
 islâmica, 217-219
ostrogodos, 37-38, 39, 40, 52-53, 54, 57, 62, 63
Otão I, o Grande, imperador, 39, 40, 69, 79-80, 95
Otão IV, imperador, 170, 171, 204
Ovídio, 132

P

pagãos, 62-63, 74, 114n25, 117, 220n14, 245-246
Palestina, 41
palla aurea, 206
panifices, 227n27
papado
 como principado temporal, 70
 corpo eleitoral do, 96, 96n4
 declínio e reforma do, 95-96
 diferenças entre Império Bizantino e, 64-65
 e a Controvérsia das Investiduras, 24, 95-96, 99-106
 e autoridade episcopal, 236-237
 e *Decretum Gratianum*, 26, 201-202
 e doação de Constantino, 69-71, 70n6, 104
 e doação de Pepino, 67, 70
 e Frederico II, 128, 170, 176, 183-184
 e hierarquia espiritual, 234-236
 e Império Carolíngio, 62, 64-72
 e movimento da Pataria, 98-99
 e mundo cristão de estados menores, 106, 122-123, 167-168, 169-170
 e reino franco, 61, 62, 65-72, 105
 Gelásio e separação dos poderes temporal e espiritual, 62-63
 papas cistercienses, 83-84
 papas de *Crescentian*, 95-96
 papas reformadores de Cluny, 96, 122
 papas toscanos, 95-96
 poder ilimitado do, 237
 "poder indireto" do papa em casos temporais, 100
 veja também Igreja
papas
 de *Crescentian*, 95-96
 toscanos, 95-96
papo-cesarismo, 71, 72
Parteigericht, 90
partos, 52
Pascoal II, papa, 101-102n8, 207
patricius Romanorum, 67
Paulo
 comparado com Tomás de Aquino, 245-246

evolução da cristandade depois de, 219
sobre a *exousia*, 73-74
sobre a história, 113-114
sobre a igreja como corpo místico de Cristo, 19-20, 73-74, 101n8
sobre a mendicância, 233
sobre a *pistis*; 104, 267
sobre a pobreza, 231-232, 233
sobre os carismáticos, 73-74, 79
Paulo, o diácono, 56
pax et justitia, 177
Pedro, Apóstolo, 100, 143, 237
Pedro Crasso, 101n8
Pedro Damião, 24, 96-98, 107
Pelágio, 133n3
pensamento imanente, 22, 24, 26, 29-30
pensamento intramundano
   arte de governar/diplomacia, 172-173
   consciência nacional como fator determinante na política, 172, 173
   Cristo intramundano, 165-166
   definição de, 22
   e Frederico II, 172-185, 224
   e João de Salisbúria, 140-144, 224
   e Joaquim de Fiore, 149-152, 224
   e Sigério de Brabante, 223-224, 235
   estadista, 172-173
   ética utilitária, 226-229, 229n30
   governo, 183
   intelectual independente, 219-231
   pobreza, 159-160, 161, 209, 211, 231-237
   problema da ordem intramundana, 126-128
   Tomás de Aquino, 241-269
   veja também história; Direito; política; Direito, Romano
Pentecostes, 237
Pentesileia, 52-53
Pepino, o Breve, 67, 70, 70n6
perfecta communitas, 253-254
Pérsia e persas, 40-41, 42n2, 213, 217-218, 220n14, 251

Pérsio, 132
persona regalis (pessoa régia), 72-74, 79, 100-101, 107-108, 109-110, 121-122
persona sacerdotalis (pessoa sacerdotal), 73, 79
pessoas autônomas, irmandade das, 152-155
Petrônio, 132
philosophos, 214-215
Piccolomini, Eneias Sílvio, 132
Piero della Vigna, 184-185
Pirenne, Henri, 42n2
pisanos, 85
pistis, 104, 267
Plantagenetas, 168-169
Platão
   e religião, 215
   elementos de, no cristianismo, 127
   evocação de, 215
   Leis de, 216
   rei-filósofo de, 254
   República de, 216-217
   sobre a alma, 44, 140, 253
   sobre a história, 113-114
   sobre a pólis, 44, 78, 124
   sobre eros, 84
   teoria orgânica de, 140
Plínio, 132
Plotino, 216
Plutarco, 132, 140
pobres de Lyon, 91, 161
pobreza, 159-160, 161, 209, 211, 231-237
Policraticus (João de Salisbúria), 131-135, 140-144, 145
pólis
   aristotélica, 26, 78, 215, 216, 250-256
   beneditina, 74-75
   desintegração da, 73, 78, 124
   platônica, 44, 78, 124
politia, 258
política
   campo da, 15-16, 16n11, 124

e consciência nacional, 172, 173
espiritual, 43-45
Tomás de Aquino e, 250-259
Política (Aristóteles), 216, 247, 250-251, 262
Polônia, 88, 170
popolo grasso, 257
popolo minuto, 257
populi extranei, 199
populus Christianus, 137, 163, 181, 255
populus honorabilis, 256-257
populus Romanus, 198-199
populus vilis, 257
potestas, 20, 73
potestas translata, 138-139n10
poverelli, 91
presbíteros, 114
Príamo, 53
Primeira Regra (Francisco de Assis), 160
príncipe como análogo divino, 253-254
Privilegium in favorem principum ecclesiasticorum, 172
progresso, 29
Prooemium das *Constituições de Melfi*, 176-180
Propositions Condamnées, 223n18, 226
propriedade privada, 266-267
provincia, 26, 251, 254
Prússia, 88
Pseudo-Dionísio, 200, 234, 235-236

Q

queda de Adão e Eva, 177
quinto Concílio Ecumênico, 63

R

Race and State (Voegelin), 17n13
raison d'état, 178
ratio (razão), 261
ratio (regra), 27, 260
ratio (sentido), 242
Raymond de Peñafort, 203

razão e fé, 213-214, 215, 216, 219, 221-223, 243-245, 249
realidade-coisa, 30
realidade e ideia, 78-79
realidade-isso, 30, 30n26
Reflexões Autobiográficas, 28-30
reforma, 80, 81, 91, 98-99, 112, 123-124, 162, 236, 269
anacoreta, 82-83
cisterciense e mosteiros cistercienses, 83-84, 86, 153
da Igreja
Controvérsia das Investiduras, 95-106
cruzadas, 85
e Cardeal Humberto, 106-109
e crescimento de uma evocação, 77-80
espírito militante, 85-94
ordens mendicantes, 91-94
ordens militares, 86-90
reforma monástica, 81-84
Tractatus Eboracenses, 109-117
regalia, 201
regalis potestas, 63
regia virtus, 254
regimen conmixtum, 257-258
regis voluntas suprema lex, 142
regnum, 26, 100, 111, 114-115, 140-141, 251
regra beneditina, 41-42, 74-75, 81, 83, 153, 192
Regra de Francisco de Assis, 160, 161, 162
regulus, 105-106
reino
dos francos, 39-40, 44, 51, 57-58, 61, 62-63, 65-72
sagrado, 62-63, 74, 137
reino, monarquia
"autoridade" do governante, 60
caráter tirânico da relação feudal

entre reis nacionais, 105-106
cristandade e reino do céu, 44
dos Israelitas, 56, 58, 137
e "legalidade" do governante, 60
e feudalismo, 137-139, 143n13
e função régia do Cristo, 24, 113-114
evocações dos reinos nacionais, 23
existência nacional e monarquia nas tribos germânicas da migração, 55-58
função "representativa" do rei, 58-60
Gregório VII sobre a monarquia, 105
João de Salisbúria sobre, 135, 139, 142-143
monarquia francesa, 58-60
nos *Tratados de York*, 113-116
rei-filósofo de Platão, 254
reino carismático germânico, 137, 183
reino franco, 39-40, 44, 57-58, 60, 61, 62, 65-72, 105
reino lombardo, 39, 56, 57-58, 65
reino sagrado, 62-63, 74, 137
reinos germânicos da migração, 39, 55-58
reinos nacionais, 19n17, 23
simbolismo dos reinos nacionais, 19n17
tiranos, 135, 142-143
Tomás de Aquino sobre, 254-255, 257-258
veja também Império, Carolíngio; Império, Romano
reis
　angevinos, 168-169, 173
　capetíngios, 57-58, 168-169
　merovíngios, 57-58, 67, 100, 105, 138
relações sexuais, 226
Renan, Ernest, 59, 60, 214n12
Renascimento, 41-42, 112, 123-124, 125, 175, 238, 254, 266
República (Platão), 216-217
res possessae, 266-267
res publica (comunidade), 24-25

res publica romana, 73
revitalização bolonhesa do direito romano, 25-26, 187, 190, 195, 196-199
revoltas berberes, 39
Rex, 57, 135, 254
rex romanorum, 198
Ricardo Coração de Leão, rei, 35
Ricardo I, rei, 169, 170, 251
Ricimer, 66
Robert Guiscard, 104
Roberto Belarmino, 100
Roberto Grosseteste, 94
Rogério II, 168, 169, 181
Roma, como cabeça do *orbis terrarum*, 194
Roman de la Rose, 212, 212n10, 226
Romanos, Epístola aos, 19-20
romantismo, 55
Roma regia, 194
Roma vetus, 194
Rômulo Augusto, 65
Rupert de Deutz, 146-147

S

sacerdotium, 100, 111, 114-115
sacramentos, 24, 96-98, 98n6
sacrilégio, 181, 182
Sacro Império (*sacrum imperium*)
　ascensão da força do polo espiritual no, 104-105
　como evocação focal das ideias políticas da Idade Média, 22-23, 35-36, 44-45, 77-80
　conceito geral para caracterizar o período, 125
　desintegração do, 80, 117, 121-122, 166, 172, 177, 237, 247, 264
　e dominicanos e franciscanos, 94
　e integração da *Persona Regalis* no corpo místico, 72-74
　e ordem de poderes dentro do, 106

e principados nacionais
independentes, 105-106
fase preparatória para o, 22-24, 36
igreja como organização espiritual
unificadora do, 98
reinterpretação do, pela *Deliberatio
Papae* de Inocente III, 205-206
termo, criação do, 19n17
Tomás de Aquino sobre, 125
Sacro Império Romano, 19n17, 125
zacrum imperium veja Sacro Império
saeculum
e Francisco de Assis, 157-166
e João de Salisbúria, 131-144
e Joaquim de Fiore, 145-155
e o problema da ordem
intramundana, 126-128
e Sigério de Brabante, 219-231
e Tratados de *York*, 111-116, 100n29, 123
questões primordiais sobre o, 128-129
saeculum renascens, 123-125
saeculum senescens, 123, 146-147, 151
Salisbúria, João de *veja* João de
Salisbúria
Samuel, Livro de, 56
São Dinis, 67
Satã, 159
Savigny, Friedrich Carl von, 201
Saxônia, 40, 55, 79-80
Scheffer-Boichorst, Paul, 70n6
Schelling, Friedrich, 150, 150n6
Seljúcidas, 38, 41
sentimentos
definição de, 15-16
espiritualidade *versus* pensamento
intramundano, 22
no contexto cisterciense, 153-154
transformação de, pela Controvérsia
das Investiduras, 22, 24, 27
Servo Sofredor, 54

shogunato, 88
shogunato de Kamakura, 88
Sicília, 25, 35, 41, 122, 167-182, 203, 206, 252
Sigeberto de Grembloux, 111n22
Sigério de Brabante
como figura proeminente, 123
e aristotelismo, 210-214, 220n14, 228-230n30
e ativismo ético, 230-231
e ética utilitária, 227-228, 229n30
e intelectualismo, 219-231, 245, 263, 269
e unidade intramundana da espécie, 224-226, 235
Gorce sobre, 238
investigação de, pela Inquisição, 228-229n30
Liber de causis, 229n30
publicação das obras de, 211
sobre a alma, 225, 229n30
sobre a imortalidade da alma, 222
sobre fé e razão, 221-223
sobre o bem e o mal, 227, 227n27
sobre o intelecto, 224-226, 225n23
visão geral do pensamento de, 26
Silvestre I, papa, 70n6
Símaco, 41-42
símbolos
deformados, em doutrina, 29
do reino nacional, 19n17, 23
do Sacro Império, 22
imanentização de símbolos
transcendentes, 29-30
de Voegelin de realidade única, 30
simonia, 24, 81, 96-100, 102, 107, 108
sínodo
de Frankfurt (794), 71
de Latrão de 1059, 96
de Paris (829), 73
de Roma (1046), 96
de Roma (1047), 96

de Roma (1075), 96
de Sutri (1046), 96
de Worms (1076), 101n8
de Worms (829), 73
Síria, 41, 217-218
Sócrates, 124
sofistas, 124
Spelman, Sir Henrique, 136
Spengler, Oswald, 151
spiritalis intelligentia, 145-146, 154
statum totius ecclesiae, 237
status ecclesiae, 237
Stavrianos, Leften S., 42n2
Steenberghen, Fernand van, 211
Stephen Harding, 84
Stöhr, Adolf, 15n10
Suetônio, 132
suevos, 54, 56-57, 66
Summa Contra Gentiles (Tomás de Aquino), 211, 242, 255
Summa gloriae (Honório de Autun), 146-147
Summa Theologiae (Tomás de Aquino), 125, 210, 247, 250, 255, 256-258, 259-260, 268n6
Summum bonum, 222, 223-224

T

Tácito, 51
Tamires, 53
tártaros, 199
Télefo, 52-53
Tempier, Etienne, 211, 222
Templários, 86-87
Teodorico, Rei, 41-42, 66
Teodósio, o Grande, 65, 66
Teologia de Aristóteles, 216
teoria orgânica da comunidade, 140
Terceiro Reino do Espírito, 129, 145, 148-152, 154, 184-185, 232, 248
Terêncio, 132
tese de Pirenne, 13

Testamento (Francisco de Assis), 161
Testamento (Imperador Henrique VI), 173
Teutões, 37
Thomas Becket, 131
tirania e tiranicídio, 105-106, 134, 135, 141-144, 257-259
Tomás de Aquino
  caráter do pensamento tomista, 249-250
  como "Intelectual Cristão", 26, 92, 242-243
  condenação de, pelo bispo Etienne Tempier, 211, 244
  De Regimine Principum de, 246-247, 251, 252-253, 257, 258
  De unitate intellectus contra Averroistas de, 211
  e aristotelismo, 94, 210, 211, 217, 221n14, 250-255, 259, 269
  e "compromisso com o mundo", 21, 125, 268-269
  e definição de direito, 260-262
  e espírito histórico, 249-250
  e filosofia da história, 248-249
  e Sigério de Brabante, 228-229n30
  e teoria do direito, 27
  ideias precedentes, 77-78
  morte de, 21, 241-242
  relevância de, 36, 77-78, 123, 200, 268-269
  sobre a comunidade dos cristãos livres, 254-256
  sobre a comunidade perfeita, 253-254, 261, 263, 266-267
  sobre a era de Cristo, 248
  sobre a lei antiga e nova, 265-268, 267-268n6
  sobre a pobreza, 233
  sobre a política, 250-259
  sobre a tirania, 257-258
  sobre a Verdade e o Ser, 241-243

sobre as hierarquias, 246-247
sobre as leis humanas, 260, 261, 262, 264-265, 266
sobre fé e razão, 243-245
sobre história, 241-250
sobre o direito natural, 262-264
sobre o direito, 259-268
sobre o governo constitucional, 256-259, 266-267
sobre o príncipe como análogo divino, 253-254
Summa Contra Gentiles, 211, 242, 255
Summa Theologiae de, 125, 210, 247, 250, 255, 256-258, 259-260, 268n6
totalidade
da Igreja como corpo místico de Cristo, 19-20, 72-74
do reino nacional, 19n17, 23
e Império Romano, 18-19
escatológica inserida no processo político20-21, 21n19
teoria de Voegelin da, 15-18, 17n13, 30-31, 124
trabalho científico sobre, 31
Toulouse, 39, 66, 92
Toynbee, Arnold, 150
trabalho, a ética do, 233
Tractatus de investitura episcoporum, 101n8, 111-112, 111n
Tractatus Eboracenses (*Tratados de York*), 106-107, 109-117, 126, 151, 154-155, 164, 237
Tractatus IV (Gelásio I), 62-63
transcendência, 22, 30, 30n25
Translatio imperii, 61, 68, 101n8, 111, 129, 205
Tratados de York, 106-107, 109-117, 126, 151, 154-155, 164, 237
Tria Kephálaia (Justiniano), 63
tribos e migrações germânicas
borgonheses, 53-54
e interpretação legal do Império Romano, 65-66
e migrações asiásticas, 37-38
e mito da derrota, 54-55
e totalidade do reino nacional, 19n7, 23
estrutura geral do mito germânico, 49-50
francos, 23, 39-40, 50, 53-54, 58-60, 61, 65-67
guerras de, 37, 49-50
ostrogodos, 37-38, 39, 40, 52-53, 54, 57, 62, 63
período das, 19n17, 37-38
reino e existência nacional, 55-58
reinos, 39, 55-58
visigodos, 36, 37-38, 40, 53n6
Trindade, 145-147, 193, 243-244
veja também Cristo; Deus; Espírito Santo
troianos, 23, 50-51
turcos, 38, 41, 41n2, 213, 252-253
otomanos, 38, 41
tutela, 104
tyconianismo, 108
Typos (modelo da fé), 64
tyrannus, 135

U

Ugolino de Óstia, Cardeal, 162
Ulisses, filho de Laerte, 51
Ullmann, Walter, 12n2
unidade eurasiana, 42n2
unidade, 18
universalis dominus, 199
Universidade de Paris, 203, 209, 210, 228-230n30
universitas, 138-139
Urbano II, papa, 85
Urvolk, 55
Uzias, 148-149

V

Valério Máximo, 132
Valombrosa, 83

vândalos, 38, 39, 40, 54, 66
varietas religionum, 147
Verdade e Ser, 241-242
veritas (verdade), 242-243
Verwelschung, 174
vícios, 158, 159
    veja também mal
Vico, Giambattista, 151
Vigílio, Papa, 63
vilis homo (homem comum), 225-226, 243
vir divinus in Deo manens, 235
Virgílio, 50, 132, 174-175
virtù, 135, 254
virtudes, 157-159
    veja também bem e mal
visigodos, 36, 37-38, 40, 53n6, 54, 66
vita commoda, 90
vita eroica, 90
vita evangelii, 160
vita philosophi, 223-224, 225-226
vita politicorum, 133-134
Vitória, Francisco de, 249
vivere sine litteris, 223
Voegelin, Eric *veja* títulos específicos das obras
Volksgeist, 225
voluntates, 133n3

W

Wagner, Richard, 55
Wallia, 66
Walram de Naumburgo, 101n8
Wenrich de Trier, 101n8
Wesen (identidade nacional), 57
Whitehouse, David, 13, 42n2
Wido de Osnaburgo, 101n8
Wolfram von den Steinen, 182

X

xamãs, 93
Xerxes, 53

Z

Zacarias, papa, 67, 100
Zacarias, profeta, 148-149
Zen, budismo, 88
Zenão, imperador, 62
zoon politikon, 255
zoroastrismo, 20

Sobre o pensamento de Eric Voegelin, leia também:

O propósito declarado do autor, ao escrever este livro, é apresentar uma introdução geral ao pensamento de Eric Voegelin e fazê-lo de tal maneira que demonstre o seu caráter revolucionário. Esta obra pretende ser uma ponte sobre a distância que separa Voegelin de outros pensadores.

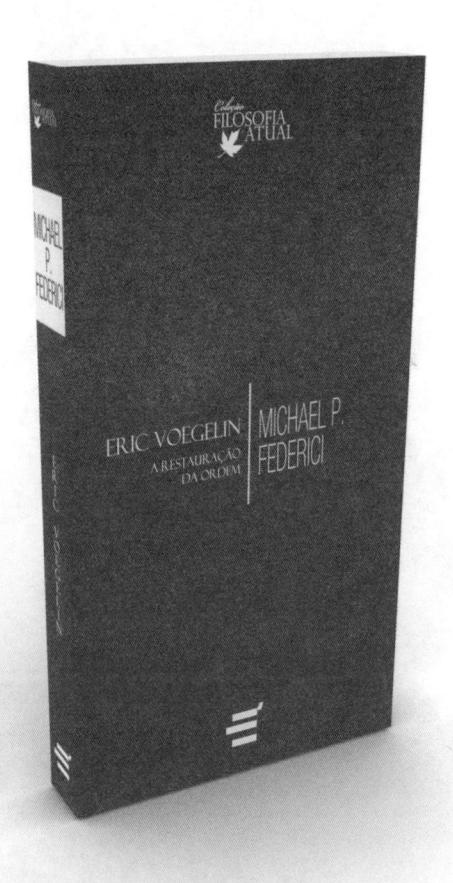

A vastidão da obra de Eric Voegelin pode desnortear o leitor que pretenda estudá-la. Neste breve volume, Michael Federici apresenta um panorama da vida e da obra de Voegelin, mapeando os temas recorrentes e as obras em que estes assuntos se encontram.
A ciência política, a filosofia da história e a filosofia da consciência voegelinianas são apresentadas com clareza, assim como algumas das críticas de que Voegelin costuma ser alvo.

Em março de 2008, o filósofo português Mendo Castro Henriques deu este curso sobre a Filosofia Política em Eric Voegelin no espaço cultural É Realizações. Este volume traz a transcrição de todo o conteúdo do curso, acompanhada de três DVDs com o vídeo das aulas ministradas.

facebook.com/erealizacoeseditora

twitter.com/erealizacoes

instagram.com/erealizacoes

youtube.com/editorae

issuu.com/editora_e

erealizacoes.com.br

atendimento@erealizacoes.com.br